普通高等学校“互联网+”立体化教材

大学体育信息化教程

王 松 于海浩 主编

北京体育大学出版社

策划编辑：刘付锡
责任编辑：杨　洋
责任校对：宋志华
版式设计：李　莹

图书在版编目（CIP）数据

大学体育信息化教程 / 王松，于海浩主编．-- 北京：北京体育大学出版社，2020.8
ISBN 978-7-5644-3371-0

Ⅰ．①大… Ⅱ．①王… ②于… Ⅲ．①体育教学－信息化－高等学校－教材 Ⅳ．① G807.4

中国版本图书馆 CIP 数据核字 (2020) 第 167937 号

大学体育信息化教程　　　王　松　于海浩　主编

出版发行：北京体育大学出版社
地　　址：北京市海淀区农大南路 1 号院 2 号楼 4 层办公 B-421
邮　　编：100084
网　　址：http://cbs.bsu.edu.cn
发 行 部：010-62989320
邮 购 部：北京体育大学出版社读者服务部 010-62989432
印　　刷：北京昌联印刷有限公司
开　　本：787mm × 1092mm　1/16
成品尺寸：185mm × 260mm
印　　张：15
字　　数：337 千字
版　　次：2020 年 8 月第 1 版
印　　次：2020 年 8 月第 1 次印刷
定　　价：38.00 元

《大学体育信息化教程》
编委会

主　　编 王　松　于海浩

副 主 编 幸　兴　闫学荣

庞　中　黄仕艳

前　言

《中共中央国务院关于深化教育改革，全面推进素质教育的决定》指出："实施素质教育，必须把德育、智育、体育、美育等有机地统一在教育活动的各个环节中。学校教育不仅要抓好智育，更要重视德育，还要加强体育、美育、劳动技术教育和社会实践，使诸方面教育相互渗透、协调发展，促进学生的全面发展和健康成长。"大学生的体质健康关系着国家未来的发展和民族的兴衰，而高等院校是培养人才的基地，提高大学生体质健康已成为学校体育关注的重要议题。《全国普通高等学校体育课程教学指导纲要》明确提出"健康第一"的指导思想，并且对体育的课程性质、课程目标、课程设置等内容提出了要求。

编者根据《中共中央国务院关于深化教育改革，全面推进素质教育的决定》和《全国普通高等学校体育课程教学指导纲要》的指示精神编写了本教材，旨在提高大学生的体质健康，提高学生体育运动技能，为学生的终身体育奠定基础，使大学体育与终身体育完美结合。在编写过程中，编者积极探索大学体育教学模式改革，力争使每个大学生在学习后都能熟练掌握一两项运动技能，体现了"以人为本"的育人理念。

本教材主要介绍了高等中医药院校体育与健康概述、运动与营养、科学健身理论指导、运动防护与急救、传统保健体育的理论基础、保健按摩、武术运动、导引养生功、田径运动、球类运动、形体健身运动等内容。

本教材理论与实践相结合，充分展示了体育与健康的关系。在理论方面，内容科学、简单、实用，能激发广大学生的学习兴趣；在实践方面，本教材重点介绍了广泛开展的运动项目的技战术，实践性强、可行性强。本教材以二维码的形式加入了动作技术的相关视频，方便学生学习，有利于提高学生的学习兴趣。

由于编者水平有限，教材中若有不足之处，恳请广大读者提出宝贵意见，以便编者对教材进行完善。

前言

目 录

上篇 体育基础知识

中篇　传统养生保健

下篇　运动实践指导

上篇　体育基础知识

第一章　高等中医药院校体育与健康概述

第一节　健康观与健康素养

一、科学健康观

（一）健康的概念

世界卫生组织在1948年就提出，健康不仅为疾病与羸弱之消除，而系体格、精神与社会之完全健康状态；同时还明确提出了生理、心理、社会适应能力三个方面都健康才称得上健康的三维健康观。此后，世界卫生组织不断完善健康的概念，1989年又提出，人类健康还应包括道德健康，一个完全健康的人必须同时具备身体健康、心理健康、社会适应能力良好和道德健康。这一健康新概念，从人的自然属性与社会属性相结合的层面上阐明了健康的科学内涵。

1. 身体健康

身体健康是指人在生物学方面的健康，即人体结构完整和生理功能正常。身体健康不仅指身体无病，还包括有充足的体能。后者是一种能够满足生活需要且有足够能量完成各种活动的能力。这种能力使人体可以预防疾病、增进健康、提高生活质量。

2. 心理健康

心理健康是指人的内心世界丰富充实，拥有积极的处世态度，与周围环境保持协调。心理健康包括两层含义：① 自我人格完整，心理平衡，有较好的自控能力，能正确地评价自己，能及时发现并克服自己的缺点；② 有正确的人生目标，能不断地进取，对未来充满信心。

3. 社会适应能力良好

社会适应能力良好是指人的行为能适应复杂的社会环境，能为他人所理解、为社会所接受，符合其社会身份，并与他人保持正常的人际关系。

4. 道德健康

道德健康属于社会要求。道德是社会意识形态之一，是人的行为准则和规范。道德不健康的人在面对所接触的事物或功利是非时，经常处于紧张、愤怒、沮丧等情绪之中。这种不良情绪使机体各系统功能失调，免疫力下降，容易患各种疾病，影响健康。道德健康的人，遇事冷静，常以一颗宽容大度的心善待别人，以维护良好的社会秩序和公德为己任，努力营造和谐的社会环境，推动社会文明的进程。

（二）健康的标准

健康既有其科学的内涵，也有其科学的标准。世界卫生组织从健康的概念出发，提出了健康的十条标准。

（1）有充沛的精力，能够从容不迫地担负日常生活和工作的压力而不感到过度紧张。

（2）处事乐观，态度积极，勇于承担责任，事无巨细不挑剔。

（3）善于休息，睡眠良好。

（4）应变能力强，能适应外界环境的各种变化。

（5）能够抵抗一般性的感冒和传染病。

（6）体重适当，身体匀称，站立时头、肩部位协调。

（7）眼睛明亮，视觉敏锐，眼睑不发炎。

（8）牙齿清洁，无龋齿，无疼痛，牙龈颜色正常，无出血现象。

（9）头发有光泽，无头屑。

（10）肌肉丰满，皮肤富有弹性。

从世界卫生组织提出的这十条标准的内容可以看出，前四条标准是关于心理和社会适应能力方面的内容，后六条标准则主要是关于生理（身体）方面的内容。因此，世界卫生组织提出的健康标准，实际上也是其健康概念的具体体现，人们可以用此标准来检验自己是否健康。

（三）影响健康的主要因素

1. 环境因素

（1）自然环境是人类赖以生存的物质基础，人类生存所需的食物、空气、阳光均来自大自然。然而，人类的生产活动和生活方式使自然环境的构成或状态发生了不利于人类生存与发展的变化。生态平衡遭到破坏会对人类健康产生直接、间接或潜在危害。环境污染对健康的危害具有机制复杂、效应慢、周期长、范围大、后果重的特点。我国把保护环境定为基本国策，并实行可持续发展战略。因此，环境教育就成为学校健康教育必不可少的重要内容。

（2）社会环境包括政治、经济、文化、教育等多方面的内容。良好的社会环境有利于人类的健康，不良的社会环境会直接或间接地危害人们的健康。

2.生物学因素

引起传染性疾病、感染性疾病的病原微生物，以及导致遗传性疾病和残障肢体的遗传、非遗传的内在缺陷，可归类为生物学致病因素。目前，虽然人类疾病谱和死因顺位的变化，把人们关注健康的目光引向了“生活方式病”和行为致病因素上，但生物学致病因素对健康的危害依然存在，并且不断地出现新问题。

3.卫生保健服务因素

卫生保健服务是指卫生机构和卫生专业人员针对个人、群体和社会的健康需要所提供的必要的、可能的服务。良好的卫生保健服务对健康起着促进作用；反之，则会危害健康。良好的卫生保健服务包括健全的医疗卫生机构、完善的服务网络、充足的卫生资源及其合理配置与科学分配。然而，卫生保健服务的投入与效益并非成正比，个人对卫生保健服务的利用能力是影响卫生保健服务投入与效益的重要因素。因此，对卫生保健服务的合理利用是健康教育的重要内容之一。

4.行为与生活方式因素

行为是指具有认知、思维能力、情感、意志等心理活动的人在内外环境因素的刺激下所做出的能动反应。狭义的生活方式是指个人及其家庭的日常生活的活动方式；广义的生活方式是指一切生活活动的典型方式和特征的总和，包括生活态度、生活水平、生活惯常行为等。行为与生活方式紧密联系、互相贯通。人们自身的不良行为和生活习惯，会给个人、群体和社会的健康带来直接或间接的危害。这种危害具有潜伏性、积累性和影响广泛性的特点。

二、健康素养

健康素养是指个人通过各种渠道获取健康信息及对这些信息的正确理解，并运用这些信息保持和促进自身健康的能力与基本素质。

居民健康素养评价指标已被纳入国家卫生事业发展规划之中，作为综合反映国家卫生事业发展的评价指标。公民健康素养包括三个方面内容：基础知识和理念、健康生活方式与行为、基本技能。

2015 年，国家卫生和计划生育委员会（2018 年改组为国家卫生健康委员会）在健康数据发布会上发布的数据显示，当时全国居民健康素养水平仅为 9.48%，即我国个人获取和理解基本健康信息和服务，并运用这些信息和服务作出正确决策的人口比例为 9.48%。

《“健康中国 2030”规划纲要》明确将“全民健康”作为“建设健康中国的根本目的”，强调“推进全民健康生活方式行动，强化家庭和高危个体健康生活方式指导及干预，开展健康体重、健康口腔、健康骨骼等专项行动，到 2030 年基本实现以县（市、区）为单位全覆盖。开发推广促进健康生活的适宜技术和用品。建立健康知识和技能核心信息发布制度，健全覆盖全国的健康素养和生活方式监测体系。建立健全健康促进与教育体系，提高健康教育服务能力，从小抓起，普及健康科学知识。加强精神文明建设，发展健康文化，移风易俗，培育良好的生活习惯。各级各类媒体加大健康科学知识宣传力度，积极建设和规范各类广播电视等健康栏目，利用新媒体拓展健康教育。”

第二节 体育锻炼对健康的影响

一、体育锻炼对生理健康的影响

体育锻炼对生理健康的影响见表 1–2–1。

表 1–2–1 体育锻炼对生理健康的影响

人体系统	影 响
运动系统	（1）体育锻炼对骨骼的影响：体育锻炼时，骨骼的血液供给得到改善，骨骼的形态结构和性能都会发生良好的变化。 （2）体育锻炼对关节的影响：体育锻炼既可增强关节的稳固性，又可提高关节的灵活性。 （3）体育锻炼对肌肉组织的影响：体育锻炼能使肌纤维变粗，肌肉体积增大；能使肌肉组织的化学成分发生变化，如能使肌肉中的肌糖原、肌球蛋白、肌动蛋白、肌红蛋白等含量都有所增加；能使肌肉中线粒体数量增多、体积增大，毛细血管开放数量增多，有助于肌肉耐力的增强
心血管系统	（1）体育锻炼对心血管的形态结构和机能有着积极的影响。体育锻炼时，心脏的工作量增加，输送血液的功能加强。 （2）体育锻炼可影响血管的形态结构，并改变血管在器官内的分布状况，有利于改善器官的供血功能，增强机体物质与能量交换的能力。 （3）体育锻炼可以促使大量毛细血管开放，促进人体组织细胞的物质代谢过程。 （4）体育锻炼可显著降低血脂（胆固醇、脂蛋白、甘油三酯）的含量。 （5）体育锻炼还可以使安静时脉搏徐缓、血压降低
呼吸系统	体育锻炼能改善呼吸系统的机能，主要表现为体育锻炼可使呼吸肌发达，收缩力增强，最大通气量变大，肺活量增大，呼吸加强。长期坚持锻炼可使人的缺氧耐受力增强，对氧的吸收利用率增高，使机体调节呼吸节奏的能力增强
消化系统	体育锻炼对消化器官机能有良好的作用，它能使胃肠的蠕动加强，消化液的分泌增多，使机体消化和吸收的能力增强，从而增强食欲。然而，饭后立即进行比较剧烈的运动或在比较剧烈的运动后立即进食，都对消化系统有不良影响
神经系统	体育锻炼可以改善和提高神经系统的工作能力，使中枢神经及其主导的部分大脑皮质兴奋性增强，抑制加深，使得兴奋和抑制更加集中，从而改善神经系统的平衡性和灵活性，提高大脑分析综合能力，增强机体适应变化的能力和工作的能力

二、体育锻炼对心理健康的影响

体育锻炼对心理健康的影响见表 1–2–2。

表 1-2-2　体育锻炼对心理健康的影响

影　响	内　容
调节情绪	大学生常因学习的压力、同学之间的竞争、人际关系的复杂，以及对未来前程的担忧而持续产生紧张、焦虑、压抑、不安等情绪。体育锻炼可以转移个体不愉快的意识、情绪和行为，使人从烦恼和痛苦中解脱
有助于形成和谐的人际关系	体育活动可以让不同职业、年龄、性别、文化素质的人相聚在运动场上，增加了互动的机会，使平等、友好、和谐的交往成为可能，有利于人与人之间产生信任感，促进情感和信息的交流
有助于确立良好的自我概念	自我概念是个体主观上对自己的身体、思想和感情的整体评价。它是由许多的自我认识组成的。肌肉力量与身体自尊、情绪稳定、外向性格、自信心呈正相关，并且加强力量训练会使个体的自我概念显著增强
有助于形成良好的意志品质	意志品质需要在克服困难的实践过程中培养。体育活动本身就要参与者不断地克服客观困难（气候条件的变化、动作的难度、外部障碍等）和主观困难（胆怯和畏惧心理、疲劳和运动损伤等），才能取得成功
预防和治疗各种心理疾病	适宜的体育锻炼能使有心理障碍的个体获得心理满足，产生成就感，从而增强自信心，缓解压抑、悲观等消极情绪，减轻心理障碍

三、体育锻炼对社会适应能力的影响

体育锻炼对社会适应能力的影响见表 1-2-3。

表 1-2-3　体育锻炼对社会适应能力的影响

影　响	内　容
增进友谊，促进交往	人是社会的人，要适应社会就应处理好各种人际关系。在体育锻炼和各种竞赛中，人与人、队与队之间频繁交往，不仅增进了友谊，促进了交往，更重要的是提高了人的交际能力
适应环境，与时俱进	环境是人类赖以生存的场所，人们只有适应自己所处的各种环境，才能生存与发展。体育对提高人体适应自然环境和社会环境的能力有明显的效果
积极向上，奉献社会	体育比赛由于其鲜明的竞争性特征，决定了双方运动员都要全身心地投入，动员机体发挥最大的潜力，并充分发挥技战术水平，去奋力拼搏，争取胜利。经常参加各种体育比赛，会使人们逐渐形成一种不断进取、勇于拼搏、积极向上的精神，以积极的心态去面对生活，迎接挑战，奉献社会

四、体育锻炼对道德健康的影响

体育锻炼对道德健康的影响见表 1-2-4。

表 1-2-4　体育锻炼对道德健康的影响

影　响	内　容
激发爱国热情，振奋民族精神	在当今世界，体育竞赛具有群众性、国际性、礼仪性等特点，通过体育竞赛，各国运动员切磋了技艺、加深了友谊，各民族增进了团结；同时，体育竞赛能振奋民族精神。2008 年，我国成功举办了北京奥运会，振奋了民族精神，增强了民族自豪感
培养勇敢顽强、朝气蓬勃的意志品质	体育在很大程度上是和困难、艰辛、挑战、征服联系在一起的。在体育运动中，人要挑战自己，挑战别人，要征服自己，征服别人。这种征服和挑战是一种自我能力的展现，需要有不怕困难、勇敢顽强的意志品质，还应该有诚实、谦虚、冷静的性格特点
培养遵守纪律、尊重规则的良好道德风范	体育比赛情况千变万化，个人之间、集体之间进行着频繁的互动，这对运动员和裁判员在思想品德方面提出了严峻的考验。运动员必须遵守赛场纪律，遵守比赛规则，尊重裁判员，尊重对手，公平竞赛。这些规范要求不仅适用于体育活动，还是人们应具备的基本的道德品质

第三节　高等中医药院校大学体育的目标

一、增进学生的体质，促进学生的身心健康

增强中医药院校学生的体质是高等中医药院校体育教育的首要任务。

体质的增强，除了意味着骨骼、肌肉、内脏等的机能增强外，还意味着大脑机能的改善。它表现为中枢神经系统对机体发展、发育和人体运动的控制力，神经系统对各器官的支配力，大脑皮质对各器官间活动的协调力的改善。

全面增强中医药院校学生的体质有赖于有目的、有组织地系统运动和练习，使学生在生长发育良好的前提下，实现体态美；在机体全面发展的基础上，发展“自稳态”；增强机体的免疫力，使中医药院校学生精力充沛、生命力旺盛。

二、使学生掌握体育的基础知识和基本技能

通过对基础知识和基本技能的学习，中医药院校学生可掌握锻炼身体的科学方法，培养终身参加体育锻炼的兴趣和习惯。在科学理论的指导下，中医药院校学生不仅可以掌握健康知识和运动技能，还能养成良好的锻炼习惯和发展智力。

引导中医药院校学生正确地进行运动和练习，必须经过一个由感知到理解，再到巩固及应用的过程。高等中医药院校大学体育应充分体现智力与体力相结合、理论知识与实践能力相结合的特点。

三、使学生掌握运动康复的基础知识

通过体育课的教学，中医药院校学生能够初步地了解运动和缺乏运动给人体带来的生理、心理影响。高等中医药院校大学体育应从医学角度阐明体力活动和静态生活方式对人体健康的影响，以及它们在各种慢性疾病病因中的作用，并让学生了解，适当适量的运动可以作为一些常见疾病的预防、治疗和康复研究的医学手段，达到增强体质、促进健康的目的。

四、使学生继承和发扬传统保健体育

传统保健体育是中华民族灿烂文化的一部分，与中国传统文化有着千丝万缕的联系，体现了中华民族独特的思维方式、行为方式、审美观、人生观等。传统保健体育是中华民族数千年来在生产、生活以及与疾病做斗争中强身健体的经验总结，是我国优秀文化中的瑰宝。传统保健体育依靠人体自身的能力，通过调养精神和形体，达到改善整个机体功能的目标。它对预防疾病、强身益智、涵养品德、延年益寿、强盛民族起了重要作用。

通过传统保健体育课教学，中医药院校学生能够较系统地掌握传统保健体育的基础理论、基础知识，较熟练地掌握导引养生的基本方法、武术的基本功和基础套路。这对传承传统保健体育具有重要意义。

五、使学生欣赏并运用传统养生文化，培养其民族自豪感

在漫长的人类发展历史中，健康长寿一直是人们的美好愿望。相对于世界其他地区的养生文化而言，中华民族的养生理论与实践以古代哲学和中医理论为基础，博大精深。传统养生文化汇集了我国劳动人民防病健身的众多方法，融合了儒、道、佛及诸子百家的学术精华，堪称一棵充满勃勃生机和浓厚东方神秘色彩的智慧之树。传统养生文化不仅具有强健身体、延年益寿的实用价值，还蕴含着中华民族的文化性格、民族心理和思维方式。

中医药院校体育中关于中国传统养生的学习，可以使学生深入了解、欣赏中国传统养生文化，掌握运动养生的理论与方法，培养学生的民族自信心与自豪感。

六、使学生掌握运动处方，更好地进行健康指导

通过体育课的教学，学生可以掌握运动处方的相关知识，并将运动处方与传统保健体育、中医相结合，学会科学地制订运动处方，从而更好地为自己、为家人、为患者提供健康和健身指导。

七、培养学生的道德意志品质

在体育运动中，对中医药院校学生进行共产主义和救死扶伤道德品质的教育，绝不是运动和身体练习与政治口号的生硬结合，而是通过运动及身体练习对学生进行知、情、意、行的教育，最终提高中医药院校学生的思想品德修养，理解救死扶伤的伟大意义。在此过程中，要特别注意培养学生参与运动的毅力，培养学生高尚的道德情操和良

好的意志品质。

八、培养学生审美和创造美的能力

体育与美自古以来就是紧紧相连的。运动是力与智慧的结合，身体练习是意念与形体的统一。美的心灵、美的情操都是通过美的举止、美的造型来表现的。人可以用自身的造型来表现对客观世界的认识，并通过造型达到增强身体功能的效果。在运动及身体练习中，中医药院校学生可通过形体训练、健美操、瑜伽等运动来表现造型的艺术美。因此，高等中医药院校应十分注意培养学生审美和创造美的能力，使学生的外在美与内在美很好地统一起来。

思考题

1. 简述健康的概念与标准。
2. 影响健康的主要因素有哪些？
3. 简述体育锻炼对健康的影响。

第二章 运动与营养

第一节 营养素

生命的存在、有机体的生长发育、各种生理活动及体力活动的进行都有赖于体内的物质代谢过程。体内进行物质代谢必须不断地从外界获得新的物质，而新的物质主要是从食物中摄取。营养是指人体吸收、利用食物或营养素的过程，也是人体通过摄取食物以满足机体生理需要的生物化学过程。营养素是指能在体内被消化吸收、供给热能、构成机体组织和调节生理机能，使身体进行正常物质代谢的物质。人体所必需的营养素有蛋白质、脂肪、碳水化合物、维生素、无机盐、膳食纤维和水七大类。

一、蛋白质

（一）生理作用

1. 构成及修补人体组织，促进生长发育

蛋白质是构成组织和细胞的主要物质，人的骨骼、大脑、神经、皮肤、肌肉、内脏、血液，甚至指甲、头发都是以蛋白质为主要成分的。在身体的生长发育、衰老组织的更新及损伤后组织的新生修补过程中，蛋白质都起着重要的作用。蛋白质约占人体重量的 18%，平均每天约有 3% 的蛋白质被更新，因此人每天需要摄取一定的蛋白质，处于生长发育期、疾病恢复期和手术后的人需要补充较多的蛋白质。

2. 构成机能物质

人体中许多具有重要生理作用的物质以蛋白质为主要组成成分或由蛋白质提供必需的原料，如对代谢过程具有催化作用和调节作用的酶和激素、承担氧运输和储存的血红蛋白和肌红蛋白、维持渗透压的血浆蛋白、发挥免疫作用的抗体蛋白、血液中具有缓冲作用的缓冲碱、进行肌肉收缩的肌纤凝蛋白、构成机体支架的胶原蛋白等。因此，蛋白质是生命存在的重要形式，也是生命活动的物质基础。

3. 增强机体抵抗力，构成抗体

机体抵抗力的强弱由抵抗疾病的抗体数量决定。抗体的生成与蛋白质有密切关系。近年来被誉为“抗病毒的法宝”和“抗癌生力军”的干扰素也是一种碳水化合物和蛋白质的复合物。

4. 调节渗透压

正常人体内的血浆与组织之间的水不停地交换，却保持着平衡，这有赖于血浆中的电解质总量和蛋白质胶体浓度。在组织液与血浆的电解质浓度相等时，两者间水分的分布就取决于血浆中白蛋白的浓度。若膳食中长期缺乏蛋白质，血浆蛋白的含量就会降低，血液内的水分便会过多地渗入周围组织，造成营养不良性水肿。

5. 供给能量

虽然蛋白质的主要功能并非供给能量，但陈旧的或已破损的组织细胞的蛋白质，也会不断地分解、释放能量。另外，每天从食物中摄入的蛋白质中，那些不符合人体需要或者数量过多的蛋白质也将被氧化分解而释放能量。因此，蛋白质可以供给部分能量。每克蛋白质在体内氧化时，可产生约 16.7 千焦的能量，人体每日能量的 10% ~ 15% 来自蛋白质。

6. 增强神经系统功能

神经传导、信息加工及思维活动都与蛋白质有关。它可明显地影响大脑皮质的兴奋和抑制过程。在婴幼儿大脑发育时期，若蛋白质供给不足，则会使脑细胞数量减少，影响智力发育。

（二）供给量与来源

一个人一天需要补充多少蛋白质，应根据年龄、性别、劳动强度和健康状况来定。一般成年人每天每千克体重需要 0.8 ~ 1.2 克蛋白质；正在生长发育的青少年每天每千克体重需要 1.4 ~ 1.8 克蛋白质；患病情况下可根据病情做相应增减。仅考虑蛋白质的量是远远不够的，还需注意蛋白质的营养价值。

人体所需蛋白质来源于动物性食物和植物性食物。动物性食物常指瘦肉、鱼类、奶类、蛋类等，属于优质蛋白质来源，其营养价值一般高于植物性食物，因此一般认为动物性食物营养好。植物性食物常指米、面、大豆、蔬菜等，除大豆、芝麻、葵花籽等是优质蛋白质来源外，其余植物性食物均不含优质蛋白质。植物性食物中，大豆的蛋白质含量高达 40%，是植物性食物中蛋白质含量最高的食物，而且营养价值高，是优质蛋白质的重要来源。

二、脂　肪

（一）生理作用

1. 供给能量并维持体温

脂肪是供给能量的主要营养素，1 克脂肪在体内氧化可产生约 38 千焦的能量，远高于碳水化合物和蛋白质所产生的能量。脂肪被吸收后，一部分被利用消耗，一部分则储存于体内，在机体代谢需要时可释放能量。皮下脂肪还能使体内温度不易外散，有助于维持体温和御寒。

2. 构成组织细胞

脂肪（主要是磷脂、胆固醇等）是构成脑和神经组织的主要成分。组织细胞的各种膜（细胞膜、细胞器膜等），都是由脂类物质与蛋白质结合而成的。

3. 促进脂溶性维生素的吸收

维生素A、维生素D、维生素E、维生素K等不溶于水，它们只有溶于脂肪中才能被吸收利用。因此，只有摄取足够的脂肪，才能使食物中的脂溶性维生素溶解于脂肪中，使之随同脂肪一起被吸收。

4. 供给必需脂肪酸

人体所需的必需脂肪酸主要靠膳食中的脂肪提供。

5. 增加香味和食欲

利用油脂烹调食物时，其特有的香味能增加人们的食欲。

6. 增加饱腹感

脂肪在胃中滞留时间较长，约3.5小时，能延迟胃的排空，有助于抑制饥饿感。脂肪进入十二指肠后，能刺激十二指肠产生肠抑胃素。

7. 防护作用

分布于腹腔、皮下、肌纤维间的脂肪有保护脏器、组织及关节的作用。

（二）供给量与来源

就成年人而言，脂肪的摄入量一般每天应占总能量的20% ~ 30%，即60 ~ 80克。在寒冷条件下可增加脂肪的摄入量，在炎热环境下脂肪摄入量应适当减少。为避免能量消耗过大，重体力劳动者可适当增加脂肪摄入量。考虑到脂肪酸对人体健康的影响，人们在摄入脂肪时，不仅要考虑量，还要考虑质，即不饱和脂肪酸应多一些，饱和脂肪酸应少些。膳食中的饱和脂肪酸、单不饱和脂肪酸与多不饱和脂肪酸供给量的比例以1∶1∶1最为合理。通常认为，居民膳食从植物油中获取的脂肪应占脂肪摄入总量的2/3。随着人们的年龄增大，动物油的摄入量应逐步减少。

脂肪按其食物来源可分为动物性脂肪和植物性脂肪。

1. 动物性脂肪

动物性脂肪是指从动物组织分离出来的脂肪，主要含饱和脂肪酸。饱和脂肪酸的熔点较高，一般呈固态，容易凝固和沉积在血管壁上，可导致动脉硬化。动物脂肪中有较多的胆固醇，它在人体内有重要的生理作用，但中老年人血液中胆固醇过高时，容易患动脉硬化、高血压等疾病。因此，中老年人应少吃动物性脂肪。供给机体脂肪的动物性食物主要有猪油、牛油、鱼油、奶油、蛋黄油等。此外，蛋黄、瘦肉及动物的脑、肝、肾等内脏虽然含磷脂丰富，但也含有较多的胆固醇。

2. 植物性脂肪

植物性脂肪主要含有不饱和脂肪酸，熔点比较低，在室温下呈液态，不容易凝固和沉积在血管壁上，可长期食用。植物油不含有胆固醇，而含有豆固醇、谷固醇等植物固醇。植物固醇不但不能被人体吸收，而且能阻止人体吸收胆固醇。供给机体脂肪的植物性食物有花生、大豆、芝麻、菜籽等油料作物榨取的植物油。

三、碳水化合物

（一）生理作用

1. 供给能量

碳水化合物是人体能量最主要和最经济的来源，是各种不同类型的糖的总称。每 1 克碳水化合物在体内氧化可产生约 17 千焦的能量，每日膳食中能量供给总量的 50% ~ 65% 来自碳水化合物。碳水化合物在供能上有许多优点，如比脂肪和蛋白质更容易被消化吸收，产热快，耗氧少，而且在无氧的情况下也可分解供能。

2. 保护肝脏

碳水化合物除了供给能量，还有保护肝脏及解毒的作用。肝糖原含量高时，生成的葡萄糖醛酸对四氯化碳、酒精、砷等有较强的分解作用；另外，它对各种细菌引起的毒血症也有较强的抵抗力。从这个意义上来讲，摄入足量的碳水化合物，使肝脏合成充足的糖原，可保护肝脏免受有害物的损害，并保持肝脏的正常解毒功能，对身体健康是有益的。

3. 构成组织

碳水化合物存在于一切组织的所有细胞中，含量占人体细胞总量的 2% ~ 10%，如构成结缔组织的黏蛋白。另外，核糖、磷酸和碱基组成的核糖核酸和脱氧核糖核酸是构成细胞质和细胞核的重要成分。碳水化合物与蛋白质结合生成的糖蛋白是软骨、骨骼、眼球的角膜和玻璃体的组成成分。

4. 具有抗生酮作用

当碳水化合物供给不足时，脂肪则会因氧化不全产生过量的酮体。酮体是酸性物质，在体内积存过多可引起酸中毒。只有在一定量碳水化合物存在时，才能彻底氧化脂肪，不致产生过量的酮体，原因是脂肪在体内分解产生的乙酰基必须与草酰乙酸结合，才能进入三羧酸循环而最终被彻底氧化，而草酰乙酸的形成是葡萄糖在体内氧化的结果。因此，碳水化合物具有抗生酮作用。

5. 维持中枢神经的机能

大脑的能量代谢极强，虽然其重量仅为体重的 2%，但是能量消耗却占全身基础代谢的 25%。脑组织无能量储备，全靠血糖供给能量，每天需要 100 ~ 120 克葡萄糖。因此，碳水化合物是大脑的唯一能源物质。只有血糖水平正常，才能保证大脑的功能正常。当血糖含量下降到正常值以下时，脑组织的供能物质就会不足，可发生头晕、昏厥等低血糖症。

6. 节省蛋白质的作用

碳水化合物有利于机体的氮储留。蛋白质以氨基酸的形式被吸收，并在机体内合成组织蛋白质或其他代谢产物，这些过程均需能量。例如，摄入蛋白质并同时摄入碳水化合物，可增加三磷酸腺苷的形成，有利于氨基酸的活化及合成蛋白质，使氮在体内的储留量增加。因此，供给充足的碳水化合物可以节省蛋白质。

（二）供给量与来源

碳水化合物的主要生理功能是供给能量，因此，一个人一天需要多少碳水化合物，应根据人体每天需要的能量而定。人体每天需要的能量与年龄、性别、体形、生活方式、健康状况、劳动强度等密切相关。在同样的生活条件、劳动条件下，个人在年龄、性别、体形等方面存在差异，个人所需要的能量也有所不同。

从年龄来说，按每千克体重计算，相对而言，正在生长发育的儿童和青少年需要的能量比成年人要多，人过中年后，所需能量相应减少一些。成年人的能量供给随年龄的增长而递减，以年龄为 18 ~ 40 岁，体重分别为 53 千克、63 千克的女子和男子为例，40 ~ 49 岁减少 5%，50 ~ 59 岁减少 10%，60 ~ 69 岁减少 20%，70 岁以上减少 30%。

按照我国居民的膳食习惯，每天摄入的碳水化合物以占总能量 50% ~ 65% 为宜。例如，供给能量 12552 千焦，其中碳水化合物应占 6276 ~ 7782 千焦。

碳水化合物的来源很广，各种粮食、根茎类食物等都含有大量的淀粉与少量的单糖和多糖，蔬菜和水果除含有少量的单糖外，还含纤维素和果胶。此外，蔗糖是最普遍的食用糖。近年来，研究成果表明，肥胖、糖尿病、心血管疾病等都与蔗糖摄入过多有关，因此每人每天蔗糖的摄入量不应超过总能量的 10%。

四、维生素

维生素是维持人体正常代谢和生理功能所必需的一种营养素，化学成分均为低分子有机化合物。人体不能合成维生素，必须从食物中获得。维生素不能为机体提供能量，也不是机体的构成物质。虽然机体对维生素需要量很少，但因其各有重要的生理功能，故当机体中某种维生素缺乏或不足时，就会造成代谢紊乱并出现相应的病理症状，称为维生素缺乏症。

在维生素的分子结构未被测定之前，维生素的命名一般是按其被发现的先后顺序来定的，即在维生素之后加上 A、B、C、D 等字母，如维生素 A、维生素 B、维生素 C、维生素 D 等。此外，那些具有相同活性的维生素，因其分子结构稍有不同，就在字母右下方注上 1、2、3 等加以区别，如维生素 A_1、维生素 A_2 等，但这种命名方式正逐渐被基于它们的本质或生理功能的命名所取代，出现了如硫胺素（维生素 B_2）、烟酸（维生素 B_3）、生育酚（维生素 E）、抗坏血酸（维生素 C）等名称。

维生素的种类繁多，结构各异，生理功能也各不相同，通常按其溶解性质分为脂溶性维生素和水溶性维生素两大类。脂溶性维生素包括维生素 A、维生素 D、维生素 E、维生素 K 等，只溶于有机溶剂而不溶于水，在食物中常与脂类共存，在吸收过程中与脂类相伴进行，可储存于脂肪组织和肝脏中，排泄率不高，过量可引起中毒。水溶性维生素有 B 族维生素（维生素 B_1、维生素 B_2、维生素 B_3、维生素 B_5、维生素 B_6、维生素 B_9、维生素 B_{12}、维生素 H 等）、维生素 C 等，易溶于水，在食物清洗、加工、烹调过程中容易因处理不当而流失，在体内仅有少量储存，易排出体外。维生素的生理功能、缺乏症、成年人日需量及来源见表 2–1–1、表 2–1–2。

表 2-1-1 脂溶性维生素的生理功能、缺乏症、日需量及来源

名 称	生理功能	缺乏症	成年人日需量	来 源
维生素 A（视黄醇）	维持正常视力；防癌；促进骨骼、牙齿正常发育	夜盲症、干眼症	2500 国际单位	动物肝脏、菠菜、胡萝卜等
维生素 D_3（胆钙化醇）	促进肠道对钙、磷吸收；促进生长和骨骼钙化	佝偻病（儿童）、软骨病（成年人）	100 国际单位	鱼肝油、肝、脱脂牛奶、蛋黄等
维生素 E（生育酚）	促进性激素分泌；具有抗氧化作用；防止肌肉萎缩	人类未发现典型缺乏症	10 毫克	植物油、蛋类、谷类、干果等
维生素 K（凝血维生素）	促进凝血酶原合成，防止出血	凝血时间延长；皮下、胃肠道出血	1 毫克	绿叶蔬菜、奶制品等

表 2-1-2 水溶性维生素的生理功能、缺乏症、日需量及来源

名 称	生理功能	缺乏症	成年人日需量	来 源
维生素 B_1（硫胺素）	促进碳水化合物的氧化；增进食欲	脚气病、肠道功能障碍	1.2 毫克	谷物外皮及胚芽、酵母、豆类等
维生素 B_2（核黄素）	参与生物氧化	舌炎、唇炎、口角炎等	1.8 毫克	肝、蛋黄、黄豆、牛奶等
维生素 B_3（烟酸）	参与生物氧化，维持皮肤健康	糙皮病	19.8 毫克	谷类、蔬菜、肉类等
维生素 B_6（吡哆素）	与蛋白质、脂肪代谢的关系非常密切	脂溢性皮炎、肌肉无力	1.6 毫克	蛋黄、谷类、豆类、肝等
维生素 B_9（叶酸）	与蛋白质和核酸合成红细胞及白细胞成熟有关	巨幼红细胞性贫血	0.2 毫克	肝、酵母、绿叶蔬菜
维生素 B_{12}（钴胺素）	促进蛋白质的合成及红细胞成熟	巨幼红细胞性贫血	2 微克	动物内脏、鱼类、蛋类等
维生素 H（生物素）	参与体内二氧化碳的固定	人类未发现典型缺乏症	0.1 毫克	动植物及微生物
维生素 C（抗坏血酸）	参与体内氧化还原反应，参与细胞间质形成	坏血病	60 毫克	新鲜水果和蔬菜

五、无机盐

人体内含有的各种元素，除了碳、氢、氧、氮主要以有机化合物形式存在外，其余各种元素被统称为无机盐。无机盐是构成机体组织和调节生理机能的重要物质。其中，含量较多的有钙、镁、钾、钠、磷、硫、氯 7 种，被称为常量元素；其他如铁、碘、氟、硒、锌、铜、钼、锰、铬、镍、钒、锡、硅、钴 14 种含量很少，被称为微量元素。

人体内不能合成无机盐，只能通过食物来补充。在人体物质代谢中，每天有一定量的无机盐经各种途径被排出体外，因此人们必须从食物中得到补充。无机盐在食物中分布范围很广，一般都能满足机体需要。其中，身体较易缺乏的元素是钙、铁、碘、锌和硒。

无机盐是构成人体的基本物质之一，其主要功能可概括为以下方面。

（一）构成骨骼和牙齿的主要成分

钙、磷是骨骼和牙齿必不可少的成分，镁是组成骨骼的成分，氟在体内的含量虽然不多，但也是骨骼和牙齿中不可缺少的成分。

（二）构成软组织的重要成分

铁是血红蛋白、肌红蛋白、细胞色素和某些酶的主要成分，也是肌肉、肝、脾和骨髓的组成成分。铁缺乏时，人体血液的供氧能力会减弱。

（三）调节生理机能

钠、钾共同维持体内正常的渗透压、酸碱平衡及水平衡。碘是合成甲状腺激素的主要成分，可调节和控制机体的基础代谢，促进体内的氧化作用。钙是维持所有细胞正常功能的物质，如心脏的正常搏动、肌肉神经正常兴奋的传导和适宜性的维持，都必须有一定量的钙离子存在。如果血钙含量下降，神经肌肉的兴奋性则会增强。

（四）参与免疫机能的形成

现代研究认为，锌、锡、铁、铜、锗等元素与机体免疫水平有密切关系。例如，锌有激活胸腺素、增强免疫反应和T淋巴细胞功能的作用。缺锌时，胸腺明显萎缩，T淋巴细胞数量减少、功能降低，细胞免疫力减退。硒有促进体内抗体形成的作用。

（五）维持组织的正常兴奋性

神经肌肉的兴奋性与某些离子的浓度和比例有关。钠离子、钾离子浓度升高可提高神经的兴奋性。钙离子、镁离子浓度升高则可降低神经肌肉的兴奋性。心肌细胞兴奋性的升高与钠离子、钙离子浓度升高有关；钾离子、镁离子浓度升高，心肌细胞的兴奋性降低。

（六）保护人体细胞不发生癌变

近年来的研究发现，癌症患者体内存在着微量元素平衡失调的现象，如肺癌与锌、硒含量低而铬、镍含量高有关；肝癌与锰、铁、钡含量低而铜含量高有关。硒具有调节癌细胞的增殖、分化的作用，可抑制体内癌细胞的浸润、转移，以延缓肿瘤的复发。铜元素可直接杀伤癌细胞，又可抑制癌细胞脱氧核糖核酸的合成，并能促进癌细胞的诱导分化。有研究表明，锗能促进抗癌因子产生，能诱导分泌白细胞介素-3和干扰素，增强机体对癌细胞的防御功能，抑制肿瘤的生长与扩散。

（七）延缓机体衰老过程

人体的过氧化是细胞被破坏、导致衰老的主要原因，而锌、硒、铜、锰等元素具有清除导致细胞老化的过氧化物质的作用，锰、铜、锌还是超氧化物歧化酶的重要成分，这种酶能破坏自由基，发挥抗衰老作用。硒的主要功能是增加谷胱甘肽过氧化物酶的活性，从而达到延缓衰老的目的。人体必需无机盐的生理功能、缺乏症、日需求量及食物来源见表 2-1-3。

表 2-1-3 人体必需无机盐的生理功能、缺乏症、日需求量及来源

元 素	生理功能	缺乏症	日需求量	来 源
钙	构成骨骼、牙齿的成分，维持神经肌肉的兴奋性，参与凝血	软骨病、肌肉痉挛、骨质疏松症	成年人 800 毫克，青少年 1000 毫克，儿童 600 毫克	乳品、虾皮、豆类、蔬菜等
磷	构成骨骼、牙齿、核酸的成分，是酶的组成成分，参与物质和能量代谢	软骨病、食欲不振	成年人 400 毫克	动物性食品
钾	维持细胞渗透压，维持体内酸碱平衡，加强肌肉兴奋性，参与蛋白质、碳水化合物的代谢	肌无力、心率失常	成年人 4 克	谷类、豆类、蔬菜、水果等
钠	维持细胞渗透压，维持体内酸碱平衡，加强肌肉兴奋性	厌食、眩晕、倦怠、无力、血压降低	成年人 5 克	食 盐
氯	胃酸的主要成分，维持细胞渗透压，维持体内酸碱平衡，激活唾液淀粉酶	食欲不振	成年人 5 克	食 盐
镁	多种酶的活性剂，维持神经肌肉兴奋性，参与体内蛋白质的合成	肌肉震颤、心跳过速、情绪不安	成年人 200 ~ 300 毫克	谷类、豆类、蔬菜等
铁	血红蛋白的组成成分，运输氧、二氧化碳	缺铁性贫血	成年男性 12 毫克，成年女性 18 毫克	肝脏、鸡胗、大豆、黑木耳、瘦肉等
碘	甲状腺素的组成成分，促进代谢和生长发育	甲状腺肿、生长迟缓、智力低下	成年人 100 ~ 140 毫克	海带、紫菜、海鱼等
锌	酶的组成成分或酶激活剂，促进生长发育与组织再生	生长停滞、厌食、少年期性发育不全	成年人 10 ~ 15 毫克	肉类、谷类
铜	促进铁的吸收与利用、参与物质氧化	贫血、生长迟缓、情绪容易激动	成年人 2 毫克	牡蛎、贝类、坚果等
硒	具有抗氧化、解毒作用	克山病	成年人 50 微克	动物内脏、海产品、谷物等
氟	构成牙齿、骨骼的成分，预防龋齿	龋齿、骨质疏松症	成年人 1.5 毫克	茶叶、海鱼、海带等

六、膳食纤维

膳食纤维是一类多聚物的混合体，是不被人体消化道分泌物消化的植物成分，包括纤维素、半纤维素、木质素、果胶、黏液、树胶等。它们虽然不能被机体消化与吸收，却是人体必需的营养素之一，具有预防多种疾病的作用。

（一）生理作用

1. 产生饱腹感

膳食纤维进入消化道后，在胃内吸水膨胀，使人产生饱腹感，延缓胃的排空速度，从而降低小肠对营养素吸收的速度，可以抑制多食并抗饥饿，有助于糖尿病患者和肥胖者成功地控制饮食量。

2. 降低血脂

膳食纤维进入人体后，能与胆汁酸、胆固醇等结合成不被人体吸收的复合物，因此能阻断胆固醇和胆汁酸的肠肝循环，可减少肠道对胆固醇的吸收，促进胆汁酸和胆固醇随粪便排出，降低血胆固醇水平，有助于预防冠心病和胆石症。此外，膳食纤维还具有结合锌的能力，能降低锌铜比值，对心血管系统有保护作用。

3. 具有降糖作用

纤维素进入胃肠道后，可如同海绵一样吸水膨胀，呈凝胶状，增加食物的黏滞性，延缓食物中葡萄糖被吸收。另外，膳食纤维还可增加胰岛素的敏感性，减轻胰岛素的抵抗性，增加胰岛素的降糖作用。

4. 清除肠道内“垃圾”和毒素

结肠癌和直肠癌发病率与膳食纤维摄入量呈负相关。膳食纤维在肠道内就像“清道夫”，不断地清除肠道内的“垃圾”和毒素，将有害物质排出体外，减少某些致病因子对大肠的刺激，同时减少大便滞留时间，减少有害物质的吸收和对肠黏膜的毒害。膳食纤维可调节肠道菌群，使有益的细菌增加，减少某些致癌物的产生与活化，因此能降低肠癌的发病率。

5. 降低龋齿和牙周病的发病率

高膳食纤维食物增加了口腔咀嚼时间，能刺激唾液的分泌，这提高了肠胃缓冲酸性物质的能力，也有利于口腔和牙齿的清洁。再者，口腔在咀嚼富含纤维素的食物时，纤维素对牙齿和牙龈组织反复地摩擦，能按摩牙龈组织，加强血液循环，维护牙龈组织的健康。纤维素还能清除牙面的糖、蛋白质，可减少龋齿的发生。

膳食纤维虽然有益于人体健康，但也不宜过多摄入。膳食纤维虽然能使肠胃减少对一些有害物质的吸收，但也会导致肠胃减少对一些营养素的吸收。另外，膳食纤维对消化道有刺激作用，会加重胃肠溃疡患者病症，因此，该类病人禁止摄入。

6. 防止便秘

膳食纤维不经消化就进入大肠，而纤维素、果胶对水有强吸附作用，能使粪便变软，体积增大，从而刺激肠蠕动，有助于排便。

（二）供给量与来源

中国营养学会推荐的正常成年人每日膳食纤维供给量为 25 ~ 35 克。膳食纤维的主要来源是植物性食物，包括谷类、豆类、蔬菜、水果、薯类、菌类、藻类等。

七、水

（一）生理作用

1. 机体的重要成分

水约占成年人体重的 70%，血液、淋巴、脑脊液含水量高达 90% 以上，肌肉、神经、内脏、细胞、结缔组织含水量占 60% ~ 80%，脂肪组织和骨骼含水量在 30% 以下。

2. 参与物质代谢过程

水是良好的溶剂，能使物质溶解，加速化学反应。从物质的消化、吸收、生物氧化到排泄，都需要水的参与。

3. 调节体温

水的比热容高，血液流经体表部位时，不会因环境温度的差异而发生大的温度改变，有利于保持体温稳定。此外，水的蒸发可以散热（排汗），人体在炎热季节或温度较高的环境时，能通过蒸发来维持体温的正常。

4. 运输体内物质

水的流动性大，在体内形成体液，循环运输物质。

5. 保持腺体的正常分泌，起到润滑的作用

各种腺体分泌物的主要成分是液体，若缺乏水，其分泌就要受影响。水作为关节、肌肉和脏器的润滑剂，能维护这些器官的正常功能，如泪液可防止眼球干燥，关节液可减小运动时关节之间的摩擦。

（二）供给量与来源

正常情况下，体内水分的出入量是平衡的。体内不储存多余的水分，也不能缺水。多余的水分即排出，缺少时若不及时补充，就会影响正常生理机能。

正常成年人一天通过排尿、体表蒸发等途径排出的水分为 2000 ~ 2500 毫升，因此也需摄入同样的水量，即 2000 ~ 2500 毫升（饮水 1300 毫升，从食物中摄取的水 900 毫升，代谢中产生的水 300 毫升）。

每个人的需水量还受气候、工作性质等的影响。天气炎热及从事体力工作排汗较多时，需水量较大。能量消耗与需水量成正比，每多消耗 4.18 千焦能量，需水约 1 毫升。

第二节　运动与膳食营养

一、运动前的营养

（一）运动前的食物选择

运动前应以高糖类、低脂肪的食物为主，如面包、米饭、面条、水果等，这些食物既容易消化，又能提供碳水化合物作为运动时的能量来源。如果运动时间为60～90分钟，则可以选择升糖指数较低的食物，如水果、脱脂牛奶、米饭、大豆等，这些食物会被缓慢地消化成碳水化合物，能够长时间地给运动中的肌肉供应碳水化合物。如果运动时间少于60分钟，则可以选择高升糖指数的食物，如面包、运动饮料等，这些食物很快就会被消化，能够迅速地提供碳水化合物。

高纤维的食物容易引起肠胃不适，原因是它们需要比较长的时间才能被消化。有些高纤维的食物也富含碳水化合物，如全麦面包、高纤饼干和某些高纤饮料。如果这些食物使你在运动中感觉不舒服，就应该避免在运动前吃这些食物。

（二）运动前的最佳进食时间

进食的时间因运动时间的变化和食物的种类而有所不同，总体原则是吃进去的食物可以在运动过程中提供充足的营养和能量，而又不至于在运动过程中引起肠胃不适。

进行身体震动比较大的运动时，如打篮球、跑步等，人体对胃内的食物通常比较敏感，少量的食物可能就会令人感到不舒服，这就需要在开始运动前更早的时候进食，或是减少食物的摄取，以减轻这些症状。一般而言，进行身体震动比较小的运动时，如骑自行车、游泳等，人体一般不会受到胃中食物的影响，在进食的时间和食物的选择上有较大的弹性。

1. 上午8点的运动

前一天的晚餐和夜宵必须富含碳水化合物，喝充足的水。经过一夜后，肝脏中糖原的含量已经降低，而在运动前补充碳水化合物可以提高运动能力。在运动前90～120分钟应吃少量的早餐，如面包加果酱或水果；避免食用含高脂肪的食物，如包子、油饼等，它们不容易被消化，会在胃中停留比较长的时间，也无法提供足够的碳水化合物。有时牛奶也会使一些人肠胃不适。若是习惯吃丰盛的早餐，就需要在运动前2～3小时进食，这样机体才有足够的时间消化。如果无法早起，则可以在运动前10～30分钟用运动饮料或是一两片面包补充前一天晚上体内消耗的糖原。

2. 上午10点的运动

前一天的晚餐必须富含碳水化合物，喝充足的水。在当天7点左右吃丰盛且富含碳水化合物的早餐，这样身体可有3个小时的时间来消化这些食物，既补充了糖原，又不会造成肠胃不适，但是应该避免进食油腻的食物。

3. 午间 12 点的运动

前一天的晚餐必须富含碳水化合物，喝充足的水。当天吃丰盛且富含碳水化合物的早餐，若是 8 点吃早餐，在 11 点左右可以再吃少量的高糖类食物或饮品，如面包、果汁、水果等。若是 9 点吃早餐，则运动前 10 ~ 30 分钟可以再补充一些运动饮料。

4. 午后 4 点的运动

前一天的晚餐必须富含碳水化合物，喝充足的水。当天早上 8 点吃丰盛的早餐，中午 12 点吃富含碳水化合物的午餐，下午 3 点吃少量高糖类点心，同时在一天中必须摄取充足的水分，也可以从早上开始每隔一两个小时喝一大杯果汁，补充并维持体内糖原的含量，运动前 20 ~ 30 分钟再以运动饮料做最后的补充。

5. 晚间 8 点的运动

当天吃丰盛而富含碳水化合物的早餐和午餐，下午 5 点吃丰盛而富含碳水化合物的晚餐，或是下午 6 点吃少量富含碳水化合物的晚餐，避免吃高脂肪的食物，如油炸的食物、肥肉等。运动前 20 ~ 30 分钟喝 200 ~ 300 毫升运动饮料或果汁。在一天中都要摄取充足的水。

二、运动后的营养

（一）碳水化合物的补充

糖原是运动时的主要能量来源之一，存在于肌肉和肝脏中。肌肉中的糖原只能供给肌肉细胞使用，而肝脏中的糖原能以葡萄糖的形式释放到血液中，供肌肉和身体其他器官使用。体内糖原存量不足以提供运动后所需，是造成疲劳、运动能力降低、无法持续运动的原因之一。运动后体内的糖原存量显著地降低，若是没有糖原的补充，下次运动时就会受到糖原不足的影响。

研究显示，在运动后的 2 小时内，身体合成糖原的效率最高，2 小时后则恢复到平常的水平。如果在运动后迅速补充碳水化合物，就可以利用这一自然的高效率时段迅速地补充体内被消耗的糖原。如果下次运动是在本次运动后的 10 ~ 12 小时进行，这一高效率时段则特别重要。如果错过这个时段，即使在后续的时间补充了足够的碳水化合物，身体也可能没有足够的时间来完全补充消耗的糖原，使得体内的糖原存量一次比一次低，运动后身体越来越容易感觉疲劳。若下一次运动在本次运动后的 24 ~ 48 小时进行，则即使错过这段时间，接下来只要着重于摄取高糖类的食物，就有足够的时间补充消耗掉的糖原。

建议在运动后 15 ~ 30 分钟摄入 50 ~ 100 克的碳水化合物（大约每千克体重需要补充 1 克碳水化合物），然后每隔 2 小时再摄入 50 ~ 100 克碳水化合物。正餐及其他运动期间的饮食也应该以摄取富含碳水化合物的食物为主。

（二）肌肉和组织的营养恢复

即使是没有身体接触的运动也会造成肌肉纤维和结缔组织的伤害，而一些接触性的运动（如篮球、足球等）会造成更多的肌肉损伤。运动后迅速补充蛋白质有助于修复受伤的肌肉和组织，受伤的肌肉合成与储存糖原的效率也会提高。因此，身体接触性运动或是比赛后受伤的运动员需要补充更多的碳水化合物，更需要把握运动后 2 小时的高效率时段，有效地补充体内消耗掉的糖原。

常见食品的蛋白质含量见表 2–2–1。此外，计算蛋白质的质量时，还要考虑必需氨基酸与氨基酸总量的比值问题。成年人需要的必需氨基酸至少应占其所摄入的氨基酸总量的 20%。单一食物与混合食物的氨基酸值与缺少的必需氨基酸见表 2–2–2。

表 2–2–1　常见食品的蛋白质含量

食品名称	蛋白质含量	食品名称	蛋白质含量
猪　肉	13.3% ~ 18.5%	面　粉	11.0%
牛　肉	15.8% ~ 21.7%	大　豆	39.2%
羊　肉	14.3% ~ 18.7%	花　生	25.8%
鸡　肉	21.5%	白萝卜	0.6%
鲤　鱼	18.1%	大白菜	1.1%
鸡　蛋	13.4%	菠　菜	1.8%
牛　奶	3.3%	油　菜	1.4%
稻　米	8.5%	黄　瓜	0.8%
小　麦	12.4%	橘　子	0.9%
玉　米	8.6%	苹　果	0.2%
高　粱	9.5%	红　薯	1.3%

表 2–2–2　单一食物与混合食物的氨基酸值* 与缺少的必需氨基酸

食　物	氨基酸值（毫克 / 克）	缺少的必需氨基酸
人　奶	100	无
牛　奶	95	蛋氨酸
鸡　蛋	100	无
牛　肉	100	无
鱼　肉	100	无
精　米	67	赖氨酸
花　生	65	赖氨酸、苏氨酸
甘　薯	63	赖氨酸
木薯粉	56	亮氨酸
一般豆类（不包括大豆）	54	蛋氨酸
玉　米	49	赖氨酸
精白面粉	38	赖氨酸
绿　豆	35	蛋氨酸
米（3 份）+ 绿豆（1 份）	83	苏氨酸
甘薯（3 份）+ 豆类（1 份）	73	蛋氨酸
甘薯（8 份）+ 鱼（2 份）	84	赖氨酸

注：* 根据食物中每克氨基酸的毫克量计算。

三、运动与水

（一）运动中补充水分的重要性

激烈的运动使身体大量流汗，体内液体流失，电解质也随汗液流失。例如，夏季进行 4 个小时的长跑训练平均出汗量可达 3000 毫升左右。我国马拉松运动员在比赛时总出汗量约为 4000 毫升，平均占体重的 4.9%。若在运动前和运动中不补充水分而运动中又大量出汗，人体就很容易发生脱水现象。体内缺水的主要表现为尿液和体液减少。大约占体重 1% 的水分流失会使运动时的体温上升、心率加快。脱水量约占体重 2% 的为轻度脱水，主要表现为细胞外液减少，身体丧失调节的能力。若没有补充所失去的水分，体温就可能会持续上升，进而导致体力的丧失。脱水量占体重的 4% ~ 6% 时，肌肉力量及肌肉耐力降低，同时引起热痉挛，使机体长时间活动能力下降 20% ~ 30%，也会影响体内无氧代谢的供能过程。脱水对心血管方面的影响是可导致血浆容量下降，血液渗透压升高。低血浆容量则会导致心输出量下降、排尿量减少、体温升高、血液黏稠度增大及中暑危险增加。水分流失占体重的 6% 以上时，则有严重热痉挛、热衰竭、中暑、昏迷甚至死亡的可能。这些数据说明，排汗提高了散热能力，但水分及电解质的流失应立即得到补充。因此，要想防止脱水或降低脱水程度，则应立即补充水分，从而改善运动能力。

（二）运动中补充水分的原则和途径

运动中水分的补充应以保持水分的平衡为原则，调整体内水和电解质平衡的最佳途径是喝水或喝饮料。由于体液是低渗透液，相比之下，运动期间补充水分比补充电解质更重要。在热环境下，正常人不自觉的脱水量为每小时 275 毫升。长时间进行耐力锻炼的人在热环境下脱水时间越久，对运动能力的影响就越严重，因此，在脱水之前就应补充水分，千万不要等到口渴才喝水。当感觉口渴时，身体已处于脱水状态了。

在水分吸收方面，胃排空的最大正常速度是每小时 600 ~ 800 毫升。低温的水在胃内排空的速率较高。运动时喝低温的水对降低体温的效果优于运动前摄取等量水的效果。纯水或低渗透压饮料的胃排空速率高于高渗透压的饮料。因此，在热环境下激烈运动时，补充水分的重要性大于补充碳水化合物及电解质。在持续时间短的运动中，不必特意补充电解质，原因是运动中补充电解质会提高由运动引起的高渗透程度。因此，在时长为 30 ~ 60 分钟的运动中，水是最经济、实用的补充液体。

（三）不同运动阶段的补水方法

运动和水

1. 运动前的正确补水方法

运动饮料主要用于为训练和比赛过程中的运动员补充能量、水分、电解质及维生素，以预防运动员在高强度运动训练下消耗能量过多而引起低血糖现象，并维持身体在大量出汗情况下体内水分和电解质的平衡，防止体内电解质的流失而引起的运动能力降低、心律不齐或肌肉痉挛等现象。另外，有些特殊的运动饮料还可增强体力、耐力及消除疲劳，进而有助于提高运动成绩。研究指出，饮用等渗透压运动饮料比较适宜，其在体内吸收十分迅速，能使运动员有效地保持运动能力。

在较长时间的运动过程中，每小时流汗量可达 750 毫升。由于缺水会使身体散热功能降低，在耐力性运动前的 2 小时最好饮用 600 毫升左右的水（可分两次喝）。

2. 运动中的正确补水方法

在运动及比赛期间，每隔 15 ~ 20 分钟饮用 200 ~ 300 毫升的水或饮料为较适当的补水方法。

3. 运动后的正确补水方法

在运动后的恢复期补水与运动前的补水同样重要。即使运动员在休息时正常地补充水分，体内水分依然会以汗水的形式大量流失；而肌肉糖原浓度可能也会降低一些，身体会比较虚弱，此时正是恢复过程开始的时候。研究表明，运动后越早开始恢复越好，此时正确补充水分有助于体力的恢复。可在饮料中添加葡萄糖聚合物及麦芽糊精（容易消化的复合碳水化合物），以增加碳水化合物，补充肌肉糖原含量，促使恢复期缩短。

第三节　平衡膳食

平衡膳食又称健康膳食，是指膳食中所含营养素种类齐全、数量充足、比例适当，且与人体的需要保持平衡，又不会导致热量过多摄入。平衡膳食的目的是促进人体正常生长发育，确保各组织器官和机能的正常活动，提高人体对疾病的抵抗力，进而提高工作效率，延长寿命。

现代医学研究证明，人类各种疾病的发生，或多或少、或轻或重都与人体内营养平衡失调有关，如心血管疾病与钾、镁、锌低而铜高有关，高血压与钠高、钾低、镁不足有关，脑血管疾病与钙、镁、锌、硒不足有关。因此，人体营养平衡是至关重要的。

一、居民平衡膳食指南

为给我国居民提供最根本、最准确的平衡膳食信息，指导居民合理膳食、保持健康，2016 年 5 月 13 日，国家卫生和计划生育委员会（现为国家卫生健康委员会）疾病预防控制局发布了《中国居民膳食指南（2016）》，自 2016 年 5 月 13 日起实施。《中国居民膳食指南（2016）》由一般人群膳食指南、特定人群膳食指南和中国居民平衡膳食实践三个部分组成。同时推出了中国居民平衡膳食宝塔（2016）、中国居民平衡膳食餐盘（2016）和儿童平衡膳食算盘三个可视化图形，指导居民在日常生活中进行具体实践。为方便居民应用，还特别推出了《中国居民膳食指南（2016）》科普版，帮助居民做出有益于健康的饮食选择与行为改变。本部分内容只介绍一般人群膳食指南和中国居民平衡膳食宝塔。

二、一般人群膳食指南

一般人群膳食指南适用于 2 岁以上人群，并针对此人群提出了六条核心推荐：食物多样，谷类为主；吃动平衡，健康体重；多吃蔬果、奶类、大豆；适量吃鱼、禽、蛋、瘦肉；少盐少油，控糖限酒；杜绝浪费，兴新食尚。

（一）食物多样，谷类为主

每天的膳食应包括谷薯类、蔬菜水果类、畜禽鱼蛋奶类、大豆坚果类等食物。每天摄入谷薯类食物 250 ~ 400 克，其中全谷物和杂豆类 50 ~ 150 克，薯类 50 ~ 100 克。建议平均每天应摄入 12 种以上的食物，每周应摄入 25 种以上的食物。

（二）吃动平衡，健康体重

食不过量，控制总能量摄入，保持能量平衡。各个年龄段的人群都应坚持天天运动，保持健康体重。坚持日常身体活动，推荐每周应至少进行 5 天中等强度的身体活动，累计 150 分钟以上，平均每天主动身体活动约为 6000 步。

（三）多吃蔬果、奶类、大豆

蔬菜和水果是平衡膳食的重要组成部分，奶类富含钙，大豆富含优质蛋白质。保证每天摄入 300 ~ 500 克的蔬菜，其中，深色蔬菜应占 1/2。天天吃水果，果汁不能代替鲜果，保证每天摄入 200 ~ 350 克的新鲜水果。吃各种各样的奶制品，相当于每天摄入液态奶 300 克。经常吃豆制品，适量吃坚果。

（四）适量吃鱼、禽、蛋、瘦肉

鱼、禽、蛋和瘦肉的摄入要适量，推荐每周吃鱼 280 ~ 525 克、畜禽肉 280 ~ 525 克、蛋类 280 ~ 350 克，平均每天摄入总量为 120 ~ 200 克。优先选择鱼和禽，吃鸡蛋不能弃掉蛋黄，少吃肥肉、烟熏和腌制食品。

（五）少盐少油，控糖限酒

培养清淡饮食习惯，少吃高盐和油炸食品，成年人每天食盐不超过 6 克，每天烹调油用量为 25 ~ 30 克。控制添加糖的摄入量，推荐每天摄入不超过 50 克，最好控制在 25 克以下。每日反式脂肪酸摄入量不超过 2 克，儿童少年、孕妇、哺乳期女性不应饮酒。成年人如饮酒，男性一天饮用酒的酒精量不超过 25 克，女性不超过 15 克。足量饮水，建议成年人每天 7 ~ 8 杯（1500 ~ 1700 毫升），提倡饮用白开水和茶水，不喝或少喝含糖饮料。

（六）杜绝浪费，兴新食尚

珍惜食物，按需备餐，提倡分餐不浪费；选择新鲜卫生的食物和适宜的烹饪方式；食物制备生熟分开、熟食二次加热要热透；传承优良文化，兴饮食文明新风；多回家吃饭，享受食物和亲情；学会阅读食品标签，合理选择食品。

三、中国居民平衡膳食宝塔

中国居民平衡膳食宝塔（图 2–3–1）（以下简称膳食宝塔）是根据《中国居民膳食指南（2016）》的核心内容，结合中国居民膳食的实际状况，把平衡膳食的原则转化成各类食物的重量，便于人们在日常生活中实行。

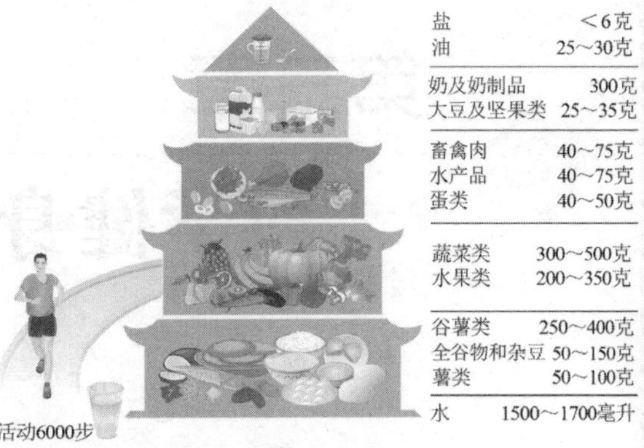

图 2–3–1

（一）中国居民平衡膳食宝塔说明

膳食宝塔共分五层，包含我们每天应吃的主要食物种类。膳食宝塔各层位置和面积不同，这在一定程度上反映出各类食物在膳食中的地位和应占的比重。膳食宝塔图增加了水和身体活动的形象，强调足量饮水和增加身体活动的重要性。

（二）中国居民平衡膳食宝塔的应用

1. 膳食宝塔建议的食物量

膳食宝塔建议的各类食物摄入量都是指食物可食部分的生重。各类食物的重量不是指某一种具体食物的重量，而是一类食物的总量。

2. 根据自己的能量水平确定食物需要

膳食宝塔中建议的每人每日各类食物适宜摄入量范围适用于一般健康成年人，在实际应用时，要根据年龄、性别、身高、体重、劳动强度、季节等情况适当调整。

可根据《中国居民平衡膳食指南（2016）》确定自己的能量水平，应用膳食宝塔时要根据自身的能量需要进行选择。

3. 食物同类互换，调配丰富多彩的膳食

应用膳食宝塔可把营养与美味结合起来，按照同类互换、多种多样的原则调配一日三餐。

4. 要因地制宜充分利用当地资源

我国幅员辽阔，各地的饮食习惯及物产不尽相同，只有因地制宜充分利用当地资源，才能有效地应用膳食宝塔。

5. 要养成习惯，长期坚持

膳食对健康的影响是长期的结果。应用平衡膳食宝塔要形成习惯，并坚持不懈，这样才能充分体现其对健康的促进作用。

思考题

1. 人体必需的营养素包括哪几类？
2. 简述蛋白质的主要功能。
3. 运动前的最佳进食时间是什么时候？
4. 运动中水分的补充原则是什么？
5. 如何做到平衡膳食？

第三章

科学健身理论指导

第一节　科学健身的原则与方法

一、科学健身的原则

科学健身的原则是体育锻炼客观规律的反映，也是参与者安排锻炼计划、选择锻炼内容、运用锻炼方法时必须遵循的基本准则。以下六项原则是人们在体育锻炼实践中总结出来的经验，为锻炼者达到理想的健身效果提供了科学的指导。

（一）自觉积极性原则

自觉积极性原则是指体育锻炼者要有明确的健身目标，充分认识体育锻炼的价值，自觉积极地从事体育锻炼活动。体育锻炼的积极性是锻炼者进行自主锻炼的重要前提，是由被动锻炼转为主动锻炼的“催化剂”。

（二）实效性原则

实效性原则是指体育锻炼时应根据锻炼者的年龄、性别、健康状况、运动基础、职业特点等实际情况，合理地选择锻炼内容、方法，安排运动负荷，科学地进行体育锻炼，以取得最佳的锻炼效果。

（三）经常性原则

经常性原则是指应长期地、不间断地、持之以恒地进行体育锻炼。长期的体育锻炼能使人体的结构和机能产生适应性变化，增强体质，提高机体免疫力。虽然短时间的体育锻炼也能对身体产生一定的积极影响，但体育锻炼一旦停止，这种良性影响会很快消失。因此，体育锻炼贵在坚持，不能期望在短时间内取得显著效果。要想保持旺盛的体力和精力，就必须长期坚持体育锻炼。

（四）循序渐进原则

循序渐进原则是指体育锻炼必须遵循人体自然发展、逐步适应的基本规律，从实际出发，合理安排运动负荷，逐渐提高锻炼水平。在体育锻炼过程中，锻炼者学习运动技能应由易到难、由简到繁，安排的运动负荷应由小到大，逐渐提高。运动负荷的大小应因人、因时而异。运动负荷是否适宜，对锻炼效果的好坏起很大的作用。即便是同一个人，在不同的机能状态下、在不同的时间段内，对负荷的承受能力也不尽相同。因此，进行体育锻炼时应循序渐进，随时调整运动负荷，逐步提高自己的身体素质。

（五）全面性原则

全面性原则是指体育锻炼必须追求身心的全面和谐发展，使身体形态、身体机能、身体素质、心理素质等方面得到全面协调的发展。

（六）安全性原则

从事任何形式的体育锻炼都要注意安全。如果体育锻炼安排得不合理，违背了科学规律，就可能造成运动损伤。安全性原则要求锻炼者在体育锻炼的过程中始终注意保护自己，做到安全第一。

二、科学健身的方法

科学健身的方法是根据人体的发展规律，运用各种身体练习手段和自然因素来发展身体素质的途径和方法。科学健身的方法遵循体育锻炼原则，是达到体育锻炼目的的桥梁。在运用过程中，应从实际出发，灵活应用，并注意各方法间的互补性，交替结合，有主有从。

（一）重复训练法

重复训练法是指按一定的负荷标准重复进行某项练习的方法。重复锻炼的次数和时间是决定健身效果的关键。确定和调节重复的次数及时间时，应考虑项目的特点和锻炼者的身体状况。

（二）间歇训练法

间歇训练法是指进行重复锻炼时两次练习之间的合理休整，是提高锻炼效果的一种常用的锻炼方法。间歇训练法的间歇时间的长短，主要以运动负荷价值阈为准。一般来说，负荷超过上限时，间歇时间应长些，以防止负荷继续上升，造成过多的体力消耗；负荷在下限时，间歇时间应短些，锻炼密度应大些。后次锻炼应在前次锻炼的效果未减退时进行，倘若间歇时间过长，在前次锻炼的效果消失后再进行下次锻炼，间歇就失去了意义。

（三）变换训练法

变换训练法是指在体育锻炼过程中，采用变换条件、变换环境、变换要求等方法来提高锻炼效果的一种锻炼方法。采用变换训练法可以有效地调节生理负荷，提高锻炼情绪，强化锻炼意志，克服疲劳和厌倦情绪。高强度间歇式训练在短时间内提高心率，燃烧更多的脂肪，提高代谢率，是目前比较流行的健身方式之一。

（四）循环训练法

循环训练法是指把各种类型的动作和具有不同练习效果的手段组成一组训练项目，并按照一定的顺序循环往复地进行锻炼的方法。

（五）综合训练法

综合训练法是指在进行体育锻炼的过程中，为促进身体的全面发展，把能对身体各个部位起到不同健身效果的几个或多个运动项目联系起来，形成一个可影响身体数个部位乃至全身所有部位的运动方法，如健步走—跳绳—立卧撑—引体向上—立定跳远等综合锻炼法。

第二节　科学健身的内容选择

科学健身内容的选择必须从锻炼者的年龄、性别、身体健康状况、职业特点、所处地域的特点等实际情况出发，注意锻炼者所处的地域特点，体现科学健身的实效性与安全性。

一、根据年龄选择

所处年龄阶段不同，人体的机能也不同。中老年阶段，人体各组织、器官逐渐老化，运动器官机能减弱，关节韧带的灵活性差，不宜完成幅度过大、用力过猛的动作，可选择一些相对平稳的运动项目（如健步走、慢跑、太极拳等），以避免运动损伤的发生。青壮年阶段，人体各系统的功能均达到高峰期，运动适应性强，能承受较大的练习强度，可选择一些对抗性强、跑动较剧烈的运动项目（如球类运动、登山比赛等），以增加锻炼者参加体育锻炼的兴趣。青少年阶段，人体正处于生长发育阶段，促进身体的全面发展是锻炼的首要目的。少儿的骨骼硬度小、韧性大，不宜进行负重练习；其心肺功能不够完善，也不要从事过于剧烈的运动，少进行屏气性动作练习和静力性练习。

二、根据性别选择

男女身体结构有着明显的差异。男性肌肉发达，其总重量约占自身体重的 42%，而女性肌肉只占自身体重的 36% 左右，故男性能承受的运动负荷要比女性大，适宜完成力量类、速度类等练习动作，女性则适宜完成平衡类、柔韧类等练习动作。因此，男性可选择举重、拳击等运动项目，女性可选择健美操、体育舞蹈、瑜伽等柔韧性运动项目。

三、根据身体健康状况选择

锻炼者身体的健康状况是选取健身内容的主要依据之一。锻炼前应通过体质监测、医学诊断、病史调查等方法来了解自身的健康状况。对进行康复体育锻炼的人来说，运动负荷不要过大，其参与锻炼的主要目的是恢复身体机能，或是为保持身体机能不致过分下降。对于一些有慢性疾病的人，要有针对性地选择适合自己的体育锻炼项目。

四、根据锻炼者的职业特点选择

由于社会分工不同，不同职业者劳动的性质差别较大，因此，要根据不同职业者的劳动特点选择相适应的科学健身内容。例如，脑力劳动者在工作时经常要维持弯腰伏案的姿势，颈部前倾，脑供血受阻，易出现颈部、背部、腰部等肌肉的酸痛，而且由于经常要低头含胸，造成肺部活动受压，呼吸机能降低；相对静态的工作易导致肌肉缺乏活动，体力下降。针对这些特点，脑力劳动者应以动作舒展的户外运动项目为主。不同特点的体力劳动者，锻炼的内容也应具有差异性：对劳动中负担较重的部位和肌群的锻炼应以舒展和放松练习为主；对劳动中负担较轻或基本无负担的部位和肌群，可适当加大活动强度。注重身体各部位和身心的协调发展。

五、根据锻炼者所处地域的特点选择

我国幅员辽阔，不同地区的地理气候条件、体育区域特色等均有不同，锻炼中要因地制宜，从各地的实际情况出发，有针对性地安排练习内容。我国居民多在室外进行身体锻炼，受季节气候的制约较大，因此要依据自然环境的变化，调整和变更健身计划和健身内容。

第三节 运动处方的制订与实施

运动处方的制订和实施程序包括全面了解处方对象的体质健康状况、临床检查和功能检查、运动功能评定、制订运动处方、实施运动处方等步骤。

一、全面了解处方对象的体质健康状况

在制订运动处方前，要通过问询、问卷调查、医学检查、体质测量等方法，全面了解处方对象的身体状况。了解的内容一般应包括处方对象的身体发育情况、疾病史、目前伤病情况和治疗情况、近期身体健康检查结果、身体素质和健康体适能测定结果、运动史、锻炼情况等。全面了解处方对象的身体情况的目的是排除运动禁忌证，确定运动目标，确定运动功能评定方案，为检查锻炼效果提供原始资料。

二、临床检查和功能检查

运动处方的临床检查和功能检查主要包括对运动系统、心血管系统、呼吸系统、神经系统等的检查。

检查的目的：对处方对象当前的健康状况进行评价；评判其能否进行运动和参与运动负荷试验；明确处方对象是否有潜在性疾病或危险因素，以预防事故的发生。总

之，医学检查的基本目的在于掌握个人的状况，为制订运动处方提供必要的信息。

三、运动功能评定

运动功能评定是指根据运动处方的目的，进行相应的器官、系统的功能状况检查评定。制订以康复治疗为目的的运动处方，要对相应功能障碍的部位进行关节活动幅度评定和肌肉力量评定；制订以增肌为目的的运动处方，要进行肌力和体围指标的测量评定；制订以提高心肺功能或减脂为目的的运动处方，要进行心肺功能检查评定。

四、制订运动处方

（一）确定运动目的

确定运动的目的就是要确定运动处方是为了恢复功能、消除或减轻功能障碍，还是为了提高心肺功能、增肌或是减脂等。

（二）确定运动种类

人们在选择运动种类时，应考虑到以下方面：运动目的，临床检查和功能检查的结果，运动者的运动经历、兴趣、爱好、特长等，运动的环境、条件等。运动处方的种类分为有氧运动、力量练习、柔韧性练习三类，可以根据需要选择这三类中的某一类，也可以是其中的某两类或者三类都有。

以减脂和改善心肺功能为目的的运动处方，运动种类应选择有氧运动（如慢跑）。若锻炼者的体重过大或腿部力量较弱，则可以先加强腿部力量训练，同时进行运动强度较低的走跑交替运动，待腿部力量加强后，再进行慢跑。

（三）确定运动量

有氧运动与力量练习的运动量是由不同的因素决定的。

1.有氧练习的运动量的确定

有氧运动的练习量是由运动强度和持续运动时间决定的。有氧运动的运动强度是用靶心率来表示的，最大心率的 65 % ~ 85 % 为靶心率，即

靶心率 =（220 − 年龄）×（65% ~ 85%）

这个公式中唯一的变量就是年龄，按照这一公式，同一年龄的锻炼者，靶心率都是一样的，这显然不是很科学。目前在实际操作中，引入了年龄和静态心率两个变量来表示运动强度。把有氧运动按照不同锻炼目的分为以提高心肺功能为目的的有氧运动和以减脂为目的的有氧运动，其靶心率计算公式如下。

（1）以提高心肺功能为目的的靶心率为

靶心率＝[（220 − 年龄）− 静态心率]×（60 % ~ 80 %）

其中，220 − 年龄 = 最大心率，最大心率 − 静态心率 ＝ 储备心率。

（2）以减脂为目的的靶心率为

靶心率＝[（220 − 年龄）− 静态心率]×（40 % ~ 60 %）

根据锻炼者的肥胖程度，重度肥胖者起始锻炼的靶心率一般采用“储备心率 ×40%”，

中度和轻度肥胖者起始锻炼的靶心率一般采用“储备心率 ×50%”。

以提高心肺功能为目的的有氧运动的持续运动时间为 20 ~ 60 分钟。开始运动的时候，持续运动的时间不要过长，适应后逐渐延长运动时间。

以减脂为目的的有氧运动的持续运动时间不能少于 40 分钟，一般持续运动时间控制在 40 ~ 80 分钟。

2. 力量练习的运动量的确定

力量练习的运动量是由抗阻力大小、重复次数、组数及组间间隔时间决定的。力量练习的运动强度是以抗阻力大小而不是以心率指标为准。

抗阻力大小一般用极限次数来表达运动强度，即用竭尽全力所能完成的次数来表达运动强度。（表 3–3–1）

表 3–3–1　运动强度与对应的效果

强　度	次　数	效　果
极限强度和大强度	1 ~ 5	快速增长力量
中等强度	6 ~ 8	增长肌肉体积，增长力量
中小强度	9 ~ 12	发展小肌肉群和增加肌肉的线条弹性
小强度	≥ 13	减缩皮下脂肪，增加肌肉弹性

一般根据力量练习所需要达到的效果选择不同的抗阻力大小。例如，要达到增肌的效果，就采用中等强度（极限次数 8 次）；要减缩皮下脂肪和增加肌肉弹性，就要选用小强度（极限次数 13 次以上）。

力量练习的组数包括每个部位肌肉练习的组数与一次训练课的总组数。首先要了解每个动作应练习的组数，然后依照训练的水平确定每次练习的总组数。练习组数的多少还取决于运动者不同的体质、体力和训练水平。必须根据实际情况，不能无限制地增加组数，否则就会导致训练过度。依据训练水平（原则上以系统训练时间为依据）分为：初级Ⅰ段（开始至 3 个月）、初级Ⅱ段（3 ~ 6 个月）、中级阶段（6 个月 ~ 1 年）、高级阶段（1 年以上）。同时，大肌肉群和小肌肉群练习的组数也略有区别（表 3–3–2）。人们通常将全身肌肉分为大肌肉群和小肌肉群，两者之间的训练组数是不同的。胸部肌群、背部肌群、臀部肌群和腿部肌群为大肌肉群，肩部、上臂肌群、前臂肌群为小肌肉群。腹部肌群为特殊肌群。原则上小肌肉群的训练组数是大肌肉群训练组数的 2/3。

表 3–3–2　各阶段练习组数

阶　段	大肌肉群	小肌肉群
初级Ⅰ段	2 ~ 4 组	2 或 3 组
初级Ⅱ段	5 ~ 7 组	3 或 4 组
中级阶段	8 ~ 10 组	5 或 6 组
高级阶段	11 ~ 14 组	7 ~ 10 组

决定运动强度大小的另一个因素是组间间歇。在两组练习之间，应该有一个最合适的休息时间（表 3-3-3）。训练间歇必须合理才能使肌肉保持最佳兴奋状态。间歇时间过短，肌肉不能消除疲劳；间歇时间过长，不但上一组的训练痕迹消失，达不到训练效果，还会影响训练者的情绪，甚至易造成运动损伤。

表 3-3-3　各阶段间歇时长

阶　段	间歇时长
初级Ⅰ段	90 ~ 120 秒
初级Ⅱ段	70 ~ 90 秒
中级阶段	60 ~ 70 秒
高级阶段	45 ~ 60 秒

间歇是为了保持练习的连续性和尽快消除疲劳，运动者不能采用仰卧、静坐等消极性休息方式，而应该采取积极的休息方式。首先，必须要做的就是调整呼吸，做几次深呼吸，增加吸氧量，使体内供氧充足，让肌肉得到放松；其次，应对肌肉进行放松按摩，如快速抖动肌肉，有节奏地按捏、叩击和做一些使肌肉充分拉长的伸展动作，以尽快消除肌肉紧张状态，达到消除疲劳的目的。另外，为了加强练习效果，应在间歇时间内回忆动作过程和技术要领。

（四）确定运动频率

1. 有氧运动的运动频率

在运动处方中，运动频率常常用每周的锻炼次数来表示。运动频率取决于运动强度和每次运动持续的时间。一般认为，每周锻炼 3 或 4 次，即隔一天锻炼一次，这种锻炼的效率最高。最低的运动频率为每周锻炼 2 次。运动频率更高时，锻炼的效率增加并不多，却有增加运动损伤的风险。中小运动量的有氧运动可每天进行。

2. 力量练习的运动频率

力量练习的运动频率确定的依据是，每个部位的肌肉充分锻炼后，要休息 48 小时才能进行再次锻炼。如果每一次都是全身肌肉的锻炼，运动频率则为每周锻炼 3 或 4 次，即隔一天锻炼一次。如果把全身肌肉分成两个部分进行锻炼，一天练一个部分，运动频率就是每天锻炼。

3. 柔韧性练习

柔韧性练习的运动频率一般为每日 1 次或每日 2 次。

（五）注意事项

为了确保安全，在运动处方中，要根据锻炼者的具体情况，提出相应的注意事项。

1. 有氧运动的注意事项

（1）起始运动强度不能过大，要从靶心率的下限开始。

（2）运动量要从小到大，循序渐进，每一个强度都要充分适应后再加量。

（3）运动量必须始终控制在靶心率的范围内，保证运动处方的有效和安全。

（4）要做好充分的准备活动和拉伸放松活动。

（5）以减脂为目的的有氧运动要特别强调运动与科学饮食相结合。

2. 力量性运动的注意事项

（1）力量练习前应做好充分的准备活动，每做完一组练习，都要及时拉伸放松目标肌肉，全部完成后，要做好全身拉伸放松活动。

（2）正确使用器械、设备，确保安全。

（3）练习时动作要正确，要注意引导目标肌肉用力。

（4）在进行大重量的力量训练时，要给予保护和帮助。

（5）要用正确的呼吸方法，注意肌肉用力时要屏气用力，不要憋气用力。

五、实施运动处方

（一）实施运动处方的步骤

实施运动处方一般分为以下步骤。

（1）由运动处方制订者详细介绍运动处方的内容，使锻炼者充分理解运动处方的目的及意义。

（2）逐项学习、体验运动处方的各项内容，掌握正确的动作方法。

（3）在掌握正确的动作方法的基础上，把运动强度逐步增加到符合运动目的需要的最低强度进行练习，结合自感用力度，对初始运动强度进行调整和确认。

（4）按照确认好的运动强度进行锻炼，并随着锻炼者能力的提高，对锻炼项目的运动强度、运动时间或组数、次数和组间间隔时间进行微调。

（5）一个运动周期后，对运动处方效果进行评价，根据评价调整运动处方内容。

（二）运动处方一次训练课的实施安排

在运动处方的实施过程中，每一次训练课都应包括三个部分，即准备活动部分、基本部分、拉伸和放松部分。

1. 准备活动部分

准备活动部分的主要作用：使身体逐渐从安静状态进入工作（运动）状态，逐渐适应运动强度较大的基本部分的需要，避免因心血管系统、呼吸系统等突然承受较大运动负荷而引发意外，避免肌肉、韧带、关节等运动器官的损伤。

2. 基本部分

运动处方的基本部分是运动处方的主要内容，是达到健身目的的主要途径。运动处方基本部分的运动内容、运动强度、运动时间等，应按照运动处方的具体规定实施。

3. 拉伸和放松部分

每一次按运动处方进行锻炼时，都应安排拉伸和放松活动。运动后，常采用被动拉伸，可预防运动损伤，缓解疼痛，使肌肉的血流量增加，提高肌肉的灵活性和力量。

（三）运动中的医务监督

在运动处方的实施过程中，应对锻炼者进行医务监督，以确保实施运动处方的安全性。预防健身性运动处方的锻炼者主要是进行自我监督，康复治疗性运动处方的实施应进行医务监督。

在运动处方的实施过程中，预防健身性运动处方的锻炼者的自我监督，应注意对运动强度的监控。一般常采用监控靶心率和自感用力程度相结合的方式。在运动过程中主要观察自己的健康状况和身体功能状态，内容有主观感觉（运动心情、不良感觉、睡眠、食欲、排汗量等）和简单的客观检查（心率、体重、运动效果等）。

六、运动处方的格式范例

（一）运动处方的基本内容

运动处方应包含如下内容：① 处方对象的基本信息；② 临床检查结果；③ 机能检查结果；④ 运动功能评定结果（运动试验及体力测验结果）；⑤ 运动目的；⑥ 运动内容；⑦ 运动强度；⑧ 运动时间；⑨ 运动频率；⑩ 注意事项；⑪ 开处方者签字；⑫ 运动处方的制订时间。

（二）以提高心肺功能为目的的健身运动处方格式

以提高心肺功能为目的的健身运动处方格式见图 3–3–1。

<table>
<tr><td>姓　名：</td><td>性　别：</td><td>年　龄：</td><td>身　高：</td><td>体　重：</td></tr>
<tr><td>临床检查结果</td><td colspan="4"></td></tr>
<tr><td>机能检查结果</td><td colspan="4"></td></tr>
<tr><td>运动试验结果</td><td colspan="4"></td></tr>
<tr><td>体力测验结果</td><td colspan="4"></td></tr>
<tr><td>运动目的</td><td colspan="4">保持和发展心肺功能，提高健康水平。</td></tr>
<tr><td>运动内容</td><td colspan="4">有氧运动。</td></tr>
<tr><td>运动强度</td><td colspan="4">靶心率为储备心率的 60% ~ 80%。</td></tr>
<tr><td>运动时间</td><td colspan="4">20 ~ 60 分钟。</td></tr>
<tr><td>运动频率</td><td colspan="4">每周 3 次或 4 次。</td></tr>
<tr><td>注意事项</td><td colspan="4"></td></tr>
<tr><td colspan="3">开处方者签名：</td><td colspan="2">日　期：</td></tr>
</table>

图 3–3–1

（三）以减脂为目的的健身运动处方格式

以减脂为目的的健身运动处方格式见图 3-3-2。

姓　名：	性　别：	年　龄：	身　高：	体　重：
临床检查结果				
机能检查结果				
运动试验结果				
体力测验结果				
运动目的	控制体重，减少脂肪，降低体脂百分比，预防肥胖并发症。			
运动内容	低强度的有氧运动。			
运动强度	靶心率为储备心率的 40% ～ 60%。			
运动时间	40 ～ 80 分钟。			
运动频率	每周 3 ～ 5 次。			
注意事项				
开处方者签名：		日　期：		

图 3-3-2

（四）以增肌为目的的健身运动处方格式

以增肌为目的的健身运动处方格式见图 3-3-3。

姓　名：	性　别：	年　龄：	身　高：	体　重：
临床检查结果				
机能检查结果				
运动试验结果				
体格测试结果				
运动目的	发展全身肌肉和体力，塑造健美身材，提高健康水平。			
运动内容	力量练习。			
运动强度	8 次。			
练习组数	3 组或 4 组。			
组间间隔	60 ～ 90 秒。			
运动频率	每周 3 次或 4 次。			
注意事项				
开处方者签名：		日　期：		

图 3-3-3

第四节　健康体适能测评

一、心肺耐力的测量与评价

心肺耐力与大肌肉群参与动力性、中等至高强度的长时间运动的能力有关。这些运动依赖于呼吸系统、心血管系统和骨骼肌的功能状态。心肺适能的测试方法较多，有直接反映机体氧气摄取和利用能力的最大摄氧量（VO_2max）测试，也有间接推测心肺适能的 20 米往返跑试验、12 分钟跑试验、台阶试验等各种运动负荷试验。两者间的差异：直接测试法中，受试者做极限强度的运动，最大摄氧量的数值为直接测得的；间接测试法中，受试者做一定时间的最大强度运动，通过心率及其他监测指标推算最大摄氧量。下面以 12 分钟跑为例说明。

12 分钟跑作为一种场地测试法，要求受试者在田径跑道完成 12 分钟的匀速跑动。测试要求受试者尽自己的最大努力完成尽可能远的跑动距离。测试结束后，由测试人员记录受试者的跑动距离，然后代入公式，推算最大摄氧量。其公式为：

最大摄氧量（毫升 / 千克·分）=22.35 × 距离（千米）－ 11.29

研究表明，12 分钟跑的成绩与最大摄氧量的相关系数为 0.897，呈显著相关。

人们可以采用 12 分钟跑的方式测得最大摄氧量，并用此来评价不同年龄和性别受试者心肺耐力，见表 3-4-1。

表 3-4-1　不同年龄和性别受试者的心肺耐力标准　（单位：毫升 / 千克·分）

性别	等级	年龄					
		13 ~ 19 岁	20 ~ 29 岁	30 ~ 39 岁	40 ~ 49 岁	50 ~ 59 岁	60 岁及以上
男性	很低	<35.0	<33.0	<31.5	<30.2	<26.1	<20.5
	低	35.0 ~ 38.3	33.0 ~ 36.4	31.5 ~ 35.4	30.2 ~ 33.5	26.1 ~ 30.9	20.5 ~ 26.0
	一般	38.4 ~ 45.1	36.5 ~ 42.4	35.5 ~ 40.9	33.6 ~ 38.9	31.0 ~ 35.7	26.1 ~ 32.2
	高	45.2 ~ 50.9	42.5 ~ 46.4	41.0 ~ 44.9	39.0 ~ 43.7	35.8 ~ 40.9	32.3 ~ 36.4
	很高	51.0 ~ 55.9	46.5 ~ 52.4	45.0 ~ 49.4	43.8 ~ 48.0	41.0 ~ 45.3	36.5 ~ 44.2
	优秀	≥ 56.0	≥ 52.5	≥ 49.5	≥ 48.1	≥ 45.4	≥ 44.3
女性	很低	<25.0	<23.6	<22.8	<21.0	<20.2	<17.5
	低	25.0 ~ 30.9	23.6 ~ 28.9	22.8 ~ 26.9	21.0 ~ 24.4	20.2 ~ 22.7	17.5 ~ 20.1
	一般	31.0 ~ 34.9	29.0 ~ 32.9	27.0 ~ 31.4	24.5 ~ 28.9	22.8 ~ 26.9	20.2 ~ 24.4
	高	35.0 ~ 38.9	33.0 ~ 36.9	31.5 ~ 35.6	29.0 ~ 32.8	27.0 ~ 31.4	24.5 ~ 30.2
	很高	39.0 ~ 41.9	37.0 ~ 40.9	35.7 ~ 40.0	32.9 ~ 36.9	31.5 ~ 35.7	30.3 ~ 31.4
	优秀	≥ 42.0	≥ 41.0	≥ 40.1	≥ 37.0	≥ 35.8	≥ 31.5

二、肌肉力量和肌肉耐力的测量与评价

（一）最大力量

最大力量测试包括握力、背力、臂力和腿力的测试，常用的方法是采用握力计进行握力测试。

测试臂力的方法为调整握力计到适宜位置，屈臂或者直臂，尽最大力量抓握，握力计不可触碰身体（图 3–4–1）。左、右手轮流测试，可以测试 2 次或 3 次，取最好成绩。

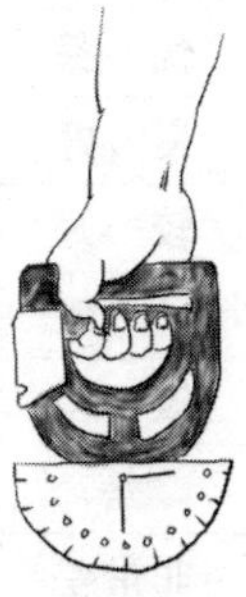
图 3–4–1

（二）快速力量

根据测试目的，快速力量的测试方法分为一般性快速力量测试和爆发力测试两种，通常在日常实践中采用一些简单的方法来实现，如纵跳摸高（表 3–4–2、表 3–4–3）等。

表 3–4–2　20 ~ 39 岁成年男性纵跳评分表　（单位：厘米）

年　龄	1　分	2　分	3　分	4　分	5　分
20 ~ 24 岁	19.9 ~ 24.8	24.9 ~ 32.3	32.4 ~ 38.4	38.5 ~ 45.8	>45.8
25 ~ 29 岁	19.6 ~ 23.9	24.0 ~ 31.3	31.4 ~ 36.8	36.9 ~ 43.6	>43.6
30 ~ 34 岁	18.4 ~ 22.3	22.4 ~ 29.3	29.4 ~ 34.7	34.8 ~ 41.1	>41.1
35 ~ 39 岁	17.8 ~ 21.4	21.5 ~ 27.9	28.0 ~ 33.0	33.1 ~ 39.5	>39.5

表 3–4–3　20 ~ 39 岁成年女性纵跳评分表　（单位：厘米）

年　龄	1　分	2　分	3　分	4　分	5　分
20 ~ 24 岁	12.7 ~ 15.8	15.9 ~ 20.5	20.6 ~ 24.7	24.8 ~ 30.0	>30.0
25 ~ 29 岁	12.4 ~ 15.0	15.1 ~ 19.7	19.8 ~ 23.4	23.5 ~ 28.5	>28.5
30 ~ 34 岁	12.0 ~ 14.5	14.6 ~ 18.7	18.8 ~ 22.6	22.7 ~ 27.7	>27.7
35 ~ 39 岁	11.5 ~ 13.7	13.8 ~ 17.8	17.9 ~ 21.3	21.4 ~ 26.1	>26.1

（三）肌肉耐力

肌肉耐力测试的方法包括引体向上（表 3–4–4）、仰卧起坐（表 3–4–5、表 3–4–6）、蹲起等，分别测试上肢、腰腹和下肢肌肉耐力。以完成练习的数量和持续的时间进行评价。

表 3–4–4　引体向上等级评价表　（单位：个）

等　级	个　数
优　秀	≥ 20
良　好	15 ~ 19
一　般	10 ~ 14
较　差	6 ~ 9
很　差	≤ 5

表 3-4-5　男性 1 分钟仰卧起坐等级评价表　（单位：个）

等　级	18 ~ 25 岁	26 ~ 35 岁	36 ~ 45 岁	46 ~ 55 岁	56 ~ 65 岁	>65 岁
优　秀	>49	>45	>41	>35	>31	>28
良　好	44 ~ 49	40 ~ 45	35 ~ 41	29 ~ 35	25 ~ 31	22 ~ 28
较　好	39 ~ 43	35 ~ 39	30 ~ 34	25 ~ 28	21 ~ 24	19 ~ 21
一　般	35 ~ 38	31 ~ 34	27 ~ 29	22 ~ 24	17 ~ 20	15 ~ 18
较　差	31 ~ 34	29 ~ 30	23 ~ 26	18 ~ 21	13 ~ 16	11 ~ 14
差	25 ~ 30	22 ~ 28	17 ~ 22	13 ~ 17	9 ~ 12	7 ~ 10
非常差	<25	< 22	< 17	< 13	< 9	< 7

表 3-4-6　女性 1 分钟仰卧起坐等级评价表　（单位：个）

等　级	18 ~ 25 岁	26 ~ 35 岁	36 ~ 45 岁	46 ~ 55 岁	56 ~ 65 岁	>65 岁
优　秀	>43	>39	>33	>27	>24	>23
良　好	37 ~ 43	33 ~ 39	27 ~ 33	22 ~ 27	18 ~ 24	17 ~ 23
较　好	33 ~ 36	29 ~ 32	23 ~ 26	18 ~ 21	13 ~ 17	14 ~ 16
一　般	29 ~ 32	25 ~ 28	19 ~ 22	14 ~ 17	10 ~ 12	11 ~ 13
较　差	25 ~ 28	21 ~ 24	15 ~ 18	10 ~ 13	7 ~ 9	5 ~ 10
差	18 ~ 24	13 ~ 20	7 ~ 14	5 ~ 9	3 ~ 6	2 ~ 4
非常差	< 18	< 13	< 7	< 5	< 3	< 2

三、柔韧性的测量与评价

《国家学生体质健康标准》中测试柔韧性素质的方法是坐位体前屈（表 3-4-7），使用坐位体前屈测试仪测定。受试者坐位，两腿伸直，两脚平蹬测试纵板，上体前屈，两臂伸直向前，用两手中指指尖逐渐向前推动游标，直到不能前推为止。测两次，取最好成绩。测试时，两腿不能弯曲。

表 3-4-7　大学生坐位体前屈评分表　（单位：厘米）

等　级	男　生		女　生	
	大一、大二	大三、大四	大一、大二	大三、大四
优　秀	24.9	25.1	25.8	26.3
	23.1	23.3	24.0	24.4
	21.3	21.5	22.2	22.4
良　好	19.5	19.9	20.6	21.0
	17.7	18.2	19.0	19.5
及　格	16.3	16.8	17.7	18.2
	14.9	15.4	16.4	16.9
	13.5	14.0	15.1	15.6
	12.1	12.6	13.8	14.3
	10.7	11.2	12.5	13.0

续 表

等　级	男　生		女　生	
	大一、大二	大三、大四	大一、大二	大三、大四
及　格	9.3	9.8	11.2	11.7
	7.9	8.4	9.9	10.4
	6.5	7.0	8.6	9.1
	5.1	5.6	7.3	7.8
	3.7	4.2	6.0	6.5
不及格	2.7	3.2	5.2	5.7
	1.7	2.2	4.4	4.9
	0.7	1.2	3.6	4.1
	−0.3	0.2	2.8	3.3
	−1.3	−0.8	2.0	2.5

四、身体成分的测量与评价

身体成分测量包括脂肪成分测量和非脂肪成分测量两种。身体成分的测量方法较为丰富，可从原子、分子、细胞、组织系统和整体五个不同水平进行测试。测量技术分为直接、间接和双间接三种测量法。具体的方法有人体测量、身体密度测量、X射线测量、同位素技术、超声波扫描等方法，通过直接或间接方法测量人体密度、皮下脂肪厚度、身体总水量、无机盐含量等。

下面简要介绍方便快捷、广泛适用的三种测量技术。

（一）腰围与臀围比例测评

腰围与臀围比例（简称腰臀比）可以反映脂肪的区域性分布，判断是上半身肥胖还是下半身肥胖。腰臀比的测量步骤比较简单，更适于自我评价。

（1）测量工具为无弹性的卷尺。被测者站立位，穿着单薄的衣服以减少误差。测量时，卷尺紧紧贴在身上，测量数值应精确到毫米。

（2）测量腰围时，将卷尺放在肚脐水平处，并在呼气结束时测量。

（3）测量臀围时，将卷尺放在臀部的最大周长处。

（4）完成测量后，用腰围除以臀围，得出腰围与臀围比值。

根据表 3-4-8 评定腰臀比等级，进行自我评定。

表 3-4-8　腰臀比的等级评定

等级（疾病危险程度）	男　性	女　性
高危险	>1.00	>0.85
较高危险	0. 90 ～ 1. 00	0. 80 ～ 0. 85
较低危险	<0.90	<0.80

（二）体脂率

体脂率是指人体内脂肪重量在人体总体重中所占的比例，又称体脂百分数，它可反映人体内脂肪的含量。正常成年人的体脂率分别是男性 15% ~ 18%和女性 25% ~ 28%。体脂率应保持在正常范围，若体脂率过高，体重超过正常值 20% 以上就可视为肥胖；若体脂率男性低于 5%、女性低于 13%，则表明体脂率过低，可能会引起功能性失调。

一般采用简便易行的皮褶厚度测量法，即利用皮下脂肪厚度间接推算体脂率。由于这种方法容易导致测量误差，在大规模测试中不常使用。

（三）体重指数

《国家学生体质健康标准》采用体重指数（BMI，用体重千克数除以身高米数平方得出的数字）单项评分表对学生的身体成分进行评定，不同的测试数值对应正常、低体重、超重和肥胖四个等级。如果测得的体重指数小于或大于同年龄范围，就说明身体的匀称度欠佳，需要通过调整饮食结构和积极参加体育运动来增加肌肉组织，减少体内多余的脂肪。

身高测量方法：采用机械式身高计。受试者赤足，背向立柱站立在身高计的底板上，躯干自然挺直，头部正直，两眼平视前方（耳屏上缘与眼眶下缘呈水平位）。两臂自然下垂，两腿伸直。两足跟并拢，足尖分开 60°，足跟、骶骨部及两肩胛区与立柱相接触，呈“三点一线”站立姿势。记录数据以厘米为单位，精确到小数点后一位。测量误差不得超过 0.5 厘米。

体重测量方法：采用电子体重秤或机械体重秤，不允许使用弹簧式体重秤。受试者赤足，穿短衣裤，自然站立在体重秤踏板的中央，保持身体平稳（图 3-4-2）。记录数据以千克为单位，精确到小数点后 1 位，测量误差不得超过 0.1 千克。

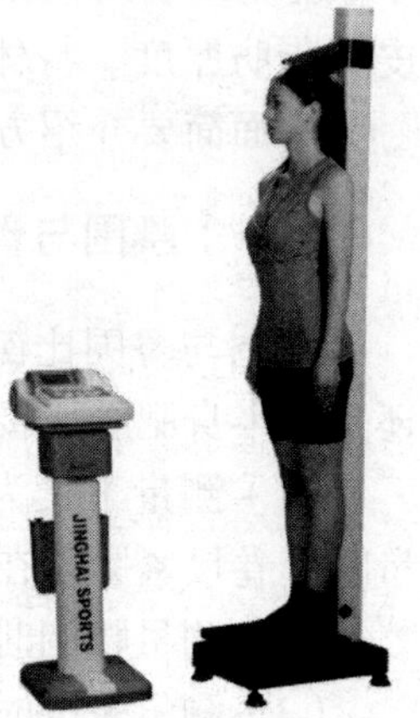

图 3-4-2

思考题

1. 科学健身的原则有哪些？
2. 科学健身的方法有哪些？
3. 如何选择锻炼内容？
4. 制订与实施运动处方的步骤有哪些？

第四章 运动防护与急救

第一节 运动风险筛查与运动猝死的预防

一、运动风险筛查

（一）运动前健康状况自测

如果锻炼者对自己的健康状况有疑问，则应在参与体育锻炼之前去医院接受体检。如果锻炼者对表 4–1–1 中的任何一个问题做出了肯定的回答，那么其在开始一项锻炼计划之前应进行全面的体检。

表 4–1–1 健康状况自评量表

问 题	是	否
（1）在运动时或运动后，你是否有胸部疼痛或受压的感觉？	□	□
（2）在爬楼梯、迎冷风行走或参加任何体育活动时，你是否有胸部不适感？	□	□
（3）你的心脏是否曾经不规则地跳动或悸动或期前收缩？	□	□
（4）在无明显原因的情况下，你是否曾经有过心率突然加快或减慢的经历？	□	□
（5）你是否有规律地服用过药物？	□	□
（6）医生是否曾经告诉过你，你的心脏有问题？	□	□
（7）你是否有诸如哮喘这样的呼吸系统疾病，或在进行轻微的体力活动时是否呼吸短促？	□	□
（8）你是否有关节或背部的疾病，从而使你在运动时感到疼痛？	□	□
（9）你是否存在下列心脏病的隐患：① 高血压；② 血液中胆固醇含量过高；③ 体重超过标准体重的 30%或以上；④ 长期吸烟；⑤ 近亲（父母亲、兄弟姐妹等）在 55 岁以前曾经有心脏病史？	□	□

如果锻炼者打算在以后的体育锻炼中增加运动量，请首先回答表 4–1–2 中的问题。如果锻炼者的年龄在 15 ~ 69 岁，自评的最后结果能帮助锻炼者确定自己是否应在增大运动量前咨询医生。

表 4-1-2　适合增大运动量的自评量表

问　题	是	否
（1）医生曾说过，你的心脏有问题，但你仍参加医生并不推荐的体育活动方式吗？	□	□
（2）当你进行体育锻炼时，你感到胸痛吗？	□	□
（3）在上一个月中，你不进行体育活动时胸痛吗？	□	□
（4）你因眩晕而昏倒过吗？	□	□
（5）在体育锻炼时，你的骨头或关节有问题吗？	□	□
（6）医生为你的血压或心脏问题开过药方吗？	□	□
（7）你知道不应该进行体育锻炼的其他原因吗？	□	□

针对表 4-1-2 中的问题，如果锻炼者有一个或几个问题回答“是”，请询问医生是否可以增大运动量。应注意的是，如果锻炼者暂时身体不适或生病（如感冒或发烧），则应停止体育锻炼，直到身体完全恢复后再开始运动。

针对表 4-1-2 中的问题，如果锻炼者的回答都是“否”，请在开始进行大强度的运动（特别是竞技性运动项目）前，进一步回答表 4-1-3 中的五个问题，如果有一个问题回答“是”，请询问医生，以确定是否能进行大强度的运动。

表 4-1-3　适合大强度运动的自评量表

问　题	是	否
（1）你计划参加一个有组织的运动队吗？	□	□
（2）你曾经在身体接触的运动中由于被冲撞而昏倒过吗？	□	□
（3）由于以前肌肉受伤，你现在活动时还痛吗？	□	□
（4）由于以前背部受伤，你现在活动时还痛吗？	□	□
（5）在体育活动时，你有其他不健康的症状吗？	□	□

（二）运动所导致的心血管风险筛查

心血管疾病风险因素

运动所导致的心血管风险的大小主要取决于以下因素：

（1）是否患有心血管、肺脏和代谢性疾病。心血管疾病是指心脏病及外周血管疾病；肺脏疾病主要是指慢性阻塞性肺疾病、哮喘、间质性肺疾病或肺囊性纤维化。糖尿病是最常见的代谢性疾病。

（2）是否有疑似心血管疾病、肺脏疾病和代谢性疾病的症状或体征。心血管疾病、肺脏疾病和代谢性疾病的常见症状或体征：胸部疼痛；颈部、下颌或上肢的不适；休息或轻度活动时气短、眩晕或晕厥，端坐呼吸或阵发性呼吸困难；脚踝部水肿；心脏杂音；间歇性跛行。

根据是否患有心血管疾病、肺脏疾病和代谢性疾病及有无疑似症状或体征，以及心血管危险因素的多少，可以将参加体育锻炼的人分成低度危险、中度危险和高度危险三个层次。（表 4-1-4）

表 4-1-4 运动中心血管风险分层及医务监督

危险分层	风险评估因素	医学检查	医务监督
低度危险	没有症状，仅有不超过 1 个心血管疾病危险因素	不需要；男性 45 岁及以上、女性 55 岁及以上在进行大强度运动前应做医学检查	男性 45 岁及以上、女性 55 岁及以上，进行大强度运动测试应该在医务监督下进行
中度危险	没有症状，有至少 2 个心血管疾病危险因素	进行大强度运动前要进行医学检查和运动测试	男性 45 岁及以上、女性 55 岁及以上，进行大强度运动测试应该在医务监督下进行
高度危险	已知患有心血管疾病、肺脏疾病或代谢性疾病者，或有一个或多个心血管疾病的症状或体征	全面医学检查	运动健身的开始阶段应有医务监督，并在前 6 ~ 12 次运动中进行心电图和血压监测

综上所述，对于低度危险人群，在开始运动健身之前，不需要进行医学检查；中度危险人群应避免大强度运动，或者在医务监督下进行运动测试；而高度危险人群则只能进行中、小强度的体育锻炼，并要进行医学检查和医务监督。在实施运动健身方案的开始阶段，要加强心电图和血压监测，这样可以有效地降低运动健身活动中发生心血管疾病的风险，大大提高运动健身的安全性。

二、运动猝死的预防

运动猝死因发作突然、病程急、病情严重，很难被救治，尤其是心源性运动猝死，因此，预防和避免运动猝死的发生是关键。针对这一问题，人们应该从以下方面入手，大力开展医务监督工作。

（1）加强运动猝死高危人群的运动医务监督。

35 岁以上的高血脂、高血压的运动者，应当每年进行定期体格检查，特别是应对心血管系统进行监测，包括心电图、超声心动图、运动负荷心电图等检查，以便尽早发现并预防冠状动脉疾病。运动前，运动者应该评估心脑血管疾病的风险性，运动时应主动加强医务监督，严格控制运动强度和运动量。

（2）运动员参加运动训练或比赛前严格进行体格检查。

运动引起的猝死很少发生在身体健康的人身上。对运动猝死者进行尸检发现，他们大多患有器质性心脏疾病，但在病发前他们都被认为是身体健康的人，有些人甚至未进行身体检查就参加高水平竞技运动。因此，参加运动训练或比赛前进行体检是非常必要的。

（3）运动员选材时，应严格进行体格检查。

运动猝死者多为有猝死家族史的成员。随着运动竞赛对抗性和对身体要求的提高，认真鉴别高危人群，对有疾病迹象的家族成员（如家族中患有马方综合征、先天性心脏病和脑血管病变的成员），应有针对性地进行医学检查和追踪观察。尽管马方综合征发病率很低，但是在运动员群体中却是一个不容忽视的疾病。由于患者一般身材高大，腿长臂长，易被视作运动员选材的对象，故运动员选材时，除重视外部条件外，还应进行详细的体检，特别是篮球、排球、跳高等需要身材高大的运动员的项目。

（4）积极防治青少年的心肌炎、心肌病。

患有流感、急性扁桃体炎、麻疹等疾病的人在患病期间参加剧烈运动均易发生心血管意外，因此此类疾病患者不应带病进行运动、训练和比赛。流感严重患者如果在短期内出现心慌、胸痛、气急、疲乏、头晕等不适症状，应警惕发生心肌炎的可能。运动员心脏代偿功能强，即使得了病毒性心肌炎，也可能不会出现任何不适症状。对于运动员或体力活动量很大的人来说，为了避免其可能出现意外，除了做心电图外，可以再做超声心动图，检查心脏结构有无变化，以帮助判断其是否发生心肌病变。由于在心肌炎的急性期和康复期皆可发生猝死，因此患心肌炎的运动员需至少康复6个月，方可重返运动场。

（5）严格鉴别运动员长期训练引起的心脏生理性变化与病理性变化。

一些专家认为，某些运动员发生运动猝死可能与心脏有关。运动员安静时，可见迷走神经紧张性增强引起心电图上一度或二度房室传导阻滞，运动后可暂时消失，一般对健康和运动无不良影响，但是要注意与心肌炎等病症相区别。若运动员的心电图出现T波变化、束支传导阻滞、心律失常等，则应进行全面系统的检查。

（6）密切观察运动时出现的各种症状。

对运动中出现晕厥的病例要做全面系统的检查。对运动中或运动后出现的胸闷、胸痛、胸部压迫感、头痛、极度疲乏等症状，人们要引起足够的重视，患者要进行详细的检查；还应注意猝死前的胸痛、失神等先兆。此外，还须普及心肺复苏方法，以便在突发情况时可及时进行抢救。

（7）遵守科学训练原则。

运动者训练时应遵守循序渐进、系统性、个体性和量力而行的科学原则，保持良好的精神状态，避免情绪激动和过度紧张。为适应大负荷运动，运动者在训练前和比赛前应充分做好准备活动，结束时做好整理活动。应选择适宜自己身体机能的运动，未经训练者应慎重参加剧烈运动。若运动员不遵守训练的科学原则，就容易造成过度训练或过度紧张，对心血管系统危害很大。

（8）做好运动中的防暑工作。

应注意做好运动中的防暑工作。炎热的夏季不应该在中午进行锻炼。运动时，宜身穿宽松、吸汗、速干的衣物。运动中增加休息次数，最好在阴凉的地方休息，运动时间不宜过长。运动后，注意补充运动饮料，防止脱水。

第二节 运动损伤的预防与处理

一、运动损伤的预防

（一）了解相关知识，强化预防意识

锻炼前，学习运动防护和运动医学相关的知识，了解一些运动损伤发生的基本原因和基本预防知识，尽量避免运动损伤的发生；树立预防运动损伤的意识，主观上积极避免运动损伤的发生。

（二）合理安排运动负荷

运动损伤大多是长期局部负荷过大所致。为了减少这些损伤，大学生应严格遵守运动训练原则，根据年龄、性别、健康状况、各运动项目的特点，区别对待，循序渐进，合理安排运动负荷。

（三）认真做好准备活动

不做准备活动或准备活动做得不充分都会使运动损伤发生的可能性大大增加，因此，锻炼者应该重视准备活动，尽可能根据选择的锻炼内容充分做好准备活动。

（四）合理选择锻炼内容

锻炼者要根据自身周边的客观环境、身体运动能力等实际情况，选择适合自身条件的运动内容。

（五）加强易伤部位的练习

预防腰部损伤，应加强腰背肌和腹肌的锻炼；预防关节扭伤，应加强关节周围肌肉和韧带的力量、弹性、柔韧性等的锻炼，以加强关节的稳定性；预防肌肉拉伤，应在发展肌肉力量的同时，注意发展肌肉的伸展性。

（六）加强医务监督工作

大学生应定期进行体格检查，参加比赛前后，也要进行身体检查，以观察体育锻炼和比赛前后的身体机能变化；伤病初愈的大学生参加体育活动，应取得医生的同意并做好自我监督；掌握必要的自我医务监督知识和方法，及时了解自己的身体和心理状态，及时调整自己的锻炼计划。

二、运动损伤的处理

（一）擦　伤

擦伤多发生在摔倒时。对于伤口较脏的擦伤可先用生理盐水洗净伤口，再用酒精棉球或碘伏消毒；伤口较浅、面积较小的擦伤无须包扎。

（二）切伤和刺伤

切伤和刺伤的伤口往往较深、较小。如果伤口较脏，则除了进行伤口的止血、消炎、包扎外，还要注射破伤风抗毒素。

（三）撕裂伤

撕裂伤中，头、面部皮肤伤较多见，如在拳击运动中，眉弓被对方肘部碰撞造成眉际皮肤撕裂。若撕裂的伤口较小，经消毒处理后，贴上创可贴即可；若撕裂伤口较大，则须先止血，再缝合伤口；若伤情和污染较重，则应注射破伤风抗毒素。

（四）挫　伤

发生挫伤后应根据情况及时处理。如果皮肤出血，应立即停止运动，先用酒精或碘伏将伤口消毒，然后用净布包扎。如果受伤部位红肿疼痛，可先用冷水或冰进行局部冷敷，抬高受伤部位，必要时加压包扎，防止继续出血。24 小时后改用热敷、按摩来活血、消肿和止痛。经过治疗，待伤势减轻以后做针对性的活动，使关节、肌肉的功能得以恢复（如做下蹲、弯腰、举腿等），可以避免伤后关节不灵活或发生肌肉萎缩。

（五）关节、韧带损伤

发生关节、韧带损伤应当在 24 小时内采用冷敷，必要时加压包扎；24 小时后采用理疗、热敷、按摩、针灸治疗。待疼痛减轻后可增加功能性练习。对于急性腰部损伤，出现剧烈疼痛时，切不可轻易处理，可让患者仰卧，并用担架将其送至医院就诊。

（六）骨　折

一旦发生骨折，暂勿随意移动伤肢，应先用夹板或其他代用品固定伤肢，动作要轻巧、缓慢，不要乱拉乱拽，以免造成错位，影响整复。上肢骨折可用木板托住伤肢，用绷带扎紧骨折处的上下两端；下肢骨折先将伤腿轻轻放好，然后用宽布条或褥单将两条腿缠在一起，再将伤者慢慢抬到硬板担架上，送往医院救治；如果是头部、颈部或脊椎骨发生骨折，运送时就更要小心，以免损伤神经和脊椎造成肢体瘫痪。搬运伤者时，应将其头部用枕头或衣服垫住，防止移动，固定好以后，告知伤者不要扭动伤肢。将伤者送往医院时要注意做到迅速、平稳。

（七）关节脱位

用长度和宽度相称的夹板固定伤肢。如果没有夹板，则可将伤肢固定在伤者自己的躯干或健肢上，防止震动，随后及时送医院治疗。必须指出的是，如果没有把握，切不可随意做整复处理，以免增加伤害。

（八）脑震荡

立即让患者仰卧，并进行头部冷敷；若有昏迷，则立即指压人中穴、内关穴、合谷穴；若呼吸发生障碍，则应立即进行人工呼吸。完成上述处理后，若出现反复昏迷或耳鼻口出血，两瞳孔放大且不对称，则表明病情严重，应立即送至医院救治。在运送途中，要让伤者仰卧，固定头部，避免颠簸。轻微脑震荡者要注意休息，保持情绪稳定，减少脑力劳动。

第三节　运动急救

一、运动急救的意义与原则

（一）运动急救的意义

运动急救指对运动中突然发生的严重损伤进行紧急、初步和临时性的处理，以减轻患者的痛苦，预防并发症，为转院进一步治疗创造条件。这对保护患者生命具有十分重要的意义。

运动损伤的急救是一项十分重要的工作，如果处理不当，则轻者加重损伤，导致感染，增加患者痛苦，重者致残，甚至危及生命。因此，必须及时、准确、合理、有效地实施急救。

（二）运动急救的原则

运动急救的原则如下：

（1）抓住主要矛盾。现场急救情况比较复杂，如果同时出现多种损伤，必须抓住主要矛盾进行急救。例如，患者发生休克，应以针刺人中穴、内关穴，并及时进行人工呼吸。若伴有出血，则应同时进行止血，再对其他损伤进行处理。

（2）分工明确、判断正确。急救人员必须分工明确，并具有高度的责任感和救死扶伤的崇高品德；要临危不惧、判断正确，有条不紊地抢救；要有熟练、正确的抢救技术和丰富的临场经验。

（3）快抢、快救、快转运。急救时必须分秒必争、当机立断，切勿犹豫，以免延误时机。待急救有效后，尽快拨打急救电话，送患者就医，做进一步治疗。运送途中应保证患者平稳、安静，消除其紧张情绪，必要时继续进行人工呼吸。

二、心肺复苏

心肺复苏是在伤患发生呼吸停止、心搏骤停的情况下所实施的抢救措施。现场徒手心肺复苏分为以下九个步骤。

（一）判断有无意识

轻拍伤患者肩部，大声呼喊患者（如认识患者，则应直呼其名）。5 秒内完成，判断其有无意识。

（二）放置体位

伤患者仰卧，体下有硬物依托，两手放于体侧。

（三）求援 、呼救

若有他人在场，则请其拨打急救电话求援。一定要讲明地点、现场联络电话、报案人姓名、发生意外原因、伤情人数、伤员情况、所需支援事宜等。

（四）使呼吸道畅通

采用仰头举颌法、仰头抬颈法、双手拉颌法等方法打开气道，使伤病员下颌经耳垂连线与地面成 90° 角，清除口腔中异物、假牙等。

（五）检查呼吸

施救者用看、听、感觉来检查伤患者呼吸，用时 3 ～ 5 秒。

看：眼看伤患者胸部有无起伏。听：耳听伤患者胸肺有无呼吸声音。感觉：脸部皮肤贴近伤患者口鼻处，感觉伤患者口鼻有无气体呼出。

伤患者有呼吸时，应确保其呼吸道畅通，并将其翻转至复苏体位；无呼吸时，继续急救步骤，进行人工呼吸。

复苏体位：使伤患者右臂上摆成直角，左手手背垫右脸下，翻转伤患者，使其右侧卧，左腿压右腿，左膝着地，左脚脚尖勾住右脚脚跟，成不能前俯也不会后仰的姿势。（图 4-3-1）

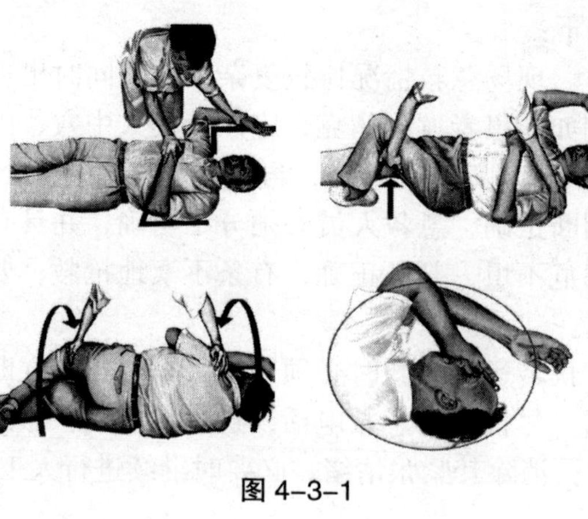

图 4-3-1

（六）人工呼吸

检查呼吸后，若伤患者无呼吸，则将其放置成仰卧位，进行人工呼吸。人工呼吸有口对口、口对口鼻、口对鼻三种方式。

口对口人工呼吸的方法：施救者深吸气，密封式口套口，缓慢吹气入肺。吹气时，一手拇指和食指轻捏伤患者鼻翼，目视伤患者胸部的起伏，每次吹气后松开捏鼻的手。连续吹气两次，每次吹气 1.5 秒，成年人吹气量为 800 ~ 1200 毫升，儿童吹气量为 600 ~ 800 毫升，婴儿以看到胸廓上抬为度，过量易造成胃扩张。无法把握时，以施救者吸入的气体不过度饱满为宜。

人工呼吸频率：成年人为 10 次 / 分，6 ~ 8 秒 / 次；儿童为 16 次 / 分，5 秒 / 次；婴儿为 20 次 / 分，4 秒 / 次。

吹不进气时，重新使呼吸道畅通，排除异物，再次吹气；能吹进气时，检查脉搏。

（七）检查脉搏

三指触摸颈动脉法：食指、中指和无名指在甲状软骨水平胸锁乳突肌前缘的气管软组织上滑动寻找脉搏，找准后看手表，测计 15 秒的脉搏跳动数，将其乘以 4 换算为 1 分钟心率。检查婴儿脉搏时，应在上臂中点内侧部位触摸检查肱动脉搏动，用时为 5 ~ 10 秒。

（1）有脉搏无呼吸时：进行人工呼吸，直至伤患者苏醒。

（2）无脉搏时：建立人工循环。

（八）建立人工循环（胸外心脏按压与人工呼吸）

按压点：施救者用二指法寻找定位。在胸骨切迹上，一手立两指，以两指自肋骨框下缘上移至胸骨底端，另一手掌贴两指，掌根垂直落位于胸骨上，手指翘起（图 4–3–2），寻找定位的手的掌根落位于另一手的手腕处，五指环扣，手指翘起。

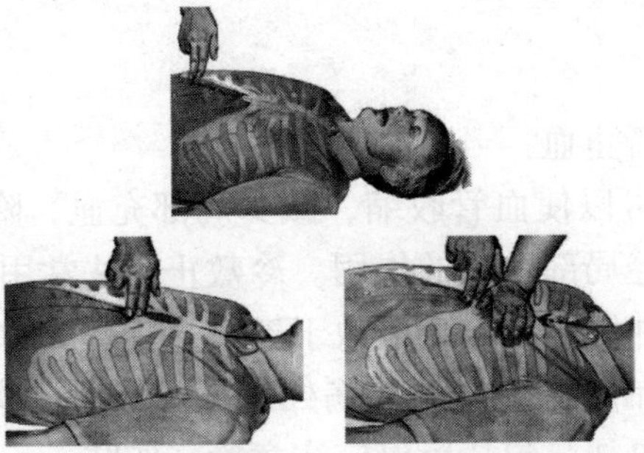

图 4–3–2

按压方式：施救者成跪姿，两手重叠，两臂伸直，上体前倾，肩在压点正上方，利用自身体重和肩臂肌力，掌根着力，垂直向下按压胸骨。按压要平稳、有规律，掌根不能抬起离开胸骨，以免改变正确的按压点。按压同时数口令："1、2、3、4……30。"数 1 时下压，数 2 时放松，以此类推。下压、放松时间各半。

按压深度：成年人 4 ~ 5 厘米；儿童 2.5 ~ 4 厘米；婴儿 1.5 ~ 2.5 厘米。

按压频率：成年人 100 次 / 分；儿童 110 次 / 分；婴儿 120 次 / 分。

按压与吹气比例：30 : 2。

注意：首先吹气两口，间断不能超过 5 秒，必须垂直向下按压胸骨。

（九）评 估

操作 5 个循环（30 次胸外心脏按压及 2 次人工呼吸为 1 个循环），约 2 分钟开始评估。

检查脉搏 3 ~ 5 秒，若无脉搏，则继续进行胸外心脏按压与人工呼吸；若有脉搏，则继续进行。

检查呼吸 3 ~ 5 秒，若无呼吸，则进行人工呼吸；若有呼吸，则维持呼吸道畅通，采用复苏体位，尽快送往医院。以后每隔几分钟评估一次。

三、搬运方法

经过现场急救处理后，应迅速和安全地将伤员送到住所或医院治疗，搬运伤员的方法有很多，归纳起来有以下几种。

（1）扶持法：急救者让伤员的一条手臂搭扶在自己的颈肩上，并拉握其手部，另一只手扶住伤员的腰部。此方法适用于神志清醒、伤势较轻的伤员。

（2）抱托法：急救者一手抱托住伤员的背部，另一手托住其腘窝处将伤员抱起，并将其受伤的手臂搭在肩上。此方法适用于神志清醒但身体虚弱的伤员。

（3）椅托法：两名急救者相对，用同侧的手握住对方的臂，另一手搭在对方的肩上，组成“一把椅子”，让伤员坐上去，并使伤员的两臂分别搭在急救者的肩上。

（4）三人托抱法：三人面向同一方向将伤员托抱起来，并协调地行走。此方法适用于严重虚弱和神志不清的伤员。

（5）担架法：可用特制担架或门板、宽凳等运送伤者。

（6）车辆运送法：注意运送途中防止震动和颠簸。

四、止血法

可通过如下方法进行止血：

（1）冷敷法：冷敷可以使血管收缩，减少局部充血，降低组织温度，抑制神经感觉，有止血、止痛和减轻局部肿胀的作用。冷敷止血法常用于急性闭合性软组织损伤，最简便的方法是用冷水冲洗或用冷毛巾敷于患处，有条件的可使用氯乙烷喷雾剂。

（2）抬高伤肢法：抬高伤肢，可使伤处血压降低，血流量减少，以达到减少出血的目的。如果采用加压包扎，包扎后仍应注意抬高伤肢。

（3）压迫法：可分为指压法、止血带法、包扎法等。

·指压法：分为直接指压法和间接指压法。

直接指压法是用指腹直接压迫出血部位。由于手指直接触及伤口，容易引起感染，因此最好敷上消毒纱布后再进行指压。间接指压法是用指腹压在出血动脉的近心端搏动的血管处，以阻断血流，达到止血的目的。

·止血带法：常用的止血带有皮管、皮带、布条、毛巾等。进行时，先将患肢抬高，然后在患处的上方绑扎止血带。绑扎时最好加垫，以防绑扎太紧，造成肢体组织坏死。

·包扎法：主要有绷带卷包扎法（如环形包扎法、螺旋形包扎法、反折螺旋包扎法、8字形包扎法等）、三角巾包扎法等。

思考题

1. 运动前的健康状况自测项目有哪些?
2. 如何预防运动损伤?
3. 运动损伤的处理技术有哪些?
4. 简述心肺复苏的步骤。

中篇　传统养生保健

第五章　传统保健体育的理论基础

第一节　传统保健体育概述

一、传统保健体育的内涵

传统保健体育是中国传统养生学的一个分支，是古代的养生学说与体育锻炼相结合的民族文化遗产。传统保健体育通过调整姿势、锻炼呼吸、控制意念，使身心融为一体，达到增强人体机能、诱导和启发人体内在潜力的目的，起到防病、益智、延年的作用。

传统保健体育具有保健和体育的双重属性，但又有区别。一般的保健方法主要依靠药物和医生的技巧对病人进行康复，病人自身是被动的。传统保健体育则是发挥人的主观能动性，通过自身的锻炼，有意识地自我控制心理、生理活动，取得防病健体的效果。体育运动除了能增强体质，还具有竞争性和对抗性；而传统保健体育则重视加强人体内部运动，调整人体内部的机能，也就是精、气、神的锻炼，能有效地预防和避免剧烈运动给身体造成的损伤，是一项适合各年龄段人群的健身体育项目，尤其适合体质虚弱者和慢性病患者。

传统保健体育的内容分为武术和导引两大类。

（一）武　术

武术是以技击为主要内容，以套路和搏斗为运动形式，注重内外兼修的中国传统体育运动项目，主要用于锻炼身体、防御自卫，具有丰富的技术内容和广泛的群众基础，是我国宝贵的民族文化遗产的重要组成部分。武术在我国古代既是一种训练格斗技能的手段，也是一种增强体质的锻炼方法，特别是一些出现较晚的武术套路，都体现了“武”与“健”的密切结合。把武术用于保健养生，在我国有着悠久的历史。

武术内容丰富多彩、种类繁多，按其运动形式可分为套路运动和对抗运动两大类。套路运动和对抗运动中的散打已先后被列为全国的、亚洲的，乃至世界性体育的正式竞赛项目。按照武术形式和技法特征进行区分，武术主要有套路运动、功法运动和格斗运动三大类，其中用于保健方面的主要有套路运动和功法运动。

（二）导 引

导引是我国古代劳动人民在与疾病和衰老作斗争的过程中，逐渐认识和创造的一种自我身心锻炼的方法。它通过调整姿势、锻炼呼吸、松弛身心、集中意念等锻炼方法启发和引导人体内在潜力，调节和增强人体机能，以达到保健强身、预防疾病、延年益寿的目的。

导引功法流派繁多，按照导引功法的调身、调息、调心三要素，基本可分成三大类：以调心、调息为主，身体姿势处于相对安静状态，通过不断加强意念对自身的控制能力来养生的，归为静功；以调身、调息为主，以增强身体姿势变化对气机运行的影响，通过姿势和呼吸的调整来养生的，归为动功；运用自身按摩、拍击等锻炼方法，达到疏通经络、调和气血、增进健康的，归为保健功。

二、学习传统保健体育的意义

（一）有利于继承和弘扬民族传统文化

传统保健体育是中华民族灿烂文化的一部分，它与中国传统文化有着千丝万缕的联系。

中华民族独特的思维方式、行为方式、审美观、心理模式、人生观、宇宙观等在传统保健体育中都有集中的反映。中国传统保健体育的思想理论和方法在数千年的流传中，经受了历史的选择，一些优秀的思想理论和健身养生实践流传下来。中医药院校的学生应该继承和弘扬传统保健体育中的精华，为人类的健康服务。

（二）有利于增进身心健康

传统保健体育以“形神统一”为重要特点，“形”是指外在的运动形式和身体姿势；“神”是指内在的心理、精神、意志、思维活动。传统保健体育在“形神兼备”“内外兼修”上追求完美的统一，既注重筋骨的锻炼，又强调心、神、意、气的结合。传统保健体育对人的精神、情感的调节，以及对现代人的心理健康具有特殊的作用。

（三）有利于涵养道德

我国自古以来就把“涵养道德”作为传统保健体育锻炼的重要组成部分。“练武先习德”“未曾习武先学礼”“崇尚武德”等至理名言，体现了传统保健体育对品德培养和锻炼的重视，有利于育人。

（四）有利于树立终身体育意识

传统保健体育内容丰富、形式多样，对场地、器材条件要求不高，针对不同年龄的人群、不同的气候条件、不同的生活环境都能提供身体锻炼的方法。另外，传统保健体育开展简单、经济实用、实效显著，一经学会并坚持锻炼，就可终身受益，有利于使学生树立终身体育意识。学生依靠亲身体验，领悟传统保健体育内在的意蕴之深、技巧之妙、意境之美。

第二节　传统保健体育的中医基础理论

一、整体观

（一）人体的整体观

整体观是对事物统一性和完整性的看法。在中国传统保健体育领域，人们在研究人的身心健康时，既重视人体内环境的统一性和完整性，又重视人与外界客观事物的和谐统一性。

整体观是中国医学的主导思想，也是中国医学的特点之一。它强调事物本身的统一性、完整性和与其他事物的联系性；认为人体各个组成部分之间，在结构上是不可分割的，在功能上是相互协调、相互制约的；同时人体与自然界有密切关系，且能能动地适应自然，从而维持机体的正常生理活动。这种人体自身内外及其与自然界的统一性，被称为中国医学的整体观。它贯穿于中医理论诊断、治疗、康复等各个方面，也是传统保健体育运动的理论依据。

传统保健体育十分强调“静心”，要求维持“心静体松”的状态。心是一身之主宰，心神安定则五脏六腑皆定；若心神不安，则五脏六腑皆不安，易产生各种疾病。传统保健体育反对过分安逸，强调以动为主、内外兼修。脾主四肢，四肢活动能加快脾的运化，使水谷精微得以很好地吸收，进而化生气血，营养全身；如果四肢活动减少，则会导致气血不足、全身虚弱。传统保健体育非常重视对五脏进行有针对性的养练。例如，五禽戏、形意五行拳等是针对五脏进行练习的，舒心平血功是针对心脏进行练习的。另外，传统保健体育的整体练习强调“以意导功”“内外兼修”“外三合”等，这些都是整体观的具体体现。

（二）天人相应观念

人体内环境的平衡协调和外界自然环境的整体统一，是人体得以生存的基础，当自然环境发生变化时，人体也会发生与之相应的变化。《黄帝内经》从“天人相应”的整体观出发，提出了“顺时养生”的思想，强调要“服天气而通神明”“顺四时而适寒暑”等养生防病原则。

整体观是中医学的理论基础，强调事物本身的统一性、完整性及与其他事物的联系性。宇宙是一个整体，人与自然具有相通、相应的关系，遵循着同样的运动变化规律。人的生理变化与大自然的整个运动联系在一起，同受阴阳五行法则的制约；自然界的运动变化直接影响着人体，而人体受自然界的影响也必然会相应地产生生理或病理上的反应。因此，人们必须善于掌握自然界的变化，以顺从“天地之和”。传统保健体育强调“顺应四时”“天人相应”的养生方法，同时在个体锻炼时，强调个体的完整性、统一性，这种在整体观指导下的综合调理方式，构成了中国传统保健体育最基本的理念和指导思想。

总之，传统保健体育的整体观，包括人体内环境身心的统一、协调、平衡，以及人体与外界自然、社会的和谐统一，是人体生命得以生存的基础，也是传统保健体育的理论基础。

二、精气神学说

人体生命力的盛衰和生命的长短与精、气、神的旺盛或衰竭是紧密联系的。精气流通、练气以养、养心调神是传统体育养生法实施的基本目的与要求，研究精气神理论对传统体育养生理论的建立和指导养生法的实践至关重要。

传统保健体育运动的锻炼方法分为内功和外功两类，即内练精、气、神，外练筋、骨、皮。古人认为：天有三宝——日、月、星；地有三宝——水、火、风；人有三宝——精、气、神。古人把精、气、神看作人体中最宝贵的三种东西，视其为人体生命活动不可或缺的物质和功能的总体。

（一）精是人体生命活动的物质基础

精是构成人体的基本物质，也是维持人体生命活动的基本物质，主持人体的生长、发育、生殖及各种生理功能的活动。精有广义、狭义之分：广义的精，是指构成人体和维持人体一切生命活动的精微物质，包括精、气、血、津液等；狭义的精，是指肾中化生和储藏的精，是具有促进人的生长、发育和生殖功能的基本物质。精，又因其在人体渊源的不同，有先天和后天之分。先天之精是禀受于父母的生殖之精，是生命之源，如《黄帝内经·灵枢·本神》所云：“生之来，谓之精。”后天之精则是指水谷等营养物化生而成的精。二者具有相互依存、相互为用、相辅相成的关系，先天之精依赖于后天之精的不断培育和充养，才能发挥其生理效应，而后天之精又依赖于先天之精的活力资助，才得以生化不息。

（二）气是人体生命活动的动力

中医学和传统体育养生学认为，人体的气是一种充养人体并维持人体生命活动的精微物质。人体的气有先天气和后天气两种。先天气又称元气，是禀受父母的先天之气，藏于肾中，又依赖水谷精气的充养，使肾中精气的气化功能沿三焦通道升降敷布全身，发挥其生理效应，推动人体生长和发育，温煦和激发各脏腑、经络等组织器官的生理功能，主持人体复杂的生命活动。元气的盛衰对人体的生、长、壮、衰、死全过程的影响至关重要，历来养生家都很重视培补元气，并以各种导引、行气、意念的方法调动丹田之气，循任脉、督脉及全身经络周身运行。后天之气主要有宗气、营气、卫气等，来源于水谷之精气和空气之清气。水谷精气是靠脾胃从后天饮食中运化而来的，空气中的清气则靠肺司呼吸从空气中吸入。

传统体育养生法非常重视养生练气，通过练气以增强人体气化（指气的运动和变化），使全身之气充沛。人体的气具有很强的活力，流行于全身，无处不有。气的升降出入运动，被称为气机。气机畅通，气才能在脏腑、经络、四肢、七窍中川流不息，从而有助于肾蒸腾气化、吸清排浊；有助于肺主气司呼吸，宣发肃降；使脾升清，胃降浊，脾、胃、肠的消化、吸收、输布、排泄正常；使肝疏泄条畅；使心肺气血调和畅通。这些都说明人体气机的升降出入运动具有维系、推动、激发、协调、平衡人体各种生理功能的作用。气机的升降出入运动畅通无阻，则机体健旺；气机失调，即气机的升降出入运动受阻，机体就会出现“气滞”“气逆”“气陷”“气结”“气郁”“气闭”等病理状态。气机运动一旦止息，生命活动也就会终止。可见，气是维持人体生命活动最基本的物质，气聚则精盈、神旺，气衰则精走、神病，气绝则精涸、神亡。正如《难经·论脉·八难》中所云:“气者，人之根本也，根绝则茎叶枯矣。”这说明养生练气是传统体育养生的指导思想和理论基础。

传统体育养生十分重视人体气的练养。古代养生，一是通过导引、行气、按摩等体育养生法激发和培补元、真二气；二是结合各种调神、调息、调身的体育养生法来增强人体气化功能和促使真气运行。

（三）神是人体生命活动的主宰

人的神是人体生命存在的标志，同时也是人体生命活动的主宰。人体的形与神是同源、同生、同时存在的，是生命活动的开始。人的神有广义和狭义之分。广义的神，指人体生命活动机能的总称，包括人体生命活动中不同层次的内在“神志”及外在“形征”两个方面的含义。狭义的神，指人的精神、意识、思维，是“识神”的主要体现，实质是指人的大脑功能，是大脑对外界事物的反映，主宰着人的一切心理活动与行为活动，影响着人体各方面生理功能的协调平衡。譬如，中医所说的“七情”——喜、怒、忧、思、悲、恐、惊，是人体对客观事物反映出的不同的精神心理状态。它受外界环境、信息的影响，更重要的是它受人的意识和思维的调控。外界环境与信息在意识思维的正确调控下，不会致病，而一旦受到突然、强烈或持久的情志刺激，意识思维又不能正确调控，则会出现“大怒伤肝”“大喜伤心”“大悲伤肺”“思虑过度伤脾胃”“久恐不节伤肾”等致病现象，使五脏的功能气机紊乱，从而导致各脏腑间生理功能失调和阴阳、气血失调，严重时可出现久病或身亡。

可见，人体的神能统帅五脏六腑、四肢百骸、诸窍及精、气，主宰生命力的盛衰和生命的寿夭。神守则身健，神弱则身病；有神则生，无神则亡。

传统体育养生理论中，同源、同生、同时存在的形和神一直被看作人体生命活动中和谐统一的两大要素，该理论主张“形与神俱而尽终其天年”，主张形神共养，强调性命双修。所谓形神共养是指在养生实践中，同时注重形体养护和心神调摄，既要使形体健康，又要使心神健旺，还要使形体与心神协调、均衡地发展。性命双修中的性，一般指心性，即精神、意识、思维；命，指形体和生命。古代养生家曾指出：命无性不灵，性无命不立；修身以立命；存心以养性。性命双修实际上是指在养生实践中既要重视修性，又要重视修命，性与命要同步练养，相互促进，共同发展。《淮南子·泰族训》强调："太上养神，其次养形。"由此可见古人把调心养神视为养生的首要任务。在传统体育养生宝库中，有许多养心调神的法则、手段和方法，主要可归纳为调心养神与修身养性两类。

综上所述，精、气、神是人之"三宝"。精、气是构成人体生命活动的基本物质，精气流通是生命活动的基本特征，气化、气机是生命活动的动力，神是生命活动的主宰。保精养气、练气以养、调心养神、形神共养是传统保健体育的指导思想和理论基础，使人精盈、气充、神合是传统保健体育追求的目标。

三、阴阳学说

阴阳学说是我国古代的一种哲学思想，是当时人们用以概括和说明自然界及人体变化规律的学说。该学说主张万事万物都包含着阴、阳两个方面，而阴阳的对立、统一活动，是宇宙间一切事物产生、变化和消亡的根本原因，世界本身就是阴阳对立、统一、变化、发展的结果。

阴阳学说的基本内容可以用"对立、依存、消长、转化"八个字来概括，其具体内容如下：

（1）阴阳的相互对立。阴阳学说认为，一切事物都存在着相互对立的阴、阳两个方面，两者不断地排斥、斗争，从而推动事物的变化与发展。阴阳双方处于动态变化中，当人的各种生理机能保持并处于阴与阳相互排斥、斗争的平衡状态时，人的身体就处于健康状态。

（2）阴阳的相互依存。阴与阳两个方面既相互对立又相互依存，任何一方都以另一方的存在为条件，即阳依存于阴，阴依存于阳，这种关系又被称为互根性。《黄帝内经·素问·生气通天论》所说的"阴阳离决，精气乃绝"，是指阴阳分离而不相交，那精气也就随之耗竭了，生命也就停止了。

（3）阴阳的相互消长。阴、阳两个方面始终处于互为消长的运动变化之中，即"阳消阴长"或"阴消阳长"。在这种消长的动态变化中，平衡与静止是相对的，变化是绝对的。当阴、阳两个方面的变化超出一定的限度时，则会破坏阴、阳的相互制约关系和相对平衡状态，就如《黄帝内经·素问·阴阳应象大论》所说："阴胜则阳病，阳胜则阴病。阳胜则热，阴胜则寒。"

（4）阴阳的相互转化。相互对立、相互依存的阴阳双方，在一定条件下可互相转化，阴可以转化为阳，阳也可以转化为阴，如《黄帝内经·素问·阴阳应象大论》写道："寒极生热，热极生寒。""重阴必阳，重阳必阴。"生活中，人在发热时会感觉到身体发冷，就是阴阳转化的例子。

在传统保健体育中，处处能体现阴阳学说的思想。例如，太极拳运动在姿势上要求练习者做到百会穴上顶与沉肩坠肘、松腰敛臀相结合，含胸与拔背相结合等；在动作技术上要做到上顶下沉，前推后撑，左与右及上与下、前与后的劲力对拔拉长等。太极拳运动的特点为动静结合、练养结合、内外合一，动作左右对称、周而复始、一气呵成，可见，传统保健体育中无处不阴阳。

根据阴阳学说的观点，方位的东、南属阳，西、北属阴；地理上的高阔之地属阳，低狭之地属阴。练习传统体育养生术宜选择面朝东、南方位与花草树木茂盛、洁净清雅的高阔之地，以求得体育保健的最佳效果。

传统保健体育是根据阴阳学说平衡论的观点，以身体练习为基本手段，从影响人体生命活动的内外环境所表现出的阴阳范畴着手，按照“补其不足，泻其有余”的原则，通过各种养生方法的实施，调节机体的阴阳平衡，使之朝着阴气平顺、阳气固秘的“阴平阳秘”状态发展，达到培补元气、运行真气、滋阴壮阳、健康长寿的目的。

总之，阴阳学说是古人用于认识宇宙万物的世界观和方法论。阴阳平衡是传统保健体育的指导思想和理论基础，调和阴阳是传统保健体育法的重要法则，“阴平阳秘”是传统体育养生追求的最佳状态。

四、五行学说

五行是古人在生活实践中总结出来的概念。人们发现“金、木、水、火、土”这五种物质是生活中不可缺少的。《尚书正义·卷十二·洪范》说：“水火者，百姓之所饮食也；金木者，百姓之所兴作也；土者，万物之所资生也。是为人用。”

水具有滋润和向下流动的特性，火具有温热和上升的特性，木具有曲直生长的特性，金具有容易变化的特性，土具有生长植物的特性，五行学说是以五行的特性将世界上所有事物推演、归类为具有五种属性的五大类。凡具有寒凉、滋润、向下运行等作用的事物，均归属于水；凡具有温热、升腾等作用的事物，均归属于火；凡具有生长、开发、条达舒畅等作用的事物，均归属于木；凡具有清洁、肃降、收敛等作用的事物，均归属于金；凡具有生化、承载、受纳等作用的事物，均归属于土。五行学说主张：世界上的事物或现象都可以根据五行的属性归类为五种不同性质的物质，它们之间的相互关系和运动变化决定了事物或现象的发生、发展。事物或现象之间的差异是由这五种属性的物质间的运动状态所决定的。五行学说是以五行之间的相生、相克、相乘、相侮的不同变化方向和关系来探索和揭示复杂系统内部各事物之间相互联系的运动变化规律的。

（1）相生。事物之间相互资助、相互养育、相互促进的关系，称为相生。五行相生的顺序：按木、火、土、金、水的顺序依次滋生，即木生火，火生土，土生金，金生水，水生木。

（2）相克。一类事物对另一类事物具有承袭、制约等作用，称为相克。五行相克也是按一定顺序进行的：按木、火、土、金、水的顺序隔位相克，即木克土，土克水、水克火，火克金，金克木。相克的两者之间，被克者称为“所胜”，即每一行对其他行的制约作用；把克者称为“所不胜”，即每一行又受到其他行的制约。

（3）相乘。乘，乘袭，即乘虚而袭之，是克制太过的表现。五行相乘的方向和五行相克的方向是一致的，即木乘土，土乘水，水乘火，火乘金，金乘木。

（4）相侮。因五行盛衰超出了正常允许的范围而引起的一种异常克制，即在克制的方向上出现了反向的克制，称为相侮，亦称反克。其顺序是木侮金，金侮火，火侮水，水侮土，土侮木。

传统保健体育在运动形式和内容上体现了五行生克规律理论的应用。例如，六字诀是根据五行配备的统一性，即语音与脏腑相对应的关系，通过吐字发音的吐纳方式，达到调节脏腑的作用，实现保健的目的。

传统保健体育把人的生命活动所表现出来的复杂的事物和现象，按五行的特征用分析、归类、推演络绎的方法进行分类。中医和传统保健体育不仅把对人体健康有影响的自然界的季节、气候、方位、味道、颜色及生物的生死变化等现象归属于五行，还把人体脏腑、五官、形体、情态、声音等也分别归属于五行。（图 5-2-1、表 5-2-1）

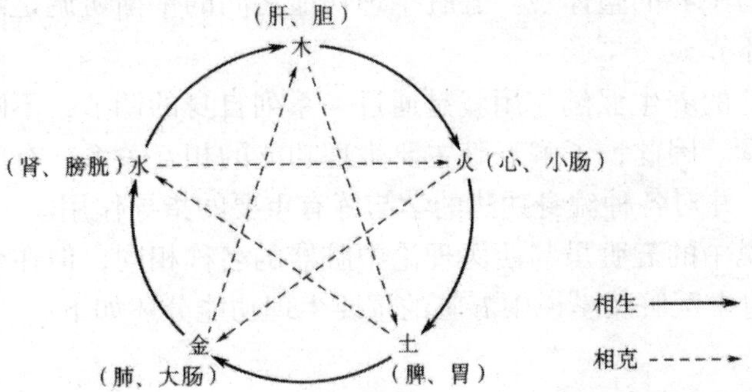

图 5-2-1

表 5-2-1　五行属性归属表

自然界						五行	人体						
五味	五色	五方	五化	五气	五季		五脏	五腑	五官	五形	五志	五声	五藏
酸	青	东	生	风	春	木	肝	胆	目	筋	怒	呼	魂
苦	红	南	长	暑	夏	火	心	小肠	舌	脉	喜	笑	神
甘	黄	中	化	湿	长夏	土	脾	胃	口	肉	思	歌	意
辛	白	西	收	燥	秋	金	肺	大肠	鼻	皮毛	悲	哭	魄
咸	黑	北	藏	寒	冬	水	肾	膀胱	耳	骨	恐	呻	志

传统保健体育根据五行生克制化的规律，阐释、探索人在保健过程中肝、心、脾、肺、肾五个系统之间相生相成、相克相制、生中有制、克中有生的联系。

根据五行学说的生、克、乘、侮的规律，传统体育养生学认为，在人体生命活动过程中，机体各组织、器官或各种生理功能之间，不仅可以通过生克制化维系生命活动动态平衡的正常现象，还会因相乘或相侮引起生命活动的不正常现象，从而导致机体脏腑组织、器官的器质和功能失调、病变或衰竭。

传统保健体育的实践证实，古代养生家在编创养生内容和手段方法时，自觉地运用了五行学说的生、克、乘、侮的观点和方法。例如，武术中的形意拳，其基本拳法——劈、崩、钻、炮、横可归为金、木、水、火、土五种属性，并与肺、肝、肾、心、脾相联系、相匹配，体现了武术拳理、拳法的五行思想内涵，表明了武术练养结合、内外兼修的理论依据。

总之，古人根据五行间的属性与生、克、乘、侮的联系和作用探索和阐释宇宙万物。传统保健体育一直把五行学说作为探索和阐释人体生命活动的观点和方法及其指导思想和理论基础。五行学说同时也是创编传统保健体育法的基本原则和依据。

五、脏腑学说

脏腑是人体内脏的总称。按照脏腑的生理功能与特点，可将其分为脏、腑、奇恒之腑三类。脏，即心、肺、脾、肝、肾，合称为五脏；腑，即胆、胃、小肠、大肠、膀胱、三焦，合称为六腑；奇恒之腑，即脑、髓、骨、脉、胆、女子胞（子宫）。脏腑学说强调以五脏为中心的整体观。五脏生理功能之间的平衡协调是维持机体内在环境相对恒定的重要环节。

传统保健体育的养生保健作用就是通过一系列自身的调节，不断维系五脏生理功能之间的平衡协调。因此，了解五脏主要生理功能的相互关系，有助于了解传统保健体育的健身机制，并对各种健身功法的学与练有重要的指导作用。

中医脏腑学说中的五脏虽与西医理论中脏器的名称相同，但在生理上和病理上的含义却不同，现将中医脏腑学说中五脏的重要生理功能分述如下。

（一）心

心位于胸中，主要生理功能是主血脉、主神明。

心主血脉，包括主血和主脉两个方面。全身的血都在脉中运行，依赖于心气的推动而运送到全身，发挥其濡养作用。心气充沛，才能维持正常的心力、心率和心律，血液才能在脉内正常地运行，周流不息，滋养全身，可见面色红润有光泽、脉象和缓有力等外在的表现。血液的正常运行还有赖于血液本身的充盈和脉道的通利。传统保健体育锻炼加强了心气统辖血液运行的功能，改善了自主神经的功能，使外周阻力降低，回心血量增加，从而达到脉道通利、血液充盈的良好状态。

心主神明，神有广义和狭义之分。广义的神，是指机体生命活动的外在表现；狭义的神，是指人的精神、意识、思维活动。传统保健体育通过调心来改善心主神明的功能。练健身功法时，人体放松入静，能调养心神，使心神在不受外界事物的干扰下发挥其“君主之官”的作用，使机体达到“主明则下安，以此养生则寿”的协调、平衡状态。

（二）肺

肺位于上焦，其主要生理功能是主气。肺的主气功能包括主一身之气和主呼吸之气。

肺主一身之气，首先体现在气的生成方面，特别是宗气的生成，主要依靠肺吸入的清气与脾胃运化的水谷精气相结合；其次还体现在肺对全身的气机具有调节作用。

肺主呼吸之气是指肺的呼吸运动，即气的升降出入运动。肺有节律地一呼一吸，对全身之气的升降出入运动起着重要的调节作用。肺作为体内外气体交换的场所，通过不断地呼浊吸清、吐故纳新，促进气的生成。肺的呼吸均匀、调和，是气的生成和气机调畅的根本条件。传统保健体育对呼吸有特殊的要求，其有意识地调息，可达到“积气以成精，积精以全神”的效果。

（三）脾

脾位于中焦，其主要生理功能是主运化，把水谷之精微吸收并传输到全身。脾还具有升清、统摄血液的作用。

脾的运化功能可分为运化水谷和运化水液两个方面。运化水谷指对饮食的消化与吸收；运化水液指对水液的吸收、传输及布散。脾的运化功能是以升清为主。所谓升清，指水谷精微等营养物质的吸收和上输于心、肺、头、目，通过心肺的作用化生气血，以营养全身。

中医学对脾胃功能正常与否非常重视，认为脾胃为后天之本，还强调“百病皆由脾胃衰而生也”。传统保健体育中许多要领都直接作用于脾胃。例如，舌抵上腭能使人体的唾液等消化液分泌增多；腹式呼吸能增大膈肌的活动幅度，改变腹内压，对脾、胃起按摩作用；虚领顶劲有助于脾的升清。一些传统保健体育功法，如八段锦中的单举、五禽戏中的熊戏，都有调理脾胃的作用；通过练习，可使三焦气机通畅，脾胃升降和利，运化水谷机能健旺，从而增加营、卫、气、血、津液的化生，促进机体保持协调、平衡的健康状态。

（四）肝

肝在腹腔内右上部，主要生理功能是疏泄、藏血。肝与体表组织的关系是主筋，并开窍于目，与胆相表里。

肝的疏泄功能主要表现在调畅气机、促进脾胃的运化功能和调畅情志三个方面。五行中，肝属木，肝木喜畅达而不宜抑郁。肝主升、主动的特点对气机的疏通、畅达、升发起重要作用。肝的藏血功能主要体现在肝内必须储存一定的血量，以制约肝的阳气升腾，勿使过亢，以维护肝的疏泄功能，使之冲和条达。传统保健体育讲究动静结合，要求练习者放松入静，用适宜的意念进行导引，这有利于肝的疏泄和藏血功能的平衡、协调。锻炼时，扫除万虑，内清虚而外脱换，松和自然，能使肝气舒和条达，使上亢之肝阳自潜，肝火自降。另外，肝主筋，松和自然的练习状态，有助于肝血的充盈，使筋得其所养，有利于增强人体的运动能力。

（五）肾

肾位于腰部脊柱两侧，左右各一，主水、主纳气、主骨生髓，其主要生理功能是藏精。肾对于精气的闭藏，主要是为精气在体内能充分发挥其应有的生理效应创造良好的条件，不使精气无故流失，影响机体的生长、发育和生殖能力。肾的精气，从其作用来说，包含着肾阴、肾阳两个方面。肾阴又叫“元阴”“真阴”，亦即明代医学家张景岳所谓的“命门之水”，是人体阴液的根本，对各脏腑组织起着濡润、滋养的作用；肾阳又称“元阳”“真阳”，亦称“命门之火”，是人体阳气的根本，对各脏腑组织起着温煦、鼓动的作用。肾阴和肾阳在人体内也是相互制约、相互依存的，以此维持人体生理上的动态平衡。传统保健体育中的动作、呼吸、意念常以命门为锻炼中心。例如，太极拳运动讲究以腰为主宰，全身上下相随，通过一系列的锻炼，有利于体内阴阳调和，尤其能使肾内精气充沛，充分发挥其“先天之本”的作用。

肾的另一个重要生理功能是主纳气，人的呼吸运动虽然由肺所主，但还有赖于肾气的摄纳。《类证治裁·喘证论治》说："肺为气之主，肾为气之根，肺主出气，肾主纳气，阴阳相交，呼吸乃和。"参加传统保健体育的锻炼，一方面能使肾内精气充足，有利于发挥其纳气功能；另一方面，练习时均匀、深长、平和的呼吸更有助于肾对呼吸的摄纳作用，保证体内外气体的正常交换，达到保精养神、益气全形的目的。

六、经络学说

经络学说是研究人体经络系统的循行分布、生理功能、病理变化及其与脏腑相互关系的学说，是中医学理论体系的重要组成部分。经络包括经脉和络脉，其中，经脉分正经和奇经两大类，此为经络系统的主要部分。正经有十二条，即手、足三阴经和手、足三阳经，合称十二经脉，是气血运行的主要通道；奇经有八条，即督脉、任脉、冲脉、带脉、阴跷脉、阳跷脉、阴维脉、阳维脉，合称奇经八脉。(图 5-2-2)

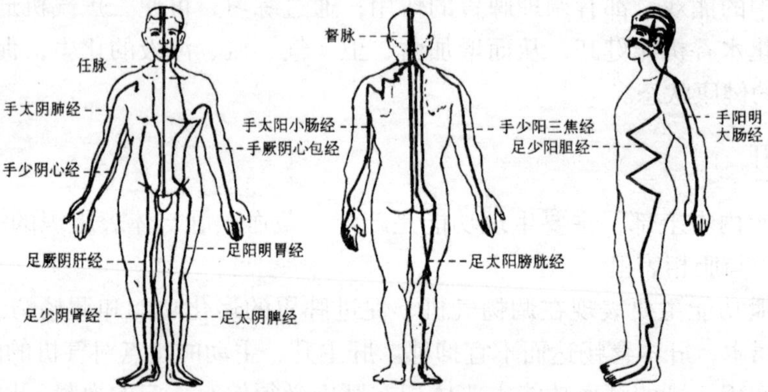

图 5-2-2

十二经脉中，每条经脉分别对应人体一个脏或一个腑，且左右对称地分布于人体两侧。十二经脉与奇经八脉及分支络脉在人体内纵横交错，里通脏腑，外达肢节，上通头，下达脚，把人体经络连成一个整体，经络的主要功能是使气血在其通道内运行。

奇经八脉虽与脏腑没有直接关系，但与十二经脉纵横交接，对十二经脉具有调节、疏通作用，其中任脉、督脉至关重要。中医学和传统保健体育把任脉、督脉与十二经脉合称为十四经。

中医学把人体具有传输和输注气血的空隙和聚焦点称为腧穴，把循行十四经上的腧穴称为经穴。腧穴是脏腑、经络气血输注之处。传统保健体育家往往通过意念导引、意守，以及点、按、拍、打等方法作用于特定的穴位，疏通经络，调畅气血。传统保健体育中常用的穴位见表 5-2-2。

表 5-2-2　传统保健体育常用穴位

身体部位	穴 名	对应经脉	分 布 位 置
头	百　会	督　脉	头顶正中，两耳尖连线中点处
	印　堂	经外奇穴	两眉头连线中点处，正对鼻尖
	太　阳	经外奇穴	眉梢与目外眦之间向后约 1 寸凹陷处
	人　中	督　脉	上唇人中沟上 1/3 处
	承　浆	任　脉	下唇沟正中凹陷处
颈	玉　枕	足太阳膀胱经	枕外粗隆上缘凹陷处
	风　池	足少阳胆经	头颈后两侧发际凹陷处
	天　柱	足太阳膀胱经	平哑门旁开 1.3 寸，斜方肌外缘凹陷处
背、腰、胸	大　椎	督　脉	第七颈椎棘突下凹陷处
	命　门	督　脉	第二腰椎棘突下凹陷处
	肾　俞	足太阳膀胱经	命门旁开 1.5 寸处
	膻　中	任　脉	两乳头连线中点处
腹	中　脘	任　脉	脐上 4 寸处
	神　阙	任　脉	肚脐中心处
	气　海	任　脉	肚脐下 1.5 寸处
	关　元	任　脉	肚脐下 3 寸处
裆、髋	会　阴	任　脉	前后二阴连线中点处
肩	肩　井	足少阳胆经	肩端，平举肩时前上方凹陷处
臂	曲　池	手阳明大肠经	屈肘，横纹桡侧端凹陷处
	内　关	手厥阴心包经	前臂掌侧腕横纹上 2 寸处
手、腿	劳　宫	手厥阴心包经	握拳，中指指尖所点处
	足三里	足阳明胃经	膝下 3 寸，胫骨前嵴外侧
	承　山	足太阳膀胱经	腓肠肌腹下出现的尖端凹陷处
	委　中	足太阳膀胱经	腘窝横纹中央
	三阴交	足三阴经	内踝尖上 3 寸，胫骨内侧后缘处
脚	太　溪	足少阴肾经	内踝后侧，跟骨上凹陷处
	太　冲	足厥阴肝经	足第一、第二跖骨接合部之前
	涌　泉	足少阴肾经	足心人字纹头凹陷处

注：此处的寸指中医学里的“同身寸”，拇指最宽指节处约为 1 寸。

经络内通脏腑，外达肢节，沟通于脏腑与体表之间，将人体脏腑、组织、器官、联系成一个有机的整体，并借以行气血、营阴阳，使人体各部位的功能得以保持协调和相对平衡。传统保健体育通过循经取动的形体锻炼，以及循经导引、行气、按摩、意守等方法的实施，达到疏通经络、协调脏腑、调畅气血、平衡阴阳、延年益寿的目的。可见，经络学说是传统保健体育的理论基础，经络的循行部位、方向、次序、交接部位及穴位，对传统保健体育方法的创编和学、练、用等具有重要的指导意义。

思考题

1. 传统保健体育的内容包括哪几类?
2. 学习传统保健体育的意义是什么?
3. 传统保健体育的中医基础理论有哪些?

第六章

保健按摩

第一节　保健按摩概述

一、保健按摩的产生及发展

在我国传统养生学的发展过程中，保健按摩也在发展、进步、完善。远古时代，人类要生存、生活，就必须猎取食物，还要防御野兽的伤害和各种自然灾害，而在这些过程中，不可避免地会受到伤害，产生疼痛、肿胀等症状。起初，人们无意识地按压、抚摩局部，结果却意外地获得肿痛减轻或消失的效果，于是，人们便逐渐地认识到按摩的作用，经过长期的实践和总结，中国古代人民逐步总结出了最古老的推拿、按摩疗法。

随着社会的进步，推拿、按摩疗法也在不断地发展。到了先秦两汉时期，推拿、按摩已在医学体系中占有极其重要的地位。在《黄帝内经》中，有关推拿、按摩的理论，以及治疗工具与治疗病种多次出现。隋唐时期是按摩发展史上的鼎盛时期。推拿、按摩与导引结合，在预防疾病、保健养生方面作用较为突出，如隋代巢元方在《诸病源候论》中，几乎于每卷末都记有导引、按摩之法，唐代孙思邈在《千金要方》中记载了以自我按摩为主的"老子按摩法"。隋唐时期不但设有按摩专科，有按摩的专科医生，而且开展了有组织的按摩教学工作，如隋代有按摩博士的职务，唐代在太医院设有按摩科。唐代是我国历史上政治、经济、文化、交通较繁荣昌盛的时期之一，随着对外交流的日益频繁，推拿、按摩陆续地传入朝鲜、日本、印度等地。明清时期，推拿、按摩疗法进一步发展，在手法、手法操作、穴位等方面积累了丰富的临床经验，相关著作颇丰，如清代的《按摩经》《推拿三字经》等。中华人民共和国成立以后，中医、按摩有了新的发展。1956年，上海首先开办了推拿按摩训练班，《推拿学讲义》《按摩疗法》《按摩》《推拿学》等十几部图书陆续出版。如今，按摩正以其独特的疗效吸引着世界各国人民，许多国家都派人来我国学习并邀请我国派遣推拿、按摩人员去工作与讲学。

可以预言，古老而又时新的按摩疗法，将越来越为人们所喜爱，它将为人类的医疗保健事业作出更大的贡献。

二、按摩的生理作用

（一）对神经系统的作用

按摩是一种良好的物理刺激，可对神经系统起到刺激或抑制作用，并可通过神经反射影响到各器官的功能。不同的按摩手法对神经系统起着不同的作用，如叩打、重推摩等对神经系统起刺激作用，轻推、轻揉等起抑制作用。同一按摩手法，由于其运用的方式不同，对神经系统也有着不同的影响，如手法缓急、用力轻重、时间长短的不同，其作用也各不相同。一般来说，频率慢、用力轻、时间较长的按摩起到镇静作用；频率快、用力重、时间较短的按摩则起兴奋作用。

（二）对运动系统的作用

按摩能使肌肉中的毛细血管扩张、后备毛细血管开放，使局部的血液循环和营养得到改善，并可加快肌肉中所堆积的乳酸的代谢速度，从而快速消除肌肉疲劳，提高肌肉的工作能力，防止伤后肌肉萎缩。此外，经常进行按摩还能增强韧带的柔韧性和扩大关节的活动范围，这不仅对体育运动有实际意义，还能消除骨折病人因伤肢固定过久对关节、韧带、肌腱产生的不良影响，并能预防关节、韧带因过度牵拉而引起的损伤。

（三）对循环系统的作用

按摩可增强心肌收缩，使心率明显减慢，脉跳有力；可使心输出量在吸气时增加，呼气时减少，降低心肌氧耗量；可使血管扩张，通透性增加，降低大循环的阻力，加速静脉血的回流，减轻心脏的负担。对于高血压患者，按摩还可使收缩压和舒张压均降低，从而使因病导致的血压升降恢复到正常范围，提高机体抗病能力；还可使血液循环和淋巴循环加快，使血液中的白细胞总数和吞噬细胞数量增加，促使淋巴回流加快，同时有助于渗出液的吸收，消除局部水肿。此外，按摩还能影响血液的重新分配，调整肌肉和内脏的血液流量，以适应肌肉紧张工作时的需要。

（四）对呼吸系统的作用

按摩可使呼吸频率减慢，呼吸加深，进而使肺部最大通气量的平均值增大，肺部活动量增加，肺泡的有效通气量增加，从而使气体交换良好，有利于机体组织与器官获得足够的氧气。

（五）对消化系统的作用

按摩可促进胃肠蠕动与消化液分泌，调节消化系统的自主神经活动；使唾液中淀粉酶含量增加，活性也明显增高；能使胃液分泌增多，有利于消除胃肠积气，保持大便通畅，增强消化系统的功能。

（六）活血散瘀、消肿镇痛的作用

按摩能加强血液和淋巴液的流动，加快伤部的物质代谢，促进瘀血的吸收和水肿的消除，同时减缓伤部的血管、肌肉痉挛，使周围神经兴奋性降低，暂时失去传导功能，从而起到理气活血、疏通经络、减轻伤痛的作用。

（七）理筋生新、松解粘连的作用

按摩能使血管扩张，加强局部血液循环，改善局部代谢，使局部因气血瘀结而硬结、粘连的腱鞘得以松解，使肌肉与筋膜、韧带与关节囊的粘连分离，从而使机体组织与器官逐渐恢复功能。

（八）对皮肤的作用

按摩可改善皮肤呼吸，提高皮肤温度，增强皮肤的光泽和弹性。按摩首先作用于皮肤，使局部衰老的上皮细胞得以清除，皮肤的呼吸得到改善，从而有利于汗腺和皮脂腺的分泌。按摩可使皮肤产生一种类组织胺的物质，这种物质可使皮肤的毛细血管扩张，血流量增多，皮肤温度提高，有利于改善皮肤的营养，使皮肤润泽且富有弹性。

第二节　按摩的种类及手法

一、按　法

利用指腹或手掌，在患者身体适当部位有节奏地一起一落按下，叫作按法。

【方法】通常用单手按法或双手按法在两肋下或腹部进行按摩，背部或肌肉丰厚的地方还可使用单手加压按法，也就是左手在下，右手轻轻用力压在左手指背上的一种按法；也可以右手在下，左手压在右手指背上。（图 6-2-1）

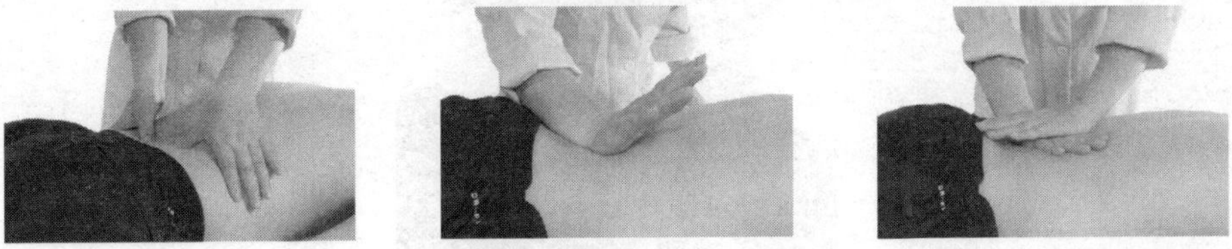

图 6-2-1

二、摩　法

摩，就是抚摩的意思。用手指或手掌在患者身体的适当部位，给以温柔的抚摩，叫作摩法。

【方法】摩法多与按法和推法配合使用，有常用于上肢和肩端的单手摩法和常用于胸部的双手摩法。（图 6-2-2）

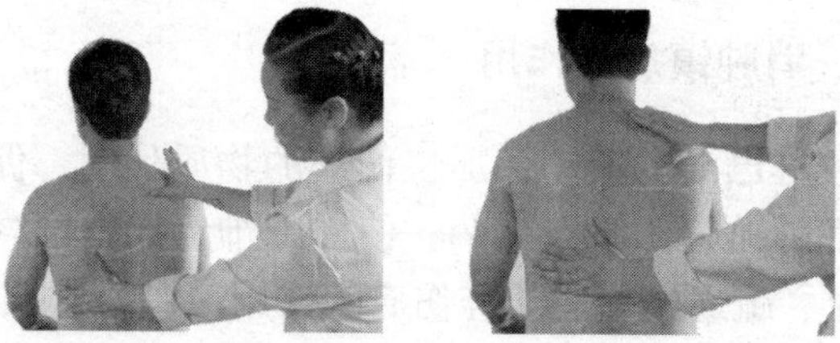

图 6-2-2

三、推　法

用手指或手掌着力于一定部位，然后往前用力推动，叫作推法。推与摩不能分开，推中已包括摩，推、摩常配合一起用。

【方法】用拇指与食指夹持肌肉，为推法中的单手推摩法。把两手集中在一起，使拇指对拇指，其余手指斜向前，两手集中一起往前推动，叫作双手集中推摩法。（图 6-2-3）

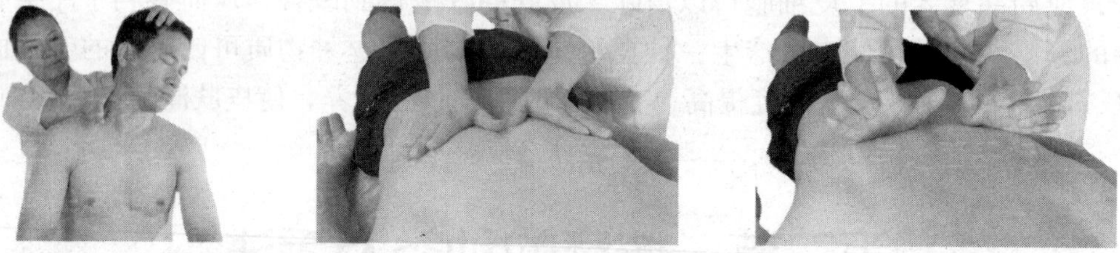

图 6-2-3

四、拿　法

用手指把适当部位的皮肤稍微用力提拿起来，叫作拿法。

【方法】常用的拿法有作用于腿部或肌肉丰厚处的单手拿法。如果患者因紧张、恼怒，突然发生气闷，胸中堵塞，出现类似昏厥的情况，那么可在锁骨上方肩背相连的地方，用单手拿法把肌肉提起来放下，放下再提起，以每秒提拿两下的速度，连拿 20 次，稍作休息，再连拿 20 次，则胸中通畅，气息自渐调和。（图 6-2-4）

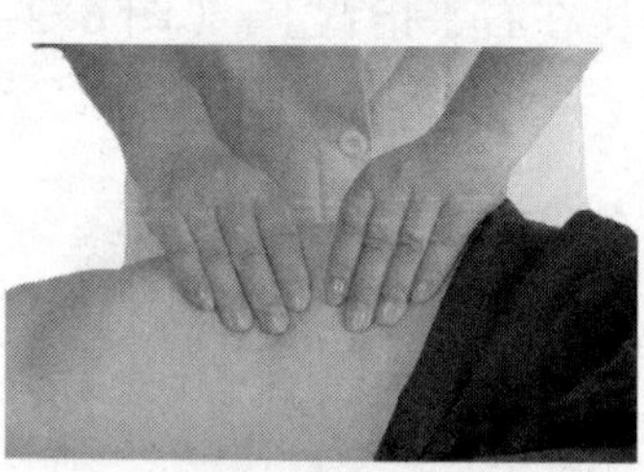

图 6-2-4

五、揉　法

用手贴着患者皮肤做轻微的旋转活动，叫作揉法。

【方法】对于太阳穴等面积小的地方，可用手指揉法；对于背部等面积大的部位，可用手掌揉法；还有单手加压揉法，如揉小腿处，左手按在患者腿肚处，右手则加压在左手背上，进行单手加压揉法；若小腿肚的肌肉丰厚，则可使用双手揉法。（图 6-2-5）

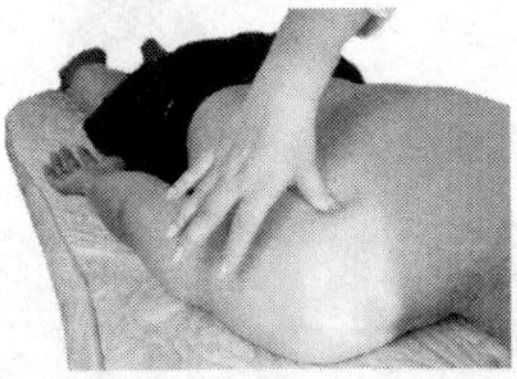
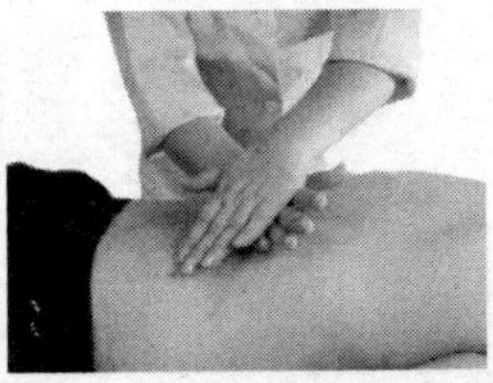

图 6-2-5

六、捏 法

在适当部位，利用手指把皮肤和肌肉从骨面上挤压着捏起来，叫作捏法。

【方法】捏法是按摩中常用的基本手法，它常常与揉法配合进行。捏动时，以腕关节用力为主，指关节连续不断地挤捏，双手同时进行，用力均匀、柔和。（图 6-2-6）

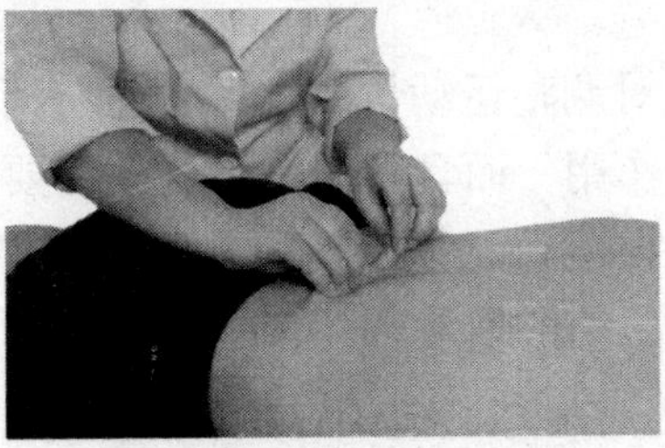

图 6-2-6

七、颤 法

颤法是一种震颤抖动的按摩手法，动作以迅速、短促、均匀为宜。要求平均每秒颤动 10 次左右为宜，也就是一分钟达到 600 次左右为宜。

【方法】将拇指垂直地点在患者痛点，手腕用力颤动，带动拇指产生震颤性的抖动，叫单指颤动法。拇指和食指或食指和中指，放在患者痛处，利用腕力进行颤动，叫双指颤动法。（图 6-2-7）

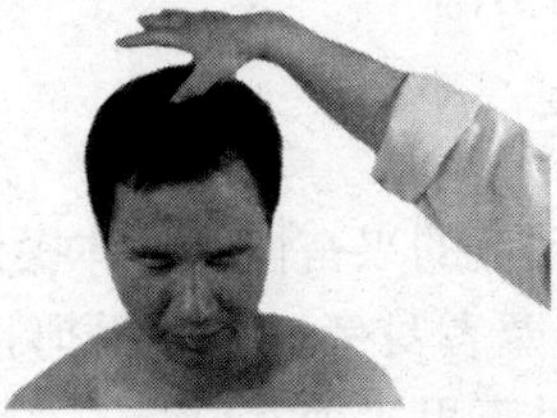
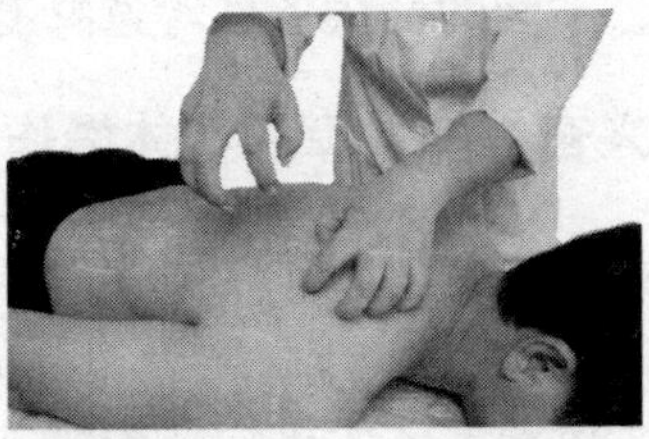

图 6-2-7

八、打 法

打法又叫叩击法。

【方法】打法的手劲要轻重有度、温柔灵活；手法要合适，能给患者以轻松感，否则就是不得法。打法主要用的是双手，常用手法有侧掌切击法、平掌拍击法、横拳叩击法、竖拳叩击法等。（图 6-2-8）

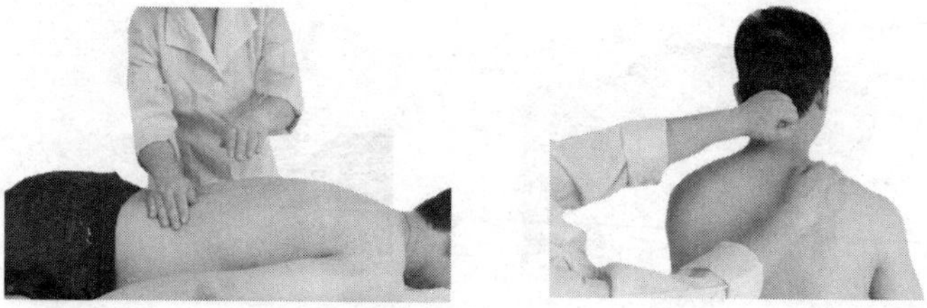

图 6-2-8

第三节 运动按摩

保健按摩在体育运动中对调整运动员的生理功能、消除疲劳、预防运动损伤、提高运动能力等方面起着积极的作用，而且简便易行，不需要特殊设备。保健按摩应用于运动实践中，称为运动按摩。在运动前进行按摩，可作为准备活动的补充；在运动中的间歇进行按摩，可以帮助缓解肌肉的僵硬和痉挛；在运动后进行按摩，可以起到加速消除疲劳的作用。

现将运动按摩分为运动前按摩、运动中按摩、运动后按摩。

一、运动前按摩

运动前按摩是指运动员在比赛前和训练前的按摩。按摩可使韧带的柔韧性和关节的灵活性得到提高，肌肉力量增强，为提高运动能力和创造最佳运动成绩做准备。运动前按摩是预防运动损伤的重要措施，在冬季尤为重要。运动前按摩可以与准备活动结合起来做，也可以在一般准备活动后，结合专项准备活动进行。按摩所需时间为5 ~ 10 分钟，宜在比赛前或训练前的 15 分钟内进行，并要根据赛前运动员的状态、不同的比赛专项、不同的气候条件等选择有关手法。

（一）提高兴奋性的按摩的具体操作方法

运动前用一定的手法进行按摩可以提高运动员的兴奋性，具体操作方法如下：

（1）被按摩者取坐位，按摩者站立于被按摩者身旁，用两手拇指指腹揉攒竹穴、丝竹穴、太阳穴、风池穴、大椎穴、内关穴、足三里穴等穴位。

（2）用较重和快速的手法揉捏和拍击肩部，有力地搓动和抖动上肢，使按摩所产生的机械刺激到达头部，可起到提高中枢神经系统兴奋性的作用。按摩的时间为3 ~ 4 分钟，安排在准备活动以后进行。

（二）缓解紧张情绪的按摩的具体操作方法

运动新手参加比赛，在赛前可能因情绪过度紧张而产生坐立不安、睡眠不良、食欲减退等一系列不良反应。这些不良反应会使运动员动作协调性下降，运动能力减弱，运动成绩下降。可通过按摩帮助运动员缓解比赛前的紧张情绪，具体操作方法如下：

（1）被按摩者取坐位，按摩者站立于被按摩者身旁。按摩时，用力较轻、频率较低、时间较长、按摩的面积较大。根据运动员所参与的项目，对运动时负荷较大的肌肉和关节以揉、捏等手法进行按摩。这些弱刺激使抑制过程扩散，兴奋过程减弱，从而缓解过度紧张的情绪而起到镇静作用。

（2）进行头部按摩也能起到镇静作用。用拇指指腹揉印堂穴、太阳穴各 10 次，并用两手拇指指腹紧贴于印堂穴上方皮肤，然后于眉上方进行来回交叉抹动 10 次，做最后 3 次时，当拇指抹到眉梢时再延伸至太阳穴，并在太阳穴上做回旋，最后向外侧上缘提起。

（3）两手四指紧贴头部两侧，虎口置于前额，用两拇指紧贴额前皮肤，交替向头顶方向抹动，重复 10 次，揉百会穴、风池穴各 5 次。

二、运动中按摩

运动中按摩是利用运动中的间歇来进行按摩，如跳跃、投掷、体操等项目在训练中或比赛中均有间歇。运动中按摩的目的是及时消除疲劳或缓解肌肉僵硬，提高训练时或比赛时的兴奋性。

运动中按摩一般是对负荷较大的肌群进行按摩。根据项目的特点和间歇时间的长短，以及短时间内达到兴奋的目的，可先采用柔和的手法，继而用较重且快速的手法，并着重按摩将承受较大负荷的部位，按摩时间为 3 ~ 4 分钟。

三、运动后按摩

运动后按摩的目的是加速疲劳的消除与体力的恢复，可以在运动的结束阶段一并进行，也可以在运动结束后或洗澡后或晚上临睡前进行。如果运动员处于极度疲劳状态，则应先休息 2 ~ 3 小时再进行按摩。按摩的部位应根据运动项目和疲劳程度而定，一般是按摩运动中负荷最大的部位。若运动后严重疲劳，可采用全身按摩法。

思考题

1. 按摩的生理作用有哪些？
2. 按摩的手法有哪些？
3. 简述运动按摩在运动不同阶段的作用和操作方法。

第七章

武术运动

第一节　武术概述

武术百科

一、武术简介

武术起源于中国，是五千年中华历史文化的结晶，传统的武术产生于民间的健身和自卫活动。武术以技击为主要内容，以套路和格斗为主要运动形式，注重内气外功兼修，具有古老的历史传统和文化内涵。在发明枪炮武器之前，冷兵器武术是主要的斗争形式。从春秋战国到民国时期，民间武术健身的结社组织层出不穷，武术流派林立，兵器多样，世代流传。武术成为民间社交和健身活动的主要形式，流行于全国。中华人民共和国成立以来，武术主要用于科学健身活动，以增强人民体质、提高民族素质为主要目标。近年来，武术逐渐走向世界，吸引了不少外国习武爱好者，此外，一些武术组织经常会举办国际武术比赛。

二、武术的价值

随着体育事业的不断发展，武术作为民族体育中的一种独特的形式，以自己多元的价值功能，在全民健身运动中发挥着越来越重要的作用。其具体价值如下：

（1）健身价值：矫正身体姿态，提高大脑兴奋性，增强肌肉力量，增强关节韧带的柔韧性，提高身体协调性和灵活性及平衡能力。

（2）修身价值：使练习者热爱中国传统武术，培养练习者坚韧、顽强、勇于战胜困难的意志品质和良好的武术道德及团结协作的精神。

（3）观赏、娱乐价值：观赏武术表演和比赛可以提高审美能力和感受力，陶冶情操。

（4）国防价值：提高士兵的擒拿格斗技术、身体素质和战斗力，对社会治安和国防有保障作用。

（5）交流价值：有利于互相交流、切磋武术技艺，促进社会交往，改善人际关系；举办国际武术比赛可加强各国人民之间的友谊、团结，普及武术运动。

第二节 武术基本功

一、手 型

武术基本功的手型见图 7-2-1。

手型

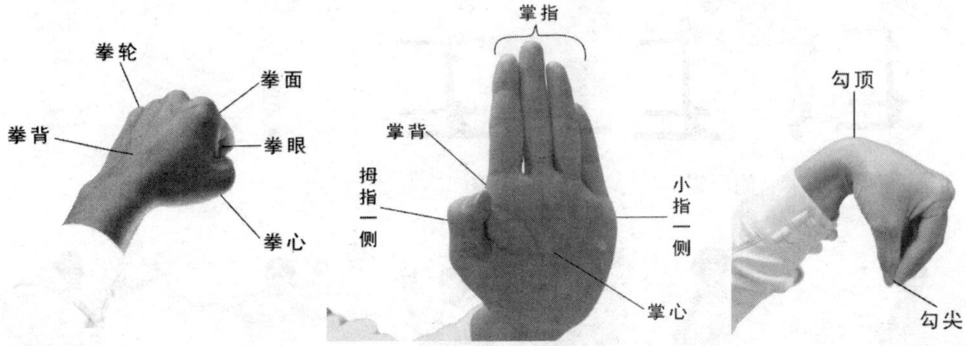

拳 掌 勾

图 7-2-1

二、手 法

武术基本功的手法见图 7-2-2。

手法

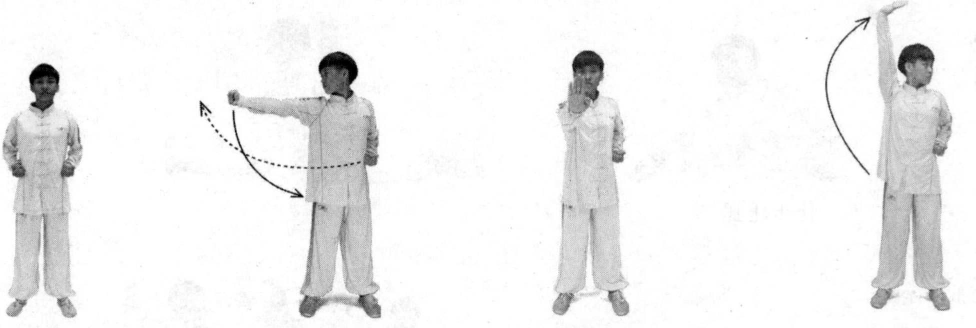

抱 拳 侧冲拳 推 掌 亮 掌

图 7-2-2

三、步 型

武术基本功的步型见图 7-2-3。

步型

弓 步 马 步 仆 步 歇 步 虚 步

图 7-2-3

四、腿 功

武术基本功的腿功见图 7-2-4。

图 7-2-4

五、腰　功

武术基本功的腰功见图 7-2-5。

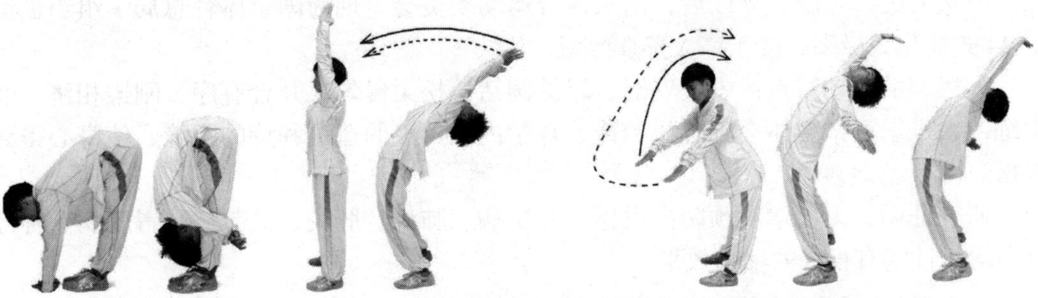

俯　腰　　　甩　腰　　　涮　腰

图 7-2-5

六、肩　功

武术基本功的肩功见图 7-2-6。

压　肩　　　握棍转肩

单臂绕环

图 7-2-6

肩功

第三节　24 式简化太极拳

24 式简化太极拳

一、太极拳概述

太极拳是中国武术的一个重要拳种，是根据我国古代的阴阳学说而命名的。太极拳中所有动作的开合、起落、进退、刚柔、蓄发、顺逆、虚实、曲直等，无不体现出阴阳对立与统一的理念。

太极拳在长期的流传过程中逐渐形成了陈式、杨式、吴式、孙式、武式等功法流派。中华人民共和国成立以后，国家体育运动委员会（现为国家体育总局）组织创编了 24 式简化太极拳，便于广大群众练习。

太极拳的运动特点：中正安舒、轻灵圆活、松柔慢匀、开合有序、刚柔相济。经常练习太极拳可亲身体会到音乐韵律、哲学内涵、美的造型和诗的意境，使身心得到放松。

研究证明，太极拳对预防高血压、心脏病、肺病、肝炎、关节病、胃肠病、神经衰弱等慢性病有很好的辅助效果。

二、24 式简化太极拳动作名称

24 式简化太极拳的动作名称如下：

（1）第一组动作名称依次是起势、左右野马分鬃、白鹤亮翅。

（2）第二组动作名称依次是左右搂膝拗步、手挥琵琶、左右倒卷肱。

（3）第三组动作名称依次是左揽雀尾、右揽雀尾。

（4）第四组动作名称依次是单鞭、云手、单鞭。

（5）第五组动作名称依次是高探马、右蹬脚、双峰贯耳、转身左蹬脚。

（6）第六组动作名称依次是左下势独立、右下势独立。

（7）第七组动作名称依次是左右穿梭、海底针、闪通臂。

（8）第八组动作名称依次是转身搬拦捶、如封似闭、十字手、收势。

三、24 式简化太极拳动作要点

第一组

（一）起　势

面向正南，头颈正直，下颌微收，身体放松，收腹敛臀，气沉丹田，两臂自然垂于体侧。两臂上抬时要配合吸气，两肩下沉，两肘松垂，手指自然弯曲。屈膝、松腰、敛臀，身体重心落于两脚中间。两臂下落与身体下蹲的动作要协调一致。（图 7–3–1）

图 7–3–1

（二）左右野马分鬃

两臂分开时要保持弧形，弓步动作与分手的速度要均匀一致；身体转动时，要以腰为轴带动上肢做动作；移动重心时，上体要保持平稳，不可前俯后仰；胸部要宽松舒展。（图 7–3–2）

图 7–3–2

（三）白鹤亮翅

两手抱球动作与右脚跟进半步要协调一致，重心后移与右手上提、左手下按要协调一致；转动动作要以腰带臂，虚步动作要收腹敛臀，臀部与脚跟保持垂直。（图 7–3–3）

图 7–3–3

第二组

（四）左右搂膝拗步

腿成弓步的同时，手掌向前推出；身体不可前俯后仰，要松腰松胯；推掌时，要沉肩垂肘、坐腕舒掌，同时须与松腰、弓腿上下协调一致；成弓步时，两脚脚跟的横向距离约为 30 厘米。（图 7–3–4）

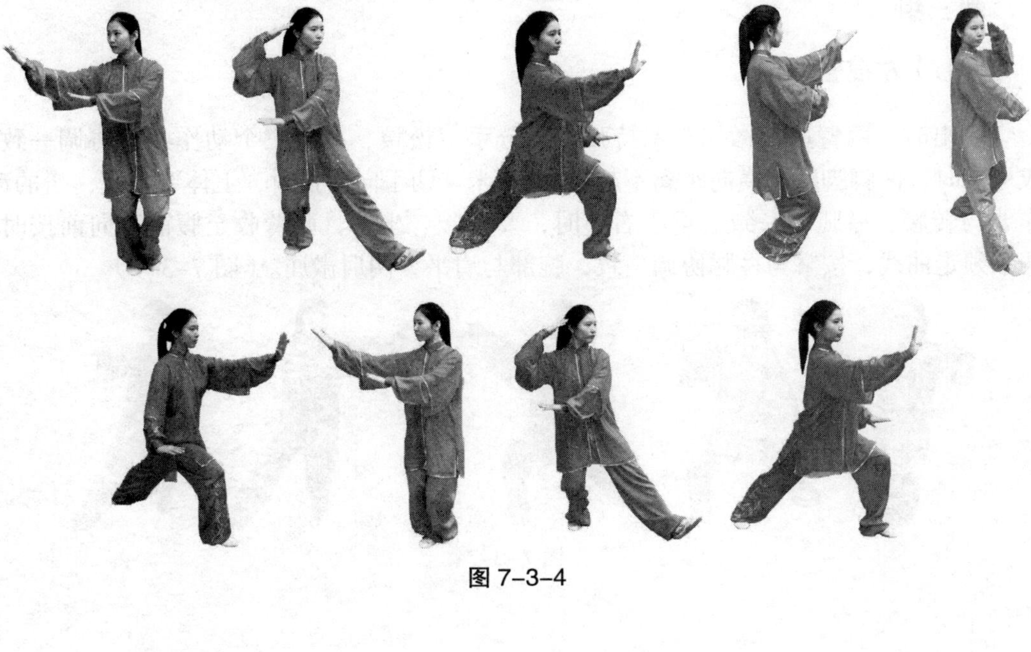

图 7–3–4

（五）手挥琵琶

以身体重心的转换带动上肢动作，上下协调一致；左手上起时，要由左向上、向前，微带弧形；身体姿势要平稳自然，沉肩垂肘，胸部放松。（图 7–3–5）

图 7–3–5

（六）左右倒卷肱

前推的手臂微屈，后撤的手随转体走弧线；前推时，要转腰松胯，两手运动的速度要一致；转体时，前脚以脚掌为轴扭正；退左脚时略向左后倾斜，退右脚时略向右后斜，避免使两脚落在一条直线上。（图 7–3–6）

图 7–3–6

第三组

（七）左揽雀尾

掤出时，两臂肘部微屈，保持弧形；分手、松腰、弓腿三个动作必须协调一致；成弓步时，两脚脚跟的横向距离不超过 10 厘米。两手向前挤时，上体要正直；挤的动作要与转腰、弓腿相一致。重心右移时，要松腰、坐胯，两臂收至腹前；向前按时，两手须走曲线，按掌与弓腿协调一致，腕部与肩平，两肘微屈。（图 7–3–7）

图 7–3–7

图 7-3-7（续）

（八）右揽雀尾

动作方法与左揽雀尾相同，只是方向相反。（图 7-3-8）

图 7-3-8

第四组

（九）单　鞭

完成定势时，右肘稍下垂，左肘与左膝上下相对，两肩下沉；左手向外翻掌前推时，要随转体边翻边推出，不要翻掌太快或最后突然翻掌；全部过渡动作上下要协调一致。面向南起势，单鞭的方向（左脚脚尖）应向东偏北约 15°。（图 7-3-9）

图 7-3-9

（十）云　手

身体转动要以腰脊为轴，松腰松胯，不可忽高忽低；两臂随腰转动而运转，动作自然圆活，速度缓慢均匀；下肢移动时，重心要稳，两脚先脚掌着地再踏实，脚尖向前；视线随左右手的移动而移动；第三个云手的右脚最后跟步时，脚尖微内扣，以便接单鞭动作。（图 7–3–10）

图 7–3–10

（十一）单　鞭

与前“单鞭”相同。（图 7–3–9）

第五组

（十二）高探马

上体左转与推右掌、收左掌协调一致；跟步转换重心时，上体保持自然正直，不要有起伏。（图 7–3–11）

（十三）右蹬脚

两手分开时，腕部与肩平齐；蹬脚时，左腿微屈，右脚脚尖回勾，力达脚跟；分手与蹬脚要协调一致，右臂与右腿上下相对。面向南起势，蹬脚方向应为正东偏南约 30°。（图 7–3–12）

图 7–3–11

图 7–3–12

（十四）双峰贯耳

完成定势时，头颈正直，松腰松胯，两拳松握，沉肩垂肘，两臂均保持弧形。“双峰贯耳”式的弓步和身体方向与“右蹬脚”方向相同。成弓步时，两脚脚跟横向距离约为 30 厘米。（图 7–3–13）

（十五）转身左蹬脚

动作与“右蹬脚”相同，只是左右方向相反。左蹬脚方向与右蹬脚方向成 180°角，即正西偏北约 30° 。（图 7–3–14）

图 7–3–13

图 7–3–14

第六组

（十六）左下势独立

左手与左小腿回收要协调一致；做仆步时，左脚脚尖和右脚脚跟均踏在中轴线上。上体要正直，独立的腿微屈，右腿提起时左手上挑。（图 7–3–15）

图 7–3–15

（十七）右下势独立

右脚脚尖触地后再提起向下仆腿。其他动作均与“左下势独立”相同，只是左右相反。（图 7–3–16）

图 7–3–16

第七组

（十八）左右穿梭

左右穿梭时所面对的方向分别为前方左斜约 30° 和前方右斜约 30°；架掌、推掌与弓腿动作要协调一致；上体保持正直。（图 7–3–17）

图 7–3–17

（十九）海底针

身体要先向右转再向左转，完成姿势后面向西，上体微前倾。（图 7–3–18）

（二十）闪通臂

推掌、架掌与弓腿动作要协调一致；成弓步时，两脚脚跟的横向距离同“揽雀尾”，即不超过 10 厘米。（图 7–3–19）

图 7–3–18

图 7–3–19

第八组

（二十一）转身搬拦捶

向前冲拳时，右肩随拳略向前引伸；沉肩垂肘，右臂要微屈。（图 7–3–20）

（二十二）如封似闭

身体后坐时，应避免后仰，臀部不可凸出；两臂随身体回收时，肩部和肘部略向外松开，不要直着抽回；两手推出时的间距不要超过肩宽。（图 7–3–21）

图 7-3-20

图 7-3-21

（二十三）十字手

两手分开与合抱时，上体不要前俯；站起后，上体自然正直，头要微向上顶，下颌稍向后收；两臂环抱时要圆满舒适、沉肩垂肘。（图 7-3-22）

（二十四）收　势

两手左右分开下落时，全身要放松，同时气徐徐下沉（呼气略加长）。待呼吸平稳后，左脚收到右脚旁。（图 7-3-23）

图 7-3-22

图 7-3-23

第四节　初级长拳（第三路）

一、长拳概述

长拳是在查拳、华拳、花拳、洪拳、炮拳、少林拳等传统拳术的基础上，根据其风格特点综合整理创编而成，而后逐渐发展起来的一种影响广泛的拳术，其主要特点是动作舒展大方、姿势雄壮、精神勇往、力法快长。长拳讲究动迅静定、快速灵活、刚劲勇猛、节奏鲜明；在技击上讲究放长击远，出拳要拧腰送肩，以发挥“一寸长，一寸强”的优势。练习长拳能够有效地提高人的柔韧、力量、耐力、协调、灵敏等身体素质。

二、初级长拳（第三路）动作名称

初级长拳（第三路）动作名称如下：

（1）预备动作：虚步亮掌、并步对拳。

（2）第一段：弓步冲拳、弹腿冲拳、马步冲拳、弓步冲拳、弹腿冲拳、大跃步前穿、弓步击掌、马步架掌。

（3）第二段：虚步栽拳、提膝穿掌、仆步穿掌、虚步挑掌、马步击掌、插步双摆掌、弓步击掌、转身踢腿马步盘肘。

（4）第三段：歇步抡砸拳、仆步亮掌、弓步劈拳、换跳步弓步冲拳、马步冲拳、弓步下冲拳、插步亮掌侧踹腿、虚步挑拳。

（5）第四段：弓步顶肘、转身左拍脚、右拍脚、腾空飞脚、歇步下冲拳、仆步抡劈拳、提膝挑掌、提膝劈掌弓步冲拳。

（6）结束动作：虚步亮掌、并步对拳。

（7）还原。

三、初级长拳（第三路）动作要点

（一）预备动作

面向正南，头要端正，下颌微收，挺胸、塌腰、收腹。（图 7-4-1）

1. 虚步亮掌

三个动作必须连贯。成虚步时，重心落于右腿上，右大腿与地面平行；左腿微屈，脚尖点地。（图 7-4-2）

图 7-4-1

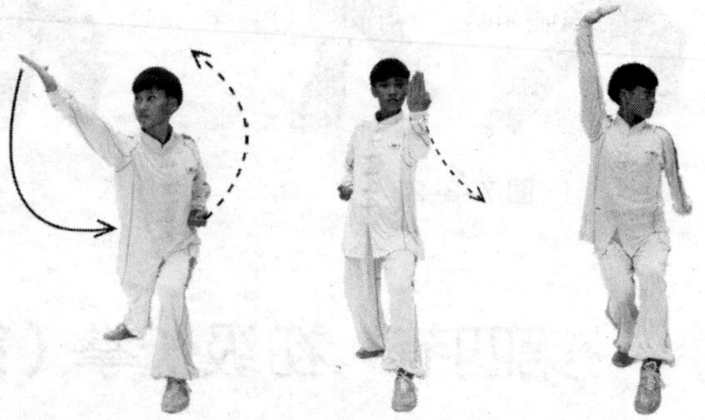

图 7-4-2

2. 并步对拳

并步后，挺胸，塌腰；对拳、并步、转头要同时完成。（图 7-4-3）

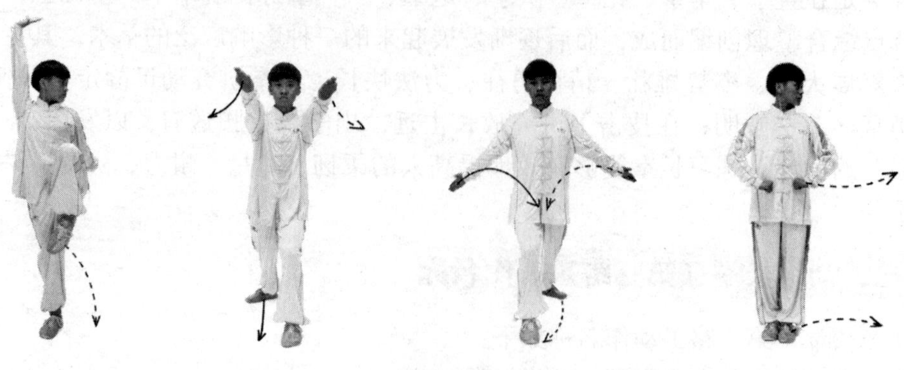

图 7-4-3

（二）第一段

1. 弓步冲拳

成弓步时，右腿充分蹬直，脚跟不要离地；冲拳时，尽量转腰送肩。（图 7–4–4）

2. 弹腿冲拳

弹出的腿要有爆发力，力达脚尖；弹腿与冲拳要协调、同时完成。（图 7–4–5）

3. 马步冲拳

成马步时，大腿要与地面平行，脚跟外蹬，挺胸，塌腰。（图 7–4–6）

图 7–4–4

图 7–4–5

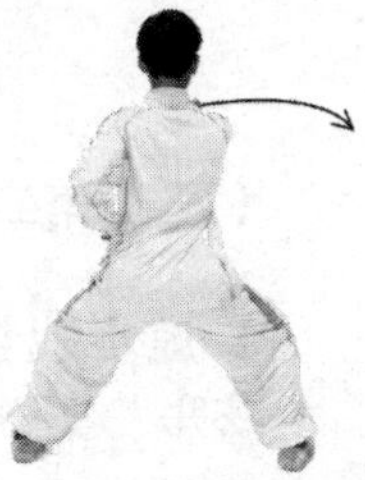

图 7–4–6

4. 弓步冲拳

与本段的“弓步冲拳”相同，只是左右相反。（图 7–4–7）

5. 弹腿冲拳

与本段的“弹腿冲拳”相同，只是左右相反。（图 7–4–8）

图 7–4–7

图 7–4–8

6. 大跃步前穿

跃步要远，落地要轻，整个动作要协调、连贯。（图 7–4–9）

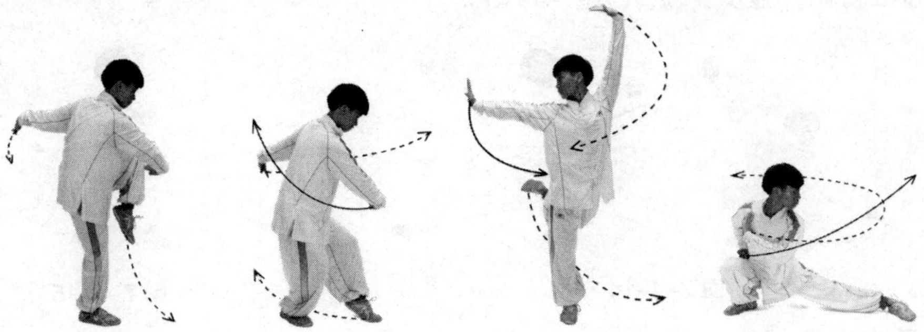

图 7–4–9

7. 弓步击掌

成左弓步时，右腿要蹬直。（图 7–4–10）

8. **马步架掌**

成马步时，大腿要与地面平行，抖腕、甩头要同时进行。(图 7-4-11)

图 7-4-10

图 7-4-11

(三)第二段

1. **虚步栽拳**

落步、架拳、栽拳、转头要同时完成。(图 7-4-12)

2. **提膝穿掌**

提膝时，支撑腿与右臂充分伸直。(图 7-4-13)

图 7-4-12

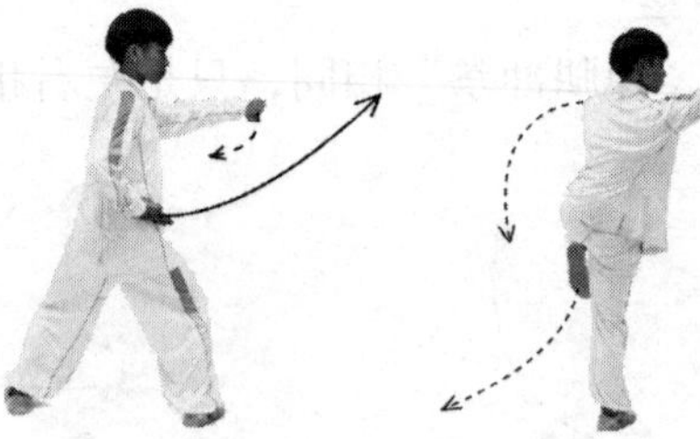

图 7-4-13

3. **仆步穿掌**

成左仆步时，左腿要伸直。(图 7-4-14)

4. **虚步挑掌**

上步要协调，虚步要稳。(图 7-4-15)

图 7-4-14

图 7-4-15

5. **马步击掌**

右掌搂手时，先使臂内旋、腕伸直，手掌向下、向外转；接着臂外旋，掌心经下向上翻转，同时抓握成拳。收拳与击掌的动作要同时进行。(图 7-4-16)

图 7-4-16

6. 插步双摆掌

两臂摆动时要画立圆，幅度要大，摆掌与后插步要上下协调一致。（图 7-4-17）

7. 弓步击掌

弓步击掌时，左手掌心朝前，右手勾手朝上。（图 7-4-18）

图 7-4-17

图 7-4-18

8. 转身踢腿马步盘肘

两臂抡动时要画立圆，动作要连贯；盘肘时要快速有力，右臂要前送。（图 7-4-19）

图 7-4-19

（四）第三段

1. 歇步抡砸拳

抡臂动作要连贯完成，画立圆；成歇步时，两腿交叉前蹲，左腿的大小腿靠紧，臀部贴于左小腿外侧，左膝在右小腿外侧，左脚脚跟提起；右脚脚尖外撇，全脚掌着地。（图 7-4-20）

图 7-4-20

2. 仆步亮掌

落步下蹲时，先成右仆步，然后迅速过渡成左仆步。成左仆步时，左腿充分伸直，左脚脚尖内扣，右腿前蹲，两脚全脚掌着地；上体挺胸，塌腰，稍左转。（图 7-4-21）

图 7-4-21

3. 弓步劈拳

左、右脚上步时要稍带弧形。（图 7-4-22）

图 7-4-22

4. 换跳步弓步冲拳

换跳步动作要连贯、协调；震脚时，腿要弯曲，全脚掌着地；左脚抬离地面不要过高。（图 7-4-23）

图 7-4-23

5. 马步冲拳

成马步时，大腿要与地面平行。（图 7-4-24）

6. 弓步下冲拳

右脚脚趾外蹬，挺胸，塌腰。（图 7-4-25）

图 7-4-24

图 7-4-25

7. 插步亮掌侧踹腿

插步时，上体稍向右倾斜，腿部与臂部的动作要一致；侧踹高度不能低于腰，力达脚跟。（图 7-4-26）

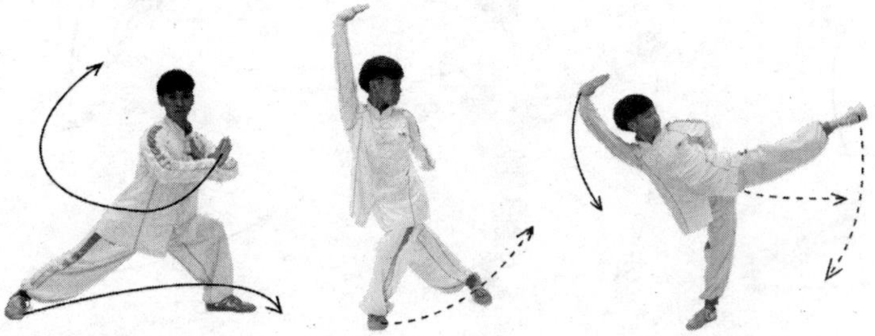

图 7-4-26

8. 虚步挑拳

成虚步时要虚实分明。（图 7-4-27）

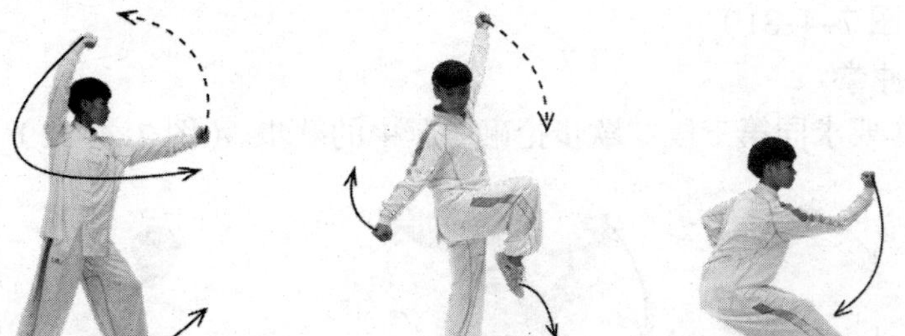

图 7-4-27

（五）第四段

1. 弓步顶肘

交换步时，不要跳得过高，但要快；两臂抡摆时要画立圆。（图 7-4-28）

图 7-4-28

2. 转身左拍脚

右掌拍脚时，手掌稍横过来，拍脚要准而响亮。（图 7-4-29）

3. 右拍脚

与本段的“转身左拍脚”动作相同，只是方向相反。（图 7-4-30）

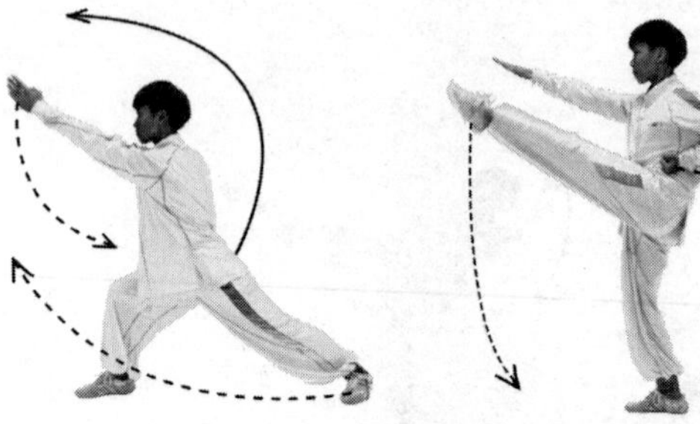

图 7-4-29

图 7-4-30

4. 腾空飞脚

左脚蹬地要向上抬，不要过于向前冲；左膝尽量向上提；击响要在腾空时完成，两臂要伸直。（图 7-4-31）

5. 歇步下冲拳

歇步的动作要求同第三段“歇步抡砸拳”中的歇步。（图 7-4-32）

图 7-4-31

图 7-4-32

6. 仆步抡劈拳

抡臂时一定要画立圆。（图 7-4-33）

图 7-4-33

7. 提膝挑掌

抡臂时要画立圆。（图 7-4-34）

8. 提膝劈掌弓步冲拳

支撑腿要蹬直，提膝腿要绷直脚背。（图 7-4-35）

图 7-4-34

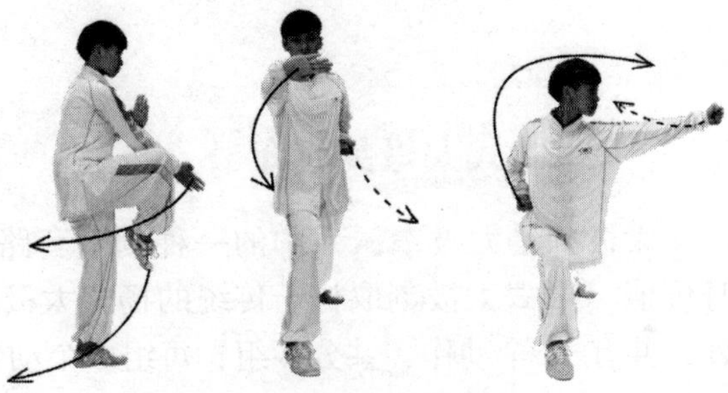

图 7-4-35

（六）结束动作

1. 虚步亮掌

动作要求同预备动作中的“虚步亮掌”。（图 7-4-36）

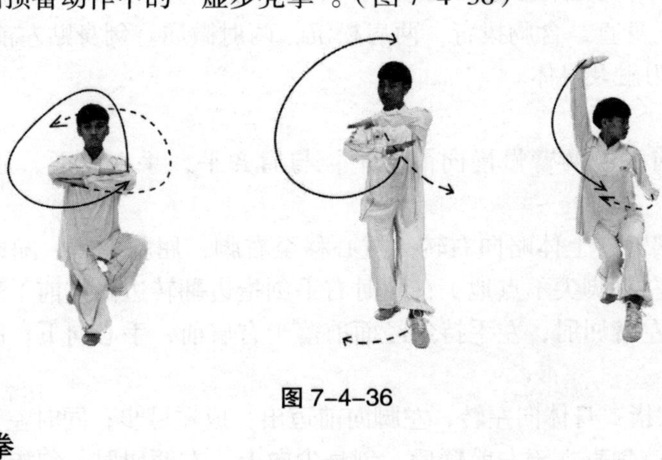

图 7-4-36

2. 并步对拳

动作要求同预备动作中的“并步对拳”。（图 7-4-37）

（七）还　原

两臂垂于体侧，身体正直，两脚并拢。（图 7-4-38）

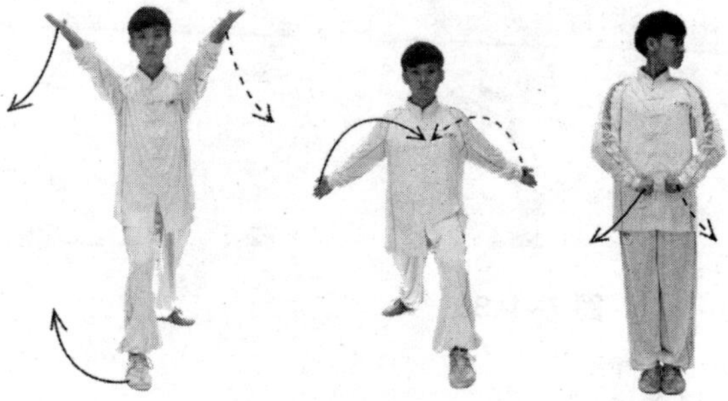

图 7-4-37

图 7-4-38

第五节　32 式太极剑

32 式太极剑

一、32 式太极剑简介

太极剑是太极拳派系中的一种剑术套路。它具有太极拳和剑术的运动特点与健身价值。32 式太极剑取材于传统的杨式太极剑套路，全套动作除“起势”和“收势”外，共有 32 个动作，共分 4 组，每组 8 个动作，往返两个来回。

二、32 式太极剑动作要点

预备式

面前正南，两脚左右开立，身体挺直；两臂自然垂于身体两侧，左手持剑，剑尖向上，右手握成剑指，手心向内；眼平视前方。（图 7-5-1）

图 7-5-1

【要点】头正身直，含胸拔背，两肩松沉，两肘微屈。剑身贴左前臂后侧，不要使剑刃触及身体。

起　势

（1）两臂前举：两臂慢慢向前平举，与肩齐平，手心向下，屈肘，抬前臂。（图7-5-2）

（2）转体摆臂：上体略向右转，重心移至右脚，屈膝下蹲，随即左腿提起，向右腿内侧收拢（左脚脚尖不点地）；同时右手剑指边翻转边由体前下落、经腹前向上举，手心向上，左臂屈肘，左手持剑经面前落于右肩前，手心向下；眼视剑指。（图 7-5-3）

（3）弓步前指：身体向左转，左脚向前迈出，成左弓步；同时左手持剑经体前向左下搂至左胯旁，剑直立于左前臂后，剑身尖向上，右臂屈肘，剑指经耳旁随转体向前指出，指尖自然向上。眼视剑指。（图7-5-4）

（4）盖步穿剑：身体向右转，左臂屈肘上提，左手持剑（手心向下）经胸前从右手上方穿出，右手剑指经下画弧向右上方翻转（手心向上），右臂略屈肘；同时右腿提起向前横落，脚尖外撇，两腿交叉，两膝前后相交，左脚脚跟提起，重心稍下降，成交叉半坐姿势；眼视剑指。（图7–5–5）

（5）弓步接剑：左手持剑稍外旋，手心转下，剑尖略下垂；左脚上步，成左弓步；同时身体左转，右手剑指由头右上方向前落于剑把上，准备接剑；眼平视前方。（图7–5–6）

【要点】两臂前举，肩宜松沉，不能耸起。转体、迈步与两臂动作协调、柔和，弓步时，两脚的横向距离约为30厘米。上体自然挺直，重心移动平稳。

图7–5–2　图7–5–3　图7–5–4　图7–5–5　图7–5–6

第一组

1. 并步点剑

右手松开剑指，虎口对着护手，握住剑把，然后腕关节绕环，使剑在身体左侧画一立圆后向前点出，力达剑尖，左手握成剑指，附于右腕处；同时右脚向左脚靠拢，成并步，身体半蹲；眼视剑尖。（图7–5–7）

【要点】剑身画立圆向前环绕时，两臂不可上举。点剑时，持剑要松活，主要用腕部的环绕带动剑向前下点出。并步时，两脚不宜并紧，两脚脚掌要全部着地，身体略下蹲，身体保持直立。

2. 独立反刺

（1）撤步抽剑：右脚向后方撤步；同时身体重心后移，右手持剑撤至腹前，剑尖略高，左手剑指附于右腕处，随剑后撤。（图7–5–8）

（2）收脚挑剑：身体向右后转，随即左脚收至右脚内侧，脚尖点地；同时，右手持剑继续反手抽撩至右后方，然后右臂外旋，右腕下沉，剑尖上挑，剑身斜立于身体右侧，左手剑指随剑撤于右上臂内侧。（图7–5–9）

（3）提膝反刺：上体左转，左膝提起，成独立步；同时右手持剑上举，使剑经头右侧上方向前反手立剑刺出，手心向外，力注剑尖，左手剑指经额下向前指出，指尖自然向上；眼视剑指。（图7–5–10）

【要点】提膝时，右腿自然直立，左脚脚背展平，小腿和脚掌微内扣护裆，左膝要朝向正前方，与左肘上下相对，不要偏向右侧，要独立稳定。刺剑是使剑通过伸臂刺出，力贯剑尖，注意避免将剑身由下向上托起的错误做法。

图 7-5-7

图 7-5-8

图 7-5-9

图 7-5-10

3. 仆步横扫

（1）撤步劈剑：接上式，左脚向前落步，上体向右后转，剑随转体向右后方劈下，右臂与剑平直，左手剑指落于右腕处；在转体的同时，右腿屈膝，左腿向左后方撤步，膝部伸直；眼视剑尖。（图7-5-11）

（2）仆步横扫：身体左转，左手剑指经体前沿左肋向后反插，并向左上方画弧举起，手心斜向上，右手持剑，手心转向上，使剑由下向左前方画弧平扫，与胸齐平；右膝弯曲下蹲，成半仆步，随着重心逐渐左移，左脚脚尖外撇，左腿屈膝，成左弓步；眼视剑尖。（图 7-5-12）

【要点】劈剑与扫剑转换过程中应成半蹲仆步，也可成全蹲仆步，身体应保持直立。扫剑时，持剑要平稳，画一个由高到低（与膝或与踝同高）再到高的弧线，力在剑刃，不要做成拦腰平扫。

4. 向右平带

右脚提起收至左脚内侧（脚尖不点地）；同时右手持剑稍向内收引，左手剑指落于右腕处；右脚向右前方迈出一步，脚跟着地；同时右手持剑略向前引伸，左手剑指仍附于右腕处；重心前移，右脚踏实成右弓步；右手持剑，手心翻转向下，向右后方斜带，左手剑指仍附于右腕处；眼视剑尖。（图 7-5-13）

【要点】带剑时，剑应边翻转边斜带，剑把左右摆动的幅度要大，而剑尖则始终控制在体前中线附近，力在剑刃，不要过多地左右摆动；剑的回带与弓步要协调一致；带剑时，应注意由前向后带，不要横向右推或做成扫剑。

5. 向左平带

右手持剑，屈臂后收；同时左脚提起收至右脚内侧（脚尖不点地），再向左前方上步，脚跟着地，成左弓步；右手持剑向前伸展，再翻腕将剑向左后方弧线平剑回带，至左肋前方，力在剑刃；同时左手剑指翻转收至腰间，再继续向左上方画弧举至额左上方，手心斜向上；眼视剑尖。（图 7-5-14）

【要点】同“向右平带”，唯左右相反。

图 7-5-11　图 7-5-12　图 7-5-13　图 7-5-14

6. 独立抡劈

（1）转体抡剑：右脚收至左脚内侧，脚尖着地；身体左转，右手持剑由前向下、向后画弧，横剑于体前上方，左手剑指下落，两手交叉于腹前；眼视左后方。（图7-5-15、图7-5-16）

（2）独立劈剑：右脚向前上步踏实，左腿屈膝上提，成右独立步；同时右手内旋上举，持剑画弧举于头上方，再向前下方立剑劈下，力在剑刃，右臂与剑呈一条斜线，左手剑指向后、向上画弧举至左上方，手心斜向上；眼视前下方。（图7-5-17）

【要点】抡剑、举剑、劈剑的动作应连贯，抡剑应绕立圆，并与转腰、旋臂、独立协调一致、连贯不停。左手的运动要与持剑的右手相互配合，当右手持剑向前下方劈出时，左手剑指由后向上画弧至头侧上方，两手一上一下、一前一后地对称交叉画立圆。

7. 退步回抽

左脚向后落下，右手持剑外旋上提再回抽，剑把收于左肋旁，手心向内，剑尖斜向上，左手剑指落于剑把上；同时重心后移，右脚随即撤回半步，成右虚步；眼视剑尖。（图 7-5-18）

【要点】抽剑时，立剑由前向后画弧抽回，力点沿剑刃滑动，右手手心先翻转向上将剑略向上提，随后由体前向后画弧收至右肋旁，避免将剑直线抽回。左脚后落的步幅不要过小，重心前后移动要充分，两腿虚实要分明。定势时，两臂撑圆合抱，上体左转，剑尖斜向右上方，两肩要松沉，不可紧贴身体。

8. 独立上刺

身体微向右转，面向前方，右脚稍向前上步踏实，左腿屈膝提起；同时，右手持剑向前上方刺出（手心向上），力贯剑尖，高与头平，左手剑指附在右腕处；眼视剑尖。（图 7-5-19）

【要点】右脚上步的步幅不要超过一脚长，向上刺剑时，手与肩同高，两臂微屈。趁上刺之势，上体可微向前倾，不要耸肩、驼背。

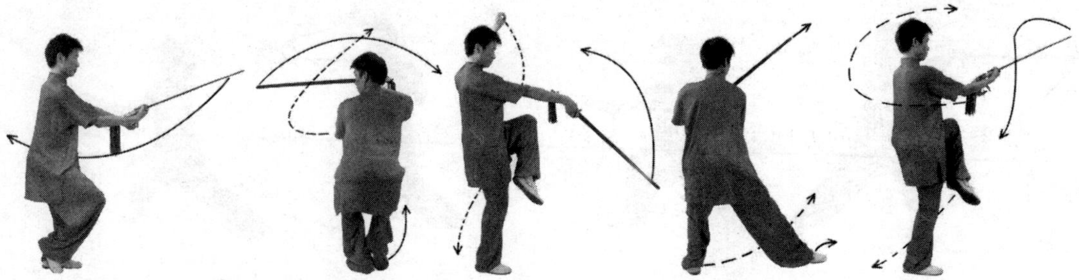

图 7-5-15　图 7-5-16　图 7-5-17　图 7-5-18　图 7-5-19

第二组

9. 虚步下截

左脚向左后方落步，右脚随即微向后收，脚尖点地，成右虚步；同时右手持剑随转体向左平摆，再随身体右转经体前向右、向下截按，剑尖略下垂，高与膝平，左手剑指向左、向上绕举于头左上方（手心斜向上）；眼平视右前方。（图 7-5-20）

【要点】下截剑时，主要用转体挥臂来带动剑向右下方截出，身、剑、手、脚要协调一致，剑身置于身体右侧。右虚步的方向为偏左约 30°，转头目视的方向是偏右约 45°。

10. 左弓步刺

（1）退步提剑：右脚向后退一步，重心右移，身体右转；右手持剑向体前提起，高与胸平，剑尖指向左前方约30°，再经头前后抽，手心翻转向外，左手剑指附于右腕处并随剑一起回撤；眼视剑尖。（图7-5-21）

（2）弓步平刺：身体左转，左脚收至右脚内侧（脚尖不点地），再向左前方迈出，脚跟着地，重心前移，成左弓步；上体左转，右手持剑收于右侧腰间，再向左前方刺出，手心向上，力注剑尖，左手剑指向下、向左、向上绕至左上方，手心斜向上，臂要撑圆；眼视剑尖。（图7-5-22）

【要点】右手持剑向下卷收时，前臂外旋，使手心转向上；同时仍要控制住剑身，使剑尖指向将要刺出的方向。全过程要在转腰的带动下圆活、连贯、自然地完成。

图 7-5-20　图 7-5-21　图 7-5-22

11. 转身斜带

（1）扣脚收剑：重心后移，左脚脚尖内扣，上体右转；右手持剑屈臂后收，横置头前，手心向上，左手剑指落于右腕处；提脚转体，重心再移至左脚；右脚提起，贴在左小腿内侧；剑向左前方伸送；眼视剑尖。（图7-5-23）

（2）弓步右带：身体向右后转，右脚向右前方迈出，成右弓步；右手持剑内旋翻转，手心向下，向右平带（剑尖略高），力在剑刃，左手剑指仍附于右腕处；眼视剑尖。（图7-5-24）

【要点】弓步的方向为中线偏右约30°，斜带是指剑的走向。

图 7-5-23

7 -5-24

12. 缩身斜带

左脚提起后再向原位置落下，身体重心移至左脚，右脚随即收到左脚内侧，脚尖点地，成丁步；右手持剑向前微送，再翻转，手心向上，将剑向左平带（剑尖略高），力在剑刃，左手剑指屈腕经左肋反插，向身后穿出，再向上、向前画弧落于右腕处；眼视剑尖。（图 7-5-25）

【要点】收剑时，上体挺直，稍向右转。送剑时，上体略向前探，送剑方向与丁步方向相同。收脚带剑时，身体向左转，重心落于左腿；要保持上体挺直，松腰松胯，臀部不可外凸。

13. 提膝捧剑

（1）虚步分剑：右脚后退一步，重心后移，左脚微后撤，脚尖着地成虚步；两手向前伸送，再向两侧分开，两手手心都向下，剑斜置于身体右侧，剑尖向前。（图7-5-26）

（2）提膝捧剑：左脚略向前垫步，右膝向前提起，成独立步；右手持剑翻转向体前画弧摆送，左手剑指也摆向体前，附于剑把上，两臂微屈，剑身直向前方，剑尖略高；眼视前方。（图7-5-27）

【要点】右脚退步要略偏向右后方，上体转向前方。两手向体前摆送要走弧线，先微向外，再向内，在胸前相合。捧剑时，两臂微屈，剑把与胸部同高。

图 7-5-25

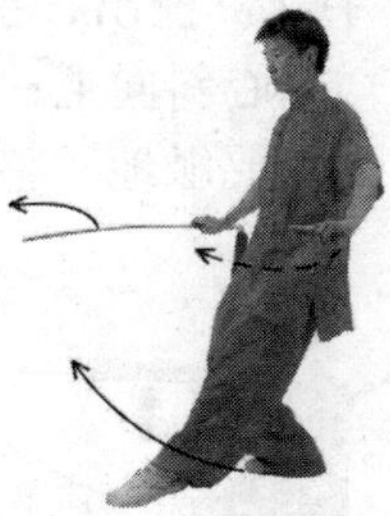

图 7-5-26

图 7-5-27

14. 跳步平刺

（1）捧剑前刺：右脚向前落下，重心前移，左脚离地；同时两手捧剑微向下、向

后收至腹前，再两手捧剑向前伸刺。（图7–5–28）

（2）跳步分剑：右脚蹬地，左脚随即前跨一步踏实，右脚在左脚即将落地时迅速向左小腿内侧收拢；同时，两手分撤至身体两侧，手心都向下。（图7–5–29）

（3）弓步平刺：右脚向前上步，重心前移，成右弓步；右手持剑向前平刺（手心向上），左手剑指绕举至额左上方，手心斜向上；眼视剑尖。（图7–5–30）

【要点】向前跳步时，动作要轻灵、柔和。刺剑、分剑、再刺剑这三个动作要连贯，上下肢配合要协调一致。

图 7–5–28

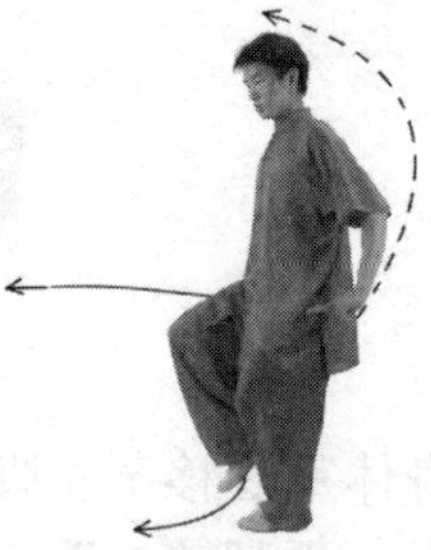
图 7–5–29

图 7–5–30

15. 左虚步撩

（1）收脚绕剑：重心后移，上体左转，右脚收至左脚前，脚尖点地；同时，右手持剑随转体向上、向后画弧，剑把落至左侧腰间，剑尖斜向上，左手剑指落于右腕处。（图7–5–31）

（2）上步左撩：上体微右转，右脚向前垫步，脚尖外撇，上体继续右转，重心前移至右脚，左脚进步，成左虚步；右手持剑随身体转动，立剑向下、向前撩出，手心向外，停于右额前，剑尖略低，左手剑指仍附于右腕处；眼视剑尖。（图7–5–32）

【要点】剑运行的路线，一要贴身，二要画立圆，同时右前臂内旋，右手心转向外，虎口朝下，活握剑把，力达剑的前端。整个撩剑的动作要在身体左旋右转的带动下完成，要协调完整、连贯圆活，不要做成举剑拦架的动作。

16. 右弓步撩

（1）转体绕剑：身体右转，同时右手持剑向后画圆回绕，剑身在身体右侧，与地面平行，手心向外，左手剑指随剑绕行，收于右肩前。（图7–5–33）

（2）上步右撩：身体微左转，左脚向前垫步，脚尖外撇，右脚前进一步，重心前移，成右弓步；右手持剑由下向前反手立剑撩出，手心向外，高与肩平，剑尖略低，左手剑指经腹前再向上绕至额左上方，手心斜向上；眼视剑尖。（图7–5–34）

【要点】持剑手要灵活握把，剑尖不要触地，整个动作要连贯圆活。

图 7–5–31

图 7–5–32

图 7–5–33

图 7–5–34

第三组

17. 转身回抽

（1）转体收剑：身体左转，左腿屈膝，重心移至左脚，右脚脚尖稍内扣；右臂屈肘将剑收到体前，剑尖指向右下，左手剑指落于右腕处；眼视剑尖。（图7–5–35）

（2）弓步劈剑：身体继续左转，左脚脚尖外撇，右腿自然蹬直，成左弓步；同时右手持剑向左下方劈下；眼视剑尖。（图7–5–36）

（3）虚步前指：重心移至右脚，右膝弯曲，上体稍向左转，左脚撤半步，成左虚步；右手持剑抽至右胯后，剑身斜置于身体右侧，剑尖略高，左手剑指随右手后收；后坐抽剑，再向前指出，高约与眼齐；眼视剑指。（图7–5–37）

【要点】剑指向前指出、左脚脚尖点地成虚步、上体向左回转，三者要协调一致。虚步的方向和剑指所指的方向为中线偏右约30°。下抽剑时，要立剑向下、向后走弧线抽回，下剑刃着力。

18. 并步平刺

左脚略向左移，身体左转，右脚向左脚并步；左手剑指内旋并向左画弧，右手持剑外旋翻转，经腰间向前平刺，左手剑指经腰间附在右腕处；眼视剑尖。（图7–5–38）

【要点】刺剑与并步要协调一致，方向正中；剑刺出后，两臂要微屈，两肩要松沉。

图7–5–35

图7–5–36

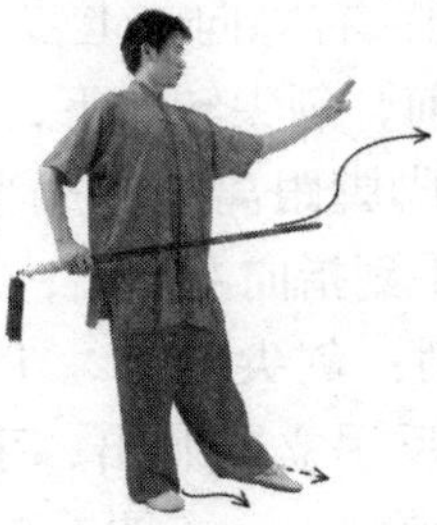
图7–5–37

图7–5–38

19. 左弓步拦

（1）转体绕剑：右脚脚尖外撇，左脚脚跟外展，身体右转，两腿屈蹲；右手持剑，手心转朝外，随转体由前向上、向右绕转，左手变剑指附于右腕处，随右手绕转。（图7–5–39）

（2）上步拦剑：左脚向左前方上步，脚跟着地，身体左转，重心前移，成左弓步；右手持剑由右向下、向左前方拦架，力在剑刃，剑与头平，剑尖略低，右臂外旋，手心斜向外，左手剑指向下、向左上绕，举于头部左上方；眼视剑尖。（图7–5–40）

【要点】绕剑时，以剑把领先，转腰挥臂，剑身贴近身体向左侧画立圆。拦剑时，反手用剑下刃由下向前上方拦架，力在剑刃，剑要在身体右侧随身体右旋左转，贴身绕一个完整的立圆，右手位于左额前方，剑尖位于中线附近。

20. 右弓步拦

重心略后移，左脚脚尖外撇，身体先微向左转再向右转，右脚经左脚内侧向右前方迈出一步，成右弓步；右手持剑在身体左侧画一个完整的立圆，再向右上方托起拦出，手心向外，略高于头部，剑尖略低，剑身斜向内，左手剑指附于右腕处；

眼视前方。（图 7-5-41）

【要点】与"左弓步拦"相同，只是左右相反。弓步方向为中线偏右约 30°，眼随剑移动。

21. 左弓步拦

重心略后移，右脚脚尖外撇，其余动作与"右弓步拦"相同，只是左右相反。右手剑拦出时，右臂外旋，手心斜向外。（图 7-5-42）

【要点】参看"右弓步拦"。

图 7-5-39　图 7-5-40　图 7-5-41　图 7-5-42

22. 进步反刺

（1）转体后刺：右脚向前上步，脚尖外撇，上体微右转；同时，右手向下屈腕收剑，剑把落在胸前，剑尖转向下，左手剑指也落于右腕处；身体继续右转，两腿交叉，屈膝半蹲，左脚脚跟离地，成半坐盘姿势；右手持剑向后立剑平刺，手心向前（起势方向），左手剑指向左指出，手心向下，两臂伸平；眼视剑尖。（图7-5-43）

（2）弓步反刺：剑尖上挑，上体左转，左脚前进一步，成左弓步；同时右臂屈收，经头侧向前反手立剑刺出，手心向外，剑把略高于头部，剑尖略低，左手剑指收于右腕处；眼视剑尖。（图7-5-44）

【要点】反手刺剑时，右臂、肘关节、腕关节皆先屈后伸，使剑由后向前刺出，力达剑尖。右手位于头前稍偏右，剑尖位于中线，约与面部同高。松腰、松胯，上体挺直，不可做成侧弓步。

23. 反身回劈

右腿屈膝，左脚脚尖内扣，上体右转，重心再移至左脚，右脚提起收至左小腿内侧，随即向右前方迈步，重心前移，成右弓步；右手持剑上举，并随转体向右前方劈下，左手剑指下落至腹前，再向上绕至头部左上方，手心斜向上；眼视剑尖。（图7-5-45）

【要点】左脚脚尖要尽量内扣，右脚提收后不要做成独立步。剑要劈平，剑身与手臂呈一条直线，力在剑尖中段。劈剑与弓步要协调一致，同时完成。

24. 虚步点剑

上体左转，左脚提起向起势方向上步，脚尖外撇，随即右脚上步落在左脚前，脚尖点地，成右虚步；右臂外旋，画弧上举向前下方点出，展臂提腕，力注剑尖；左手剑指下落，经身体左侧向上绕行，在体前与右手相合，附于右腕处；眼视剑尖。（图 7-5-46）

【要点】举剑时，右手略高于头，剑身斜向后下方，剑刃不要触身。虚步和点剑的方向与起势方向相同。点剑时，右手要活握剑把，腕部上提，右臂应先向下沉落，再伸臂提腕，高与肩平；点剑与右脚落地协调一致，同时完成；上体保持挺直。

图 7-5-43

图 7-5-44

图 7-5-45

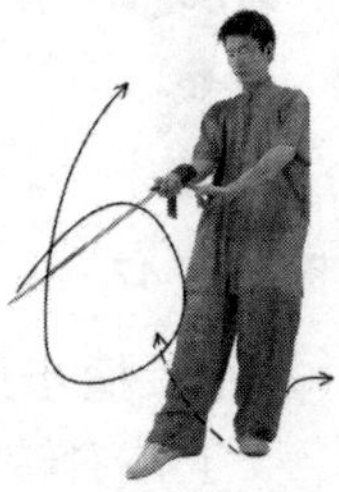
图 7-5-46

（六）第四组

25. 独立平托

右脚向左脚后插步，前脚掌着地，两腿屈膝半蹲，以两脚掌为轴，向右转至面向正西，随即左膝提起，成右独立步；右手持剑在体前由右向上、向左绕环，绕经体前向上托架，剑身水平，稍高于肩，左手剑指附于右腕处，随右手环绕；眼视前方。（图 7-5-47）

【要点】绕剑要与向左插步同时进行；上体保持挺直，并微向左转。托剑时，剑下刃着力，剑由下向上托架。平托剑时，右手要活把握剑，手心向外，举于头侧上方；剑身放平，剑尖朝前。

26. 弓步挂劈

（1）转体挂剑：左脚向前横落，身体左转，两腿交叉，成半坐盘势，右脚脚跟离地；右手持剑经身体左侧向后挂，剑尖向后；左手剑指附于右腕处。（图7-5-48）

（2）弓步劈剑：身体右转，右脚前进一步，重心前移，成右弓步；右手持剑翻腕上举，向前劈下，剑身要平，与肩同高；左手剑指经左后方绕至头部左上方；眼视前方。（图7-5-49）

【要点】挂剑时，腕部先屈，使剑尖转向下，右臂随转体向下、向后摆动，虎口向后，剑尖领先，剑身贴近身体左侧向后挂，剑的运行路线呈立圆。视线随剑移动。

27. 虚步抡劈

（1）转体抡剑：身体右转，右脚脚尖外撇，右腿屈弓，左脚脚跟离地，成交叉步；右手持剑经右向下、向后反抡摆，左手剑指落于右肩前，手心向下；眼视剑尖。（图7-5-50）

（2）虚步劈剑：身体左转，左脚向前上步，脚尖外撇，右脚上步，脚尖着地，成右虚步；同时右手持剑翻劈，抡举至头侧上方，再向前下抡劈，剑尖与膝同高，剑与右臂呈一条直线，左手剑指下落，经腹前翻转画弧，再侧举向上画圆，落于右前臂内侧；眼视前下方。（图 7-5-51）

【要点】抡劈剑时，剑先沿身体右侧抡绕一个立圆，再顺势向前下劈剑，力点仍在剑刃中部。整个动作完整连贯。下劈剑时，剑身与右臂保持一条直线，不要做成点剑。

图 7-5-47

图 7-5-48

图 7-5-49

图 7-5-50

图 7-5-51

28. 撤步反击

上体右转，右脚提起向右方撤一步，随即重心右移，左脚脚跟外展，左腿自然蹬直，成右侧弓步（横裆步）；同时右臂外旋，手心斜向上，同左手剑指一起略向右回收，再向右上方反击，力在剑刃前端，剑尖斜向上，高与头平，左手剑指向左下方回撤，高与腰平，手心向下；眼视剑尖。（图 7-5-52）

【要点】撤步时，右脚脚掌先向后撤，再蹬左腿。反击时，要在向右转体的带动下，将剑向右上方击打，右臂的肘、腕先屈后伸，力达剑前端。分手、弓腿、转体动作要协调一致。

29. 进步平刺

（1）提脚横剑：身体先微向左转，再向右转，左脚提起，收于右小腿内侧；右手持剑先向左摆，再翻掌向右摆，将剑横置于胸前，剑尖向左，左手剑指向上绕经面前落在右肩前，手心向下。（图7-5-53）

（2）弓步平刺：身体左转，左脚向前落步，脚尖外撇，右脚上步，重心前移，成右弓步；右手持剑向下卷裹，收于腰侧，再向前刺出，高与胸平，手心向上，左手剑指经体前顺左肋反插，再向后、向左上绕至头侧上方；眼视剑尖。（图7-5-54）

【要点】以腰带臂，以臂领剑，剑走平弧；剑卷落时，右臂外旋，手心转向上，剑尖指向正前方。刺剑时，转腰顺肩，上体挺直，剑与右臂呈直线。刺剑、弓腿与剑指动作要协调一致。

30. 丁步回抽

重心后移，右脚撤至左脚内侧，脚尖点地，成右丁步；右臂屈肘，右手持剑回抽，手心向内，置于左腹旁，剑身侧立，剑尖斜向上，左手剑指落于右腕处；眼视剑尖。（图 7-5-55）

【要点】抽剑时，右手先外旋，将剑把略向上提，随即向后、向下收至腹旁，使剑走弧线抽回。

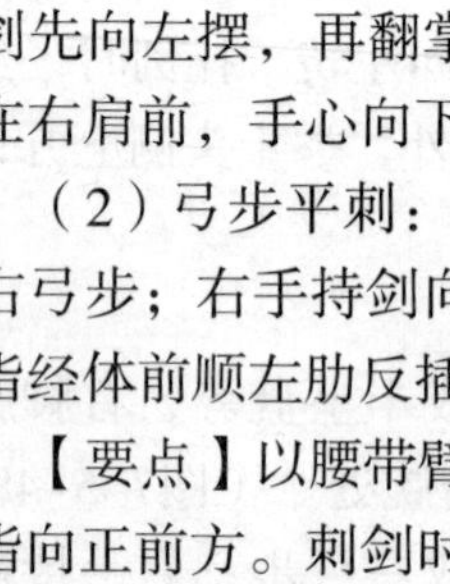
图 7-5-52

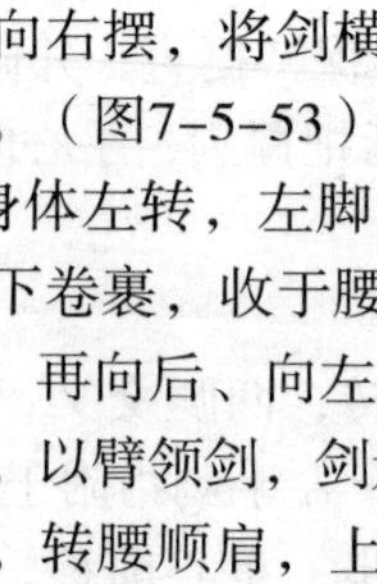
图 7-5-53

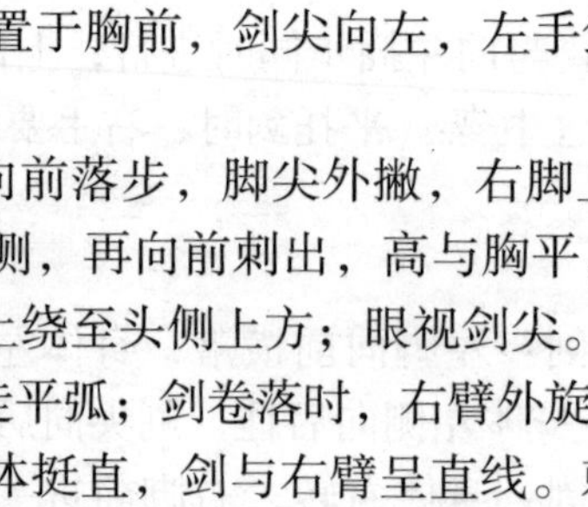
图 7-5-54

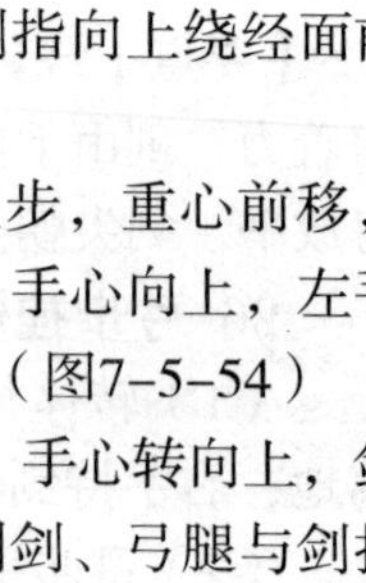
图 7-5-55

31. 旋转平抹

（1）摆步横剑：右脚向前落步，脚尖外撇，上体稍右转；同时右手翻掌向下，剑身横置胸前；左手剑指附于右腕处。（图7-5-56）

（2）扣步抹剑：上体继续右转，左脚向右脚前扣步，两脚脚尖相对，呈八字形；右手持剑随转体由左向右平抹，左手剑指仍附于右腕处。（图7-5-57）

（3）虚步分剑：以左脚脚掌为轴向后转身，右脚随转体后撤一步，重心后移，左脚脚尖点地，成左虚步；右手持剑在转体撤步时继续平抹，左手剑指仍附于右腕处；在变虚步时，两手左右分开，置于胯旁，两手手心都向下，剑身斜置于身体右侧，剑尖位于体前；身体转向起势方向；眼视前方。（图7-5-58）

【要点】身体向右旋转近一周，转身要求平稳连贯、速度均匀，上体保持挺直。摆步和扣步的脚都应落在中线附近，步幅不要超过肩宽。特别是在扣步时，不可扫腿远落，也不要跨越中线过多，否则会使收势回不到原位。撤步要借身体向右旋转之势，以左脚脚掌先着地。摆步时，右脚脚跟先着地；扣步时，左脚脚掌先着地；撤步时，右脚脚掌先着地。

32. 弓步直刺

左脚提起向前落步，重心前移，成左弓步；右手持剑收至腰间，再立剑向前刺出，高与胸平，力注剑尖；左手剑指附在右腕处；眼视前方。（图 7-5-59）

【要点】左脚提起收至右脚内侧后，再向前迈出。左手剑指先收至腰间，再附于右腕处，并随其一起将剑刺出。

图 7-5-56

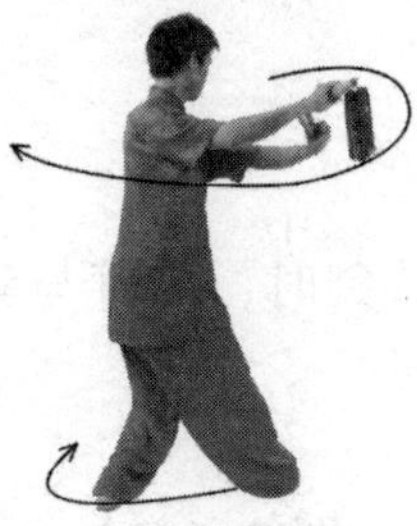

图 7-5-57

图 7-5-58

图 7-5-59

收　势

（1）后坐接剑：重心后移，上体右转；右手持剑随屈臂后引至身体右侧，手心向内，左手剑指随右手屈臂回收，附于剑把，准备接剑；眼视剑柄。（图 7-5-60）

（2）跟步收势：身体左转，重心前移，右脚向前跟步，与左脚平行成开立步；左手接剑上举，经体前垂落于身体左侧，右手变成剑指向下、向后画弧上举，再向前、向下落于身体右侧；眼视前方。还原成预备姿势。（图7-5-61）

【要点】接剑时，左手手心向外，拇指向下，与右手相对；两肘与肩同高，两肩松沉。换握剑后，左手持剑画弧下落与重心前移要协调一致，右手剑指画弧下落与右脚跟进半步要协调一致。

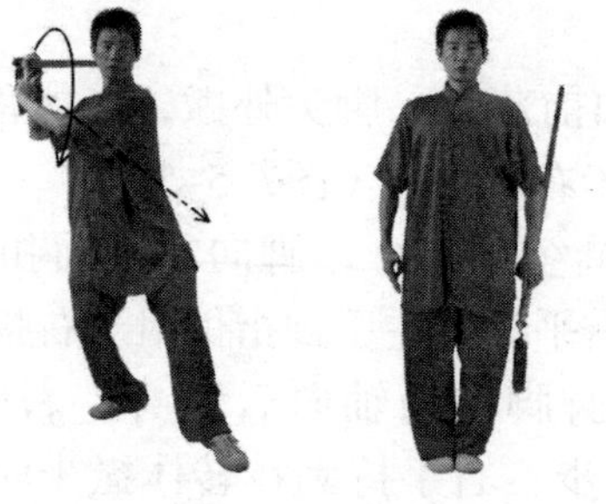

图 7-5-60　图 7-5-61

第六节　初级剑术

一、剑术简介

剑术，古称剑道或剑法，现已成为全民健身的体育活动和用于观赏的表演形式。剑术动作具有优美潇洒、蓄发相间、气势流畅、虚实分明、刚柔相济、动静相兼、灵活多变等特点，长期练剑，既能有效地增强体质，又能充实人们的精神生活，陶冶情操，使人们能够保持乐观的情绪、进取的精神和蓬勃向上的朝气。

二、初级剑术动作要点

（一）预备式

预备动作：上身微挺胸，收腹，两膝挺直。持剑时，前臂与剑身要紧贴并垂直于地面。（图 7-6-1）

1. 压把穿指

动作连贯、协调，眼随手动。两臂抡动画立圆。（图 7-6-2）

预备式

图 7-6-1

压把穿指

图 7-6-2

2. 转身平指

身体重心前移时，右脚并步要轻灵。右手剑指向前指出时，肘要伸直，剑指尖稍高过肩。（图 7-6-3）

3. 弓步分指

成右弓步时，左腿要蹬直，两脚的全脚掌均匀着地。上身略向前倾，挺胸、塌腰。左手持剑伸平，左肩放松，右臂朝反方向伸展。（图 7-6-4）

4. 虚步接剑

成虚步时，虚实要分明，右脚脚跟不能掀起。两肘要平，剑尖朝前，剑身贴紧左前臂。（图 7-6-5）

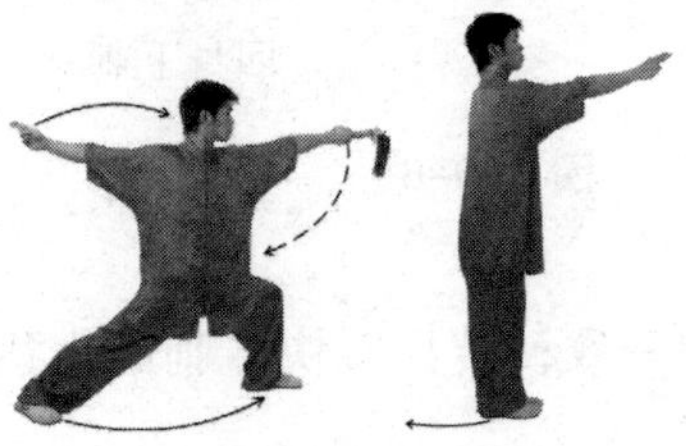

转身平指

图 7-6-3

弓步分指

图 7-6-4

虚步接剑

图 7-6-5

（二）第一段

1. 弓步直刺、回身后劈、弓步平抹

成左弓步时，右脚脚跟不要离开地面。腰要向左拧转、下塌，臀部不可凸起。两肩松沉，右肩前顺，左肩后引，剑尖稍高于肩。上步、转身、平劈与剑指向上侧举必须协调一致。转身后，腰向右拧转，左脚不要移动。剑身和右臂须成直线；抹剑时，右手手心向内，剑与臂须成一条直线，用力柔和。左肩向后带。（图 7-6-6）

弓步直刺　　回身后劈　　弓步平抹

图 7-6-6

2. 弓步左撩

整个动作要连贯、协调一致，直背、收臀，剑尖稍低于剑指。（图 7-6-7）

3. 提膝平斩、回身下刺

剑从左向后平绕时要仰头，使剑从脸部上方平绕而过。右腿提膝时，左腿伸直，上身稍向前倾；右脚向前落步时，身体尽量向右后拧转，剑与右臂须成一条直线。（图 7-6-8）

弓步左撩

图 7-6-7

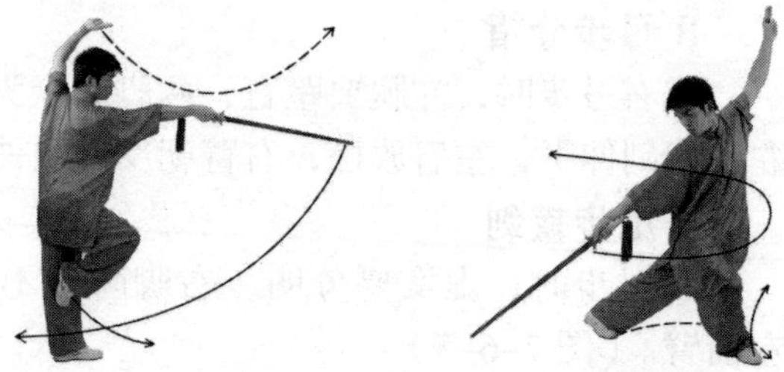

提膝平斩　　回身下刺

图 7-6-8

4. 挂剑直刺

挂剑、下插、直刺动作必须连贯，并与下肢动作协调一致；转身要快，刺剑力达剑尖。（图 7-6-9）

5. 虚步架剑

成虚步时，必须虚实分明，剑身上架于头部上方。（图 7-6-10）

挂剑直刺

图 7-6-9

虚步架剑

图 7-6-10

（三）第二段

1. 虚步平劈、弓步下劈

身体重心移动时，左脚脚尖迅速内扣，左右虚实变化要分明。劈剑时，剑与臂要成一条直线，力达剑刃；右手绕转幅度不要过大，右肩前顺，左肩后引。（图 7-6-11）

2. 带剑前点

带剑时，右腕上挑，上体略后倾。点剑时，力达剑尖。（图 7-6-12）

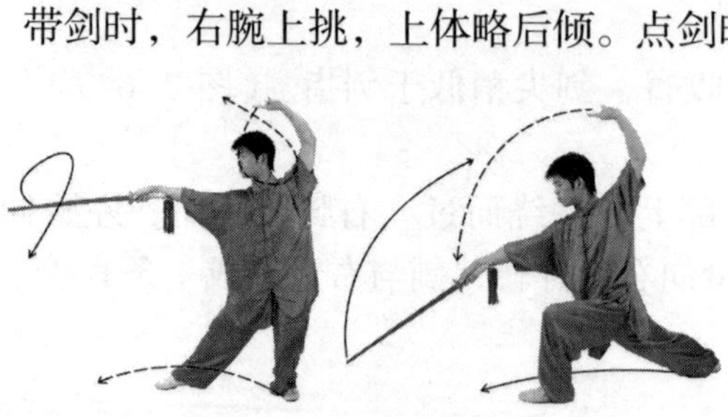

虚步平劈　　弓步下劈

图 7-6-11

带剑前点

图 7-6-12

3. 提膝下截

右手持剑从右向左画弧下截要连贯，独立要稳，右臂与剑须成一直线，剑身斜平。（图 7–6–13）

4. 提膝直刺

抱剑与落步、直刺与提膝，动作必须协调一致。直刺时，右肩前顺，力达剑尖。（图 7–6–14）

提膝下截

图 7–6–13

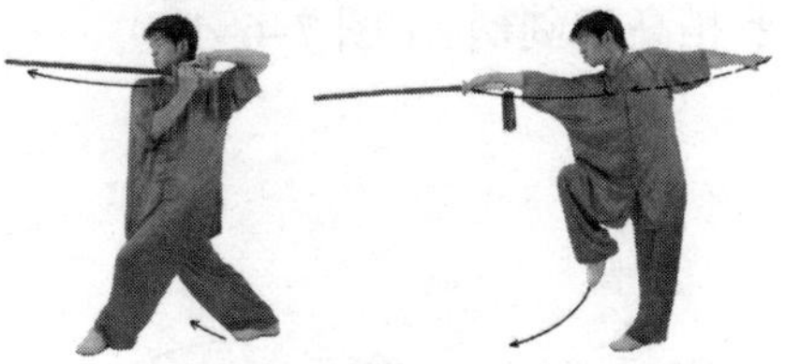

提膝直刺

图 7–6–14

5. 回身平崩

身体向右拧转要快速有力。收剑、崩剑要连贯。崩剑时，力达剑尖。（图 7–6–15）

6. 歇步下劈

成歇步时，右脚脚跟离地，臀部坐在右小腿上。劈剑时，剑身与地面平行。劈剑与跃步后成歇步的动作须同时完成。（图 7–6–16）

回身平崩

图 7–6–15

歇步下劈

图 7–6–16

7. 提膝下点

右腿独立时，膝部要挺直，左膝尽量上提。点剑时，右腕要下压，力达剑尖。（图 7–6–17）

提膝下点

图 7–6–17

（四）第三段

1. 并步直刺

身体向左后转要快。并步下蹲时，大腿要平。前刺时，剑与臂须成一条直线，力达剑尖。（图 7–6–18）

2. 弓步上挑、歇步下劈、右截腕

弓步上挑时，两臂均应伸直，剑刃朝前后方向；成歇步时，两大腿交叉叠紧，歇步与劈剑同时完成；剑刃向右上方翻转，力点要明确。向右截腕时，避免画弧过大，剑尖要稍高于剑柄。（图 7–6–19）

并步直刺

图 7–6–18

弓步上挑　歇步下劈　右截腕

图 7–6–19

3. 左截腕、跃步上挑

左截腕的动作要点同右截腕。跃步要腾空，落地要稳健。跃步与上挑剑协调一致。挑剑时，腕部要猛力上屈，剑身斜举于右侧上方。（图 7–6–20）

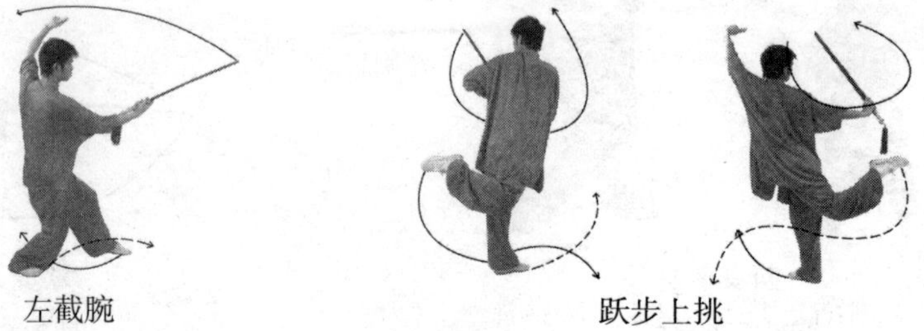

左截腕　跃步上挑

图 7–6–20

4. 仆步下压、提膝直刺

仆步和压剑要同时完成。上身微前探时要挺胸，两肘略屈，环抱剑于身前；左脚蹬地要有力，右腿独立须挺膝站稳，左膝尽量上提，脚背绷直，脚尖下垂。刺剑要有力，剑与臂要成一条直线，力达剑尖。（图 7–6–21）

仆步下压　提膝直刺

图 7–6–21

（五）第四段

1. 弓步平劈、回身后撩

转身时，右脚碾转要有力，以上体转动带动全身。左脚落地方向偏向左前方。向前劈剑与剑指绕环必须同时协调完成。后撩剑时，力达下剑刃，站立要稳。（图 7-6-22）

2. 歇步上崩

跃步、歇步、崩剑三个动作要连贯、协调。跃步要远，落地要轻；崩剑时，手腕快速上屈，力达剑身前半段，剑尖高于肩部。（图 7-6-23）

弓步平劈　回身后撩

图 7-6-22

歇步上崩

图 7-6-23

3. 弓步斜削

削剑时，力达上剑刃，右手持剑稍低于肩，剑尖略高于头，左手剑指略高于肩。（图 7-6-24）

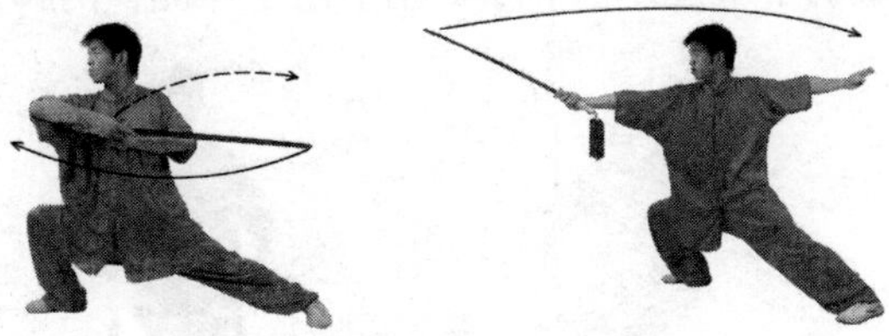
弓步斜削

图 7-6-24

4. 进步左撩

剑的绕环要圆活、连贯，上下协调配合，绕环时，剑刃始终朝前后。（图 7-6-25）

5. 进步右撩

动作要连贯，身、剑配合要协调。（图 7-6-26）

进步左撩

图 7-6-25

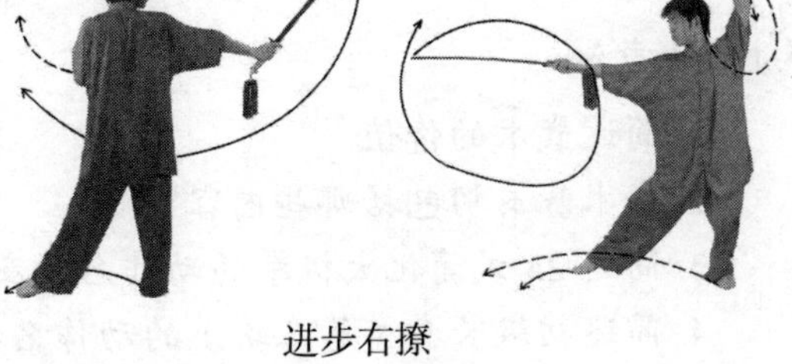
进步右撩

图 7-6-26

6. 坐盘反撩

坐盘时，左腿外侧盘坐于地面，右腿盘落于左腿上，两脚外侧着地，上身倾俯时，胸要内含。剑与臂要成一条直线。（图 7–6–27）

7. 转身云剑

转身与云剑的动作要连贯，云剑时，要挺胸、仰头；剑身经过面前时要平、要快、要圆活。（图 7–6–28）

坐盘反撩

图 7–6–27

转身云剑

图 7–6–28

（六）收　势

虚步持剑、并步站立

身体重心落于右脚，左脚脚尖点地；右手剑指举于头部上方，左肘略上提，剑身紧贴左前臂后侧，左手离胯约 10 厘米。右手剑指下落于体侧，两脚并步站立。（图 7–6–29）

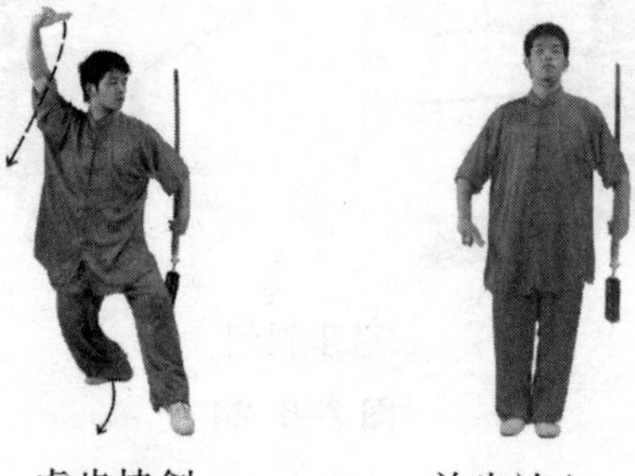

虚步持剑　　并步站立

图 7–6–29

思考题

1. 简述武术的价值。
2. 武术基本功包括哪些内容？
3. 简述 24 式简化太极拳的动作名称及其要点。
4. 简述初级长拳（第三路）的动作名称及其要点。
5. 简述 32 式太极剑的动作名称及其要点。
6. 简述初级剑术的动作名称及其要点。

第八章

导引养生功

第一节　导引养生与健身功概述

一、导引养生起源

导引是我国古代的呼吸运动（导）与肢体运动（引）相结合的一种养生方法，也是健身气功中的动功之一，与现代的保健体操相类似。

1973年，湖南长沙马王堆三号汉墓出土的《导引图》是现存最早的一卷关于保健运动的工笔彩色画。原帛画长133厘米，与前段40厘米帛书相连。画高51厘米，上下分4层，绘有44个各种人物的导引图，每层绘11幅图，每图平均高9～12厘米。每图为一人像，男、女、老、幼均有，或着衣，或裸背，均为工笔彩绘；除了个别人像做器械运动外，多为徒手操练。图旁注有术式名，部分文字可辨。从肢体运动的形式看，既有立式导引，也有步式和坐式导引；既有徒手的导引，也有使用器物的导引；既有配合呼吸运动的导引，也有纯肢体运动的导引。此外，还有大量模仿动物姿态的导引。其中涉及动物的术式有鸟式、鹞式、鹤式、猿式、猴式、龙式、熊式等，与五禽戏相近，仅缺鹿戏和虎戏。

东汉时期的华佗把导引术式归纳总结为五种方法，名为五禽戏，即虎戏、鹿戏、熊戏、猿戏、鸟戏，比较全面地概括了导引疗法的特点，且简便易行，对后世医疗和保健都起到推进作用。南朝齐梁时期的陶弘景在其《养性延命录》中记有华佗五禽戏，《正统道藏》所收《太上老君养生诀》亦录此五禽戏。五禽戏一直流传下来，明代周履靖在其所著的《赤凤髓》中，将它加以改进，降低动作难度，并与行气相结合，除了文字说明外，还绘制出程式图谱。到了清代，有人于五种术式之外，加入向后顾望的“鹗顾势”和摇头摆尾的“狮舞势”，称作七禽戏，可见五禽戏对后世影响之大。

东晋葛洪的《抱朴子·杂应》记录过“龙导”“虎引”“熊经”“龟咽”“燕飞”“蛇屈”“鸟伸”“虎据”“兔惊”九种导引术式名称，但未记录具体做法。南朝齐梁陶弘景的《养性延命录·导引按摩篇》除记录几种按摩术外，对“狼踞鸱顾”“五禽戏”等几种导引术式做了具体记载，并绘制了《导引养生图》一卷。

唐代著名医学家孙思邈在其《千金要方》卷八十二《养性》篇记有“天竺国按摩法”“老子按摩法”，虽题名按摩，但实为导引。“天竺国按摩法”“老子按摩法”和司马承祯《服气精义论·导引论》所记的养生操，都曾在当时广为流传。前二者还被明代高濂收载于其所著的《遵生八笺》之《延年却病笺》中。

唐代还出现了导引专著《太清导引养生经》，其中收载有“赤松子导引法”“宁封子导引法”“虾蟆行气法”“彭祖卧引法 ”“王子乔导引法”“道林导引要旨”等多种导引法，皆详载具体做法，或十式或数十式不等。

北宋张君房在其《云笈七签》卷三十六收入“玄鉴导引法”，除具载十三式的做法外，又指明某式治某病。宋代蒲虔贯所著的《保生要录》分“养神气”“调肢体”等六门，其中，“调肢体”门提出“小劳术”导引法，简便易行，为后世所推崇。东晋许逊所著的《灵剑子》记载导引十六式，写明每势补益某脏腑，于何季节施行。以上诸书所记导引法，可谓千姿百态，式样繁多，为我国导引术之宝库。

约北宋末年出现的八段锦，也曾在当时长期流传。其口诀（八句）最先被宋代曾慥的《道枢》所记录。南宋有人托名许逊著有《灵剑子引导子午记》，将口诀整饬为整齐而有韵的八句。道教养生著作《修真十书》卷十九除所记口诀为三十六句（有韵）外，又记载八段锦的具体做法，且绘制图像配于每段之下，称名“钟离八段锦法”。

不仅如此，此八段锦又在明初演化为十二段锦、十六段锦，明初道士冷谦的《修龄要旨》和其后的几种书中皆有记载，可见八段锦影响之广泛和流传之久远。至清代，《易筋经图说·附录》再将《灵剑子引导子午记》之口诀进行修饬，使之成为更加顺畅易懂的八句。

在以上众多导引术中，有不少曾对当时社会产生过很大影响，有的还广泛流传于近现代。

二、导引健身功的特点

导引健身功是以中医学的整体观念、辨证施治和经络学说及某些常见病、多发病的病因、病理为理论依据创编而成的。导引健身功是具有预防疾病作用的经络导引动功。多年的临床观察证明，导引健身功对改善心血管系统、呼吸系统、消化系统、生殖泌尿系统、神经系统的功能有积极的作用。

导引健身功有以下特点：一是意形结合，重点在意；二是动息结合，着重于息；三是周身放松，姿势舒展；四是逢动必旋，逢作必绕；五是提肛收肛，贵与息和；六是缓慢柔和，圆活连贯。习练中须紧紧把握这些特点，才能收到事半功倍之效。

第二节　导引健身功基本功

导引锻炼就是选择坐、卧、站等姿势，结合意念和各种呼吸方法，以达到强身健体、延年益寿的目的。这种姿势的练习即为调身；意念的集中即为调心；呼吸的锻炼即为调息。此“三调”构成了导引锻炼的三大要素。任何一个导引锻炼的种类都是根据特定的锻炼目的，选择所需的“三调”操作内容，并将它们有机地结合在一起而形成的。

一、调　身

（一）调身的意义

调身是指练习者在锻炼过程中对体位和形态的调整。要求做到：练习者通过调整身体姿势，使身体各部位放松、舒适，符合生理体位和形态，进而使呼吸轻松，思想集中，为练习健身功法奠定良好的基础。古人说："形不正则气不顺，气不顺则意不宁，意不宁则神散乱。"这充分说明了调身在练习健身功中的重要性。

姿势选择的恰当与否与防病强身作用密切相关。例如，患有高血压、青光眼、头痛、头涨、肝阳上亢的病人，宜采取站式；患有消化性溃疡、慢性结肠炎、胃肠功能紊乱的病人，宜采取坐式；年老体弱、极度衰弱的虚证病人，宜采取卧式。

（二）调身的姿势

1.坐　式

（1）平坐式。

【动作方法】取一个高度适宜的凳子或椅子，臀部1/2坐在凳面上，头正身直，下颌微收，口眼轻闭，舌抵上腭，松肩含胸，直腰收腹，两脚分开，与肩同宽，平行踏地，使上身与大腿、大腿与小腿夹角均为90°，两手自然抬起，放在两大腿中部。（图8–2–1）

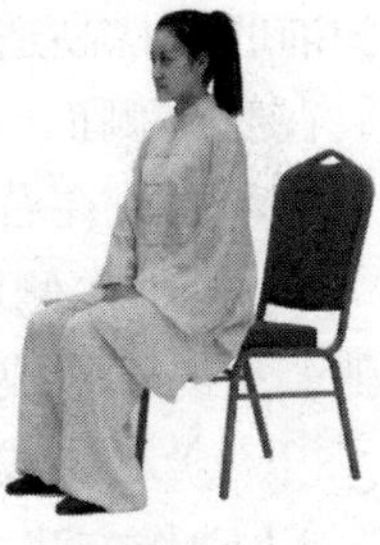

图8–2–1

【运用】平坐式是最普通、最常见的一种坐式，适应性广，除了严重体质衰弱的病人不能持久外，普通人均可采用。

（2）靠坐式。

【动作方法】取一个高度适宜的凳子或椅子，除了臀部满坐、背部轻抵椅背外，其他要求均同平坐式。（图8–2–2）

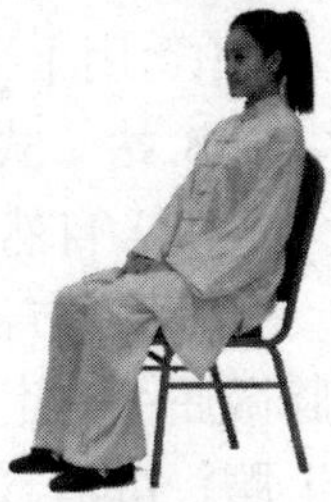

图8–2–2

【运用】靠坐式比平坐式更省力，机体更放松，且时间持久，故对年老体弱者尤为适宜。

（3）盘坐式。

【动作方法】取木制的矮方凳（凳面比坐凳大）、普通的床、炕或地毯，盘坐在上面。

自然交叉盘：上半身要求基本与平坐式相同，只是两手虎口交叉重叠，掌心向内，放在腹部丹田处；臀部略垫高3～5厘米，两腿自然交叉盘起，两脚踝交叉，放在两大腿下面。（图8–2–3）

图8–2–3

单盘：将右脚放于左大腿上（亦可左脚放在右大腿上），两小腿上下重叠。其余均同自然交叉盘。（图8–2–3）

双盘：将左脚置于右大腿上，再搬起右脚置于左大腿上，两脚的脚心朝上。其余同自然交叉盘。（图8–2–3）

【运用】姿势稳定，易于宁神定志，但是屈曲紧张，影响血液循环，故采用得较少。

2.卧　式

（1）仰卧式。

【动作方法】面朝天，平卧于床上，枕头高低适宜，口眼轻闭，舌抵上腭；两臂自然伸直，两手掌心朝下，分别放在身体两侧或虎口交叉重叠放在腹上；两腿自然伸直，两脚分开与肩同宽或将一脚的脚后跟扣在另一脚的脚踝上。（图 8-2-4）

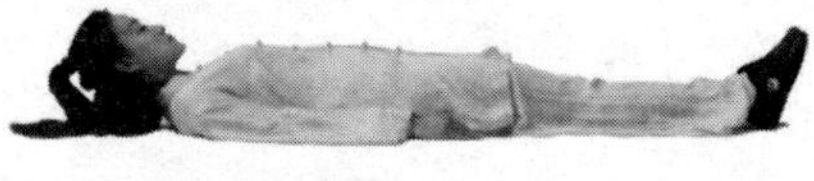

图 8-2-4

【运用】仰卧式适合年老体弱者和神经衰弱症患者在睡前进行练习。缺点是容易昏沉入睡，影响练习效果，因此要逐步过渡到坐式。高血压病人不宜采用此式。

（2）侧卧式。

【动作方法】侧身（左右均可，一般采用右侧卧）卧于床上。以右侧卧为例：腰部稍弯成弓形，头略向胸前收，枕高适宜，口眼轻闭，舌抵上腭；左臂自然放在身体侧面，手掌放在左髋上；右臂弯曲，掌心朝上，置于枕上；右腿自然伸直，左腿弯曲放在右腿上。（图 8-2-5）

图 8-2-5

【运用】侧卧式作用与仰卧式相同，优点是比仰卧式更容易放松，由于腹肌的松弛，更易于形成腹式呼吸。

（3）半卧式。

【动作方法】在仰卧式的基础上，将上半身及头部垫高靠在床头上，也可在膝下垫物。其余均同仰卧式。（图 8-2-6）

图 8-2-6

【运用】半卧式适宜于心脏病、哮喘及体力衰弱的病人。

3.站　式

（1）自然式。

【动作方法】两腿分开，与肩同宽或略窄于肩，两脚平行站立，两膝微屈；头正身直，下颌微收，百会承天，双目平视，面带微笑，舌抵上腭；沉肩含胸，松腰收胯，命门打开，收腹提肛；两手自然垂于体侧。（图 8-2-7）

图 8-2-7

【运用】自然式有清心降压、宁神定志的作用，一般病人均可采用，体弱者可与坐式、卧式交替采用。

（2）三圆式。

【动作方法】两脚分开，与肩同宽，两脚脚尖内扣，呈半圆形，屈膝下蹲，高低量力而行，膝盖垂线不超过脚尖；两臂抬起弯曲，呈环抱状，与胸齐平，两手手指均张开弯曲，掌心相对，如抱球状；其余要求均同自然式。所谓“三圆”，即足圆、臂圆、手圆。（图 8-2-8）

【运用】三圆式对调理、疏通督脉及补气升阳有独特作用，在练习姿势上，属于补的一种，对虚证病人有一定疗效。

图 8-2-8

（3）下按式。

【动作方法】两脚分开，与肩同宽，平行站立；两臂下垂微屈，两手下按，掌心朝下，掌指向前，置于髋关节旁边。其他要求同自然式。（图 8-2-9）

【运用】下按式因意念朝下，两掌心、两足心向下，故被称为“五心朝地”。此式对实证病人有一定疗效。

图 8-2-9

二、调　息

（一）调息的意义

调息就是调整呼吸的方式、速度、节奏、强弱等。呼吸在古代称为吐纳，是健身功中的重要环节之一。古人云：“一呼一吸为一息，不呼不吸亦为息。”意思就是说，我们平时没有去注意自己呼吸的意识，但呼吸是客观存在的。在导引锻炼时，我们要有意识地调整自己的呼吸，选择并掌握适合自己身体情况的呼吸方法，尽可能多地摄取与利用空气中的氧气，排出机体代谢的废气。这对培育人的真气、提高脏腑各器官系统的功能、增进人体的健康有很大的作用。

练习健身功时，要注意呼吸的出入，使腹肌、膈肌不断地收缩和扩张，这样既可以加强胃肠的蠕动，带动肝、肾、脾等内脏的活动，又可以增加肺的通气量，促进吸氧排碳的生命活动过程，改变和加速全身的血液循环，调整各内分泌系统的功能，增强机体的抗病能力。练习时，注意呼吸的调整，不仅能使肺功能得到加强，还能改善其他脏器的功能。《黄帝内经》指出，“肺者，气之本，魄之处也”“脉气流经，经气归于肺”。肺是一个独立的代谢器官，具有维持机体内环境稳定的作用。它与人体的新陈代谢和多种激素的分泌有密切的关系，影响着人体的生长和发育。

（二）调息的方法

1. 自然呼吸法

自然呼吸法是指人们按照原来的呼吸频率和呼吸方法进行呼吸，只是呼吸更为柔和，每分钟 16 次左右。要求顺乎自然，柔和均匀，丝毫不用力，不加意念支配，采用鼻吸鼻呼法、鼻吸口呼法均可。此法适用于初学者和慢性病患者。

2. 腹式呼吸法

顺腹式呼吸法：吸气时，腹部隆起；呼气时，腹部缓慢回收。

逆腹式呼吸法：吸气时，腹部轻轻凹陷；呼气时，腹部放松还原。

腹式呼吸增强了膈肌运动，使胸腔容积增大，气体进出量增加。它可以使呼吸更完全，功能残气减少，尤其是使双肺下部的通气功能得到改善，因此有利于提高呼吸系统的功能。腹肌的收缩和放松，对腹腔内脏起到一定的按摩作用，有助于促进消化和吸收，故对消化系统有积极作用。

3. 停闭呼吸法

在呼气与吸气之间或者吸气与呼气之间，停闭片刻，称为停闭呼吸法。这种呼吸法能充分扩展肺泡，有利于气体在肺泡中的交换，从而改善肺功能，增强机体的供氧能力。停闭呼吸法可增加腹腔内压，对消化系统的疾病也有一定的调理作用。

4.鼻腔喷气法

鼻腔喷气法是一种鼻吸鼻呼法。先吸气，鼻孔微微张开，眉毛轻轻上抬，要求缓、长、匀、深，得法时，可有气在鼻腔中的回荡声，有吸气直入丹田之感，腹部隆起，胸部不动；呼气时，鼻腔收缩，速度略快，气体喷出有声，同时腹部收缩，协同逼气外出，自然提肛。此法呼吸量大，气感足，有益气升阳、填补下焦元气的作用，然而对于一些体质过于虚弱及患有高血压、心脏病的患者并不适宜，故要慎用。

5.三吸一呼法和三呼一吸法

三吸一呼法和三呼一吸法均为鼻吸鼻呼法。三吸一呼是连续三次短的吸气接一次长的呼气，三呼一吸是连续三次短的呼气接一次长的吸气。这是根据吐纳的补泻作用而设计的呼吸方法。三吸一呼，由于吸多呼少，作用偏补；三呼一吸，呼多吸少，作用偏泻。两种呼吸法均可加强腹式呼吸的作用，加强丹田的聚气和储能作用，加强脾、胃、心脏等内脏的功能。此法适用于各种内脏疾病和癌症病人，但要辨别虚实而选用之。

6.大呼大吸法

大呼大吸法为古代吐纳、导引采用的一种呼吸方法，即用鼻使劲吸气，用鼻、口呼气，每一吸一呼都要求尽量延长时间，尽可能加大气体出入量，并且呼和吸都要发出较大的声音。这是一种以扩大肺活量为主的呼吸法。此法能增强体质，调动内气，适用于体质较强的练习者；对一些患慢性疑难杂症和痼疾，但体质尚未衰弱者，也有一定的调理作用。

三、调　心

（一）调心的意义

调心是练习健身功的重要环节，也是导引有别于其他运动的特有内容。它包括对意念、感觉、情绪等方面的调整。调心就是使练习者把注意力集中到身体某一部位、某一动作、某一事物或某一词义上来，以使其能安静地练习，不断地排除杂念，从而放松身体，使大脑进入入静状态。

大脑的入静，就是杂念不生，意识、思维活动相对集中，大脑进入非常轻松、舒适、宁静的境界。这种入静状态，能使机体进一步放松，全身气血进一步流畅，这对激发、调动人体内在的潜能，诱发聚集人体内部的真气、元气具有重要作用，更好地调整机体中存在的功能紊乱，修复机体的病理状态，恢复机体的动态平衡，使之向正常方面转化。这就是导引锻炼能强身健体、延年益寿的根本所在。

人的思维活动和情绪变化皆能影响五脏六腑的功能，如怒伤肝、喜伤心、思伤脾、悲伤肺、恐伤肾等。调心就是要把这些不利于身体健康的情绪变化和思想杂念排除掉，做到清心寡欲，创造一个美好的内环境，以抵御各种外界因素对机体的不良刺激。

（二）调心的方法

1.默念字句法

默念字句法是指练习者在练习中用意念去默诵选定好的句子，而不需要念出声来的一种练习方法。默念字句能使机体逐渐放松；若机体已基本放松，则默念字句又可以使意念逐渐集中，使大脑逐渐安静下来。具体的操作方法：吸气时默念“静”，呼气时默念“松”；或者吸气时不默念，呼气时默念“静坐使我健康”等字句；或者是在吸与呼或呼与吸之间停顿呼吸来默念字句。另外，默念的字句要简单，词义要轻松、愉快。

2.意守部位法

把注意力集中起来，放在身体的某一部位上，称为意守。常用的部位大都是经络上的主要穴位。这种意守，一方面是为了更好地排除杂念，另一方面可以打开穴位，疏通经气，促进体内气血的运行，增强脏腑功能。

3.注意呼吸法

数息法：数呼吸的次数，可从 1 数到 10 或 100，周而复始。可以数吸不数呼，也可数呼不数吸。

听息法：静心细听自己的呼吸是否细长而均匀。

随息法：意念随呼气、吸气出入，不计次数。

4.内视法

眼帘下垂或轻闭，目不外视，向内反观，想象自己可内视胃肠、心肺等五脏六腑，注意内脏的活动。内视法可以起到加强内脏功能的作用。

5.观想法

观想自然界的外景和身体里的秀丽内景。外景可以是生态景观，如青松、花草、山川、河流、大海、蓝天等，也可针对疾病选择外景。例如，阳虚内寒的病人宜观想明媚温暖的阳光；阴虚内热的病人宜观想宁静凉爽的夜空；阳盛火旺的病人宜观想冰天雪地的冬天；阴盛水寒的病人宜观想骄阳烈日的夏天；等等。这与中医“热者寒之，寒者热之，温者凉之，凉者温之”的治疗原则是一致的。

第三节　五禽戏

一、五禽戏概述

五禽戏百科

五禽戏是人类模仿禽、兽的神态和动作来锻炼身体的一种健身气功，起源于原始社会狩猎的生产实践过程。人类的生产、生活与各种动物密切相关，动物在人们的意识活动中占据了重要的地位。动物强壮的身体、敏捷的动作，促使古人产生了通过模仿禽、兽的神态和动作来锻炼身体的思想和行为。

东汉时期，名医华佗根据古代导引、吐纳、熊经、鸟伸之术，研究了虎、鹿、熊、猿、鸟五禽的活动特点，并结合人体脏腑、经络和气血的功能，编制了一套具有民族特色的导引术，即五禽戏。五禽戏寓医理于动作之中，寓保健、康复于生动形象的“戏”中，这是五禽戏区别于其他导引术的显著特征。华佗的这一创举，使他成为推行保健与体育相结合的先行者。华佗五禽戏的操作方法在当时没有文字记载。当代众多的五禽戏流派大致是从陶弘景的《养性延命录》中的文字记载和明代罗洪先所著的《万寿仙书》导引篇中的五禽戏图谱发展演变而成的。

五禽戏作为一种传统保健导引术，其锻炼要求是比较严格的。每一禽戏的神态运用要形象，不仅要求形似，还重视神似。要做到心静体松、刚柔相济，以意领气、气贯周身，呼吸柔和缓慢，引伸肢体，动作紧凑而不慌乱。五禽戏的动作全面周到，从四肢百骸到五脏六腑，可以锻炼日常生活中活动不到的身体部位，改善机体功能，起到畅通经络、调和气血、活动筋骨、滑利关节的作用。

根据中医的脏腑学说，五禽配五脏。虎戏主肝，能疏肝理气、舒筋活络；鹿戏主肾，能益气补肾、壮腰健肾；熊戏主脾，能调理脾胃、充实两肢；猿戏主心，能养心补脑、开窍益智；鸟戏主肺，能补肺宽胸、调畅气机。人体是一个有机的整体，五脏相辅相成，因此，五禽戏中任何一戏的演练，既主治某一脏器的疾患，又兼顾其他各脏器，以达到健体强身、延年益寿的目的。

二、手型介绍

（一）虎　爪

五指张开，虎口撑圆，第一、第二指关节弯曲内扣。（图 8-3-1）

（二）鹿　指

拇指向外撑开、伸直，食指、小指伸直，中指、无名指弯曲内扣。（图 8-3-2）

（三）熊　掌

五指弯曲，拇指扣压在食指第一指节上，其他四指并拢弯曲，虎口撑圆。（图 8-3-3）

图 8-3-1

图 8-3-2

图 8-3-3

（四）猿　勾

五指指腹捏拢，屈腕。（图 8-3-4）

（五）鸟　翅

五指伸直，拇指、食指、小指向上翘起，中指、无名指并拢向下压。（图 8-3-5）

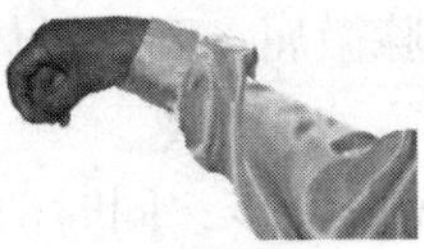

图 8-3-4

图 8-3-5

五禽戏
完整示范

三、动作说明

（一）虎　戏

练习虎戏最重要的是要有虎威：神发于目，威生于爪，神威并重，啸声惊人。要有动如雷霆无阻挡、静如泰山不可摇的气势。既要做到刚劲有力，又要做到刚中有柔，达到动静相兼、刚柔并济的境界。

练习虎戏时，虎戏的各种步法变换可增强关节的灵活性，对预防腰背痛、关节酸痛、颈椎痛等病症有一定的积极作用。此外，虎戏还可以起到舒筋、养肝、明目及强筋健骨的作用。

1. 虎　窥

（1）两脚左右开立，两臂垂于体侧；两眼平视前方。呼吸自然。（图8-3-6）

（2）身体重心移至右脚，左腿向上抬起，左大腿与地面平行；同时，两手呈虎爪状沿体侧上举至胸前，掌心向下。配合吸气。

（3）左脚向前跨出一大步，成左弓步；两手由上下落至腹部前方，稍比肩宽，掌心向下；两眼平视前方，眼神威猛。配合呼气。（图8-3-7）

（4）身体向右后方转动，以腰带肩，同时两手随转体向右后方画弧摆动。配合吸气。（图8-3-8）

（5）接上个动作，再向左转体，以腰带臂，两手向体前画弧，身体转正；眼随手动。配合呼气。

（6）右脚向右前方迈步，做右式，动作同图8-3-7、图8-3-8，只是左右相反。

图 8-3-6

图 8-3-7

图 8-3-8

【学练要点】要表现出虎的威猛。提膝要高，落步轻灵，两掌下按时，意贯虎爪，力达指尖。上体竖直，颈随体转，目光炯炯，似猛虎出洞寻食。

2. 虎　扑

（1）接上个动作。以右脚为轴，向左转体90°，左脚收至右脚内侧，成左丁步；两腿屈膝，两手随转体摆至两膝前，稍比肩宽，掌心向下。（图8-3-9）

（2）上体抬起后仰，两腿由屈变伸，两膝微屈；两手沿体侧向上收至胸前侧，掌心向下。配合吸气。（图8-3-10）

（3）左脚快速向左前方跨出一大步，成左弓步；同时两手向前下猛扑至左膝两侧，掌心向下；目视前下方，配合快速呼气，发出“吼”声。（图8-3-11）

（4）以左脚为轴，向右转体90°，右脚收到左脚内侧，做右式，动作同图8-3-9～图8-3-11，只是左右相反。

图 8-3-9

图 8-3-10

图 8-3-11

【学练要点】练习虎扑时，动作应轻灵敏捷，先柔后刚。前扑时发声吐气，以声催力，力达指尖。

（二）鹿　戏

练习鹿戏时，要舒松自然，动作轻捷奔放，不能有丝毫的勉强和拘束。精神要安闲雅静，意想在山坡、草原奔跑，群鹿行游，自己身为其中一员随群进行活动。

鹿戏善运尾闾，有助于打通任脉、督脉二脉，有强筋骨、固腰肾的作用，对缓解腰背痛、腰肌劳损、月经不调、痛经等病症有辅助作用。鹿兴、鹿盘使身体各关节活利，肌肉得到充分锻炼和牵拉，肌肉力量增强。鹿盘使脊柱充分拧转，可增强脊柱的灵活性和稳定性，有延缓衰老和预防脊柱畸形的作用。

1. 鹿　兴

（1）右腿挺膝直立，左腿屈膝提起，小腿自然下垂，成右独立式；同时两掌变鹿指，由体侧上举过头，两臂伸直，掌心朝前。配合吸气。（图 8-3-12）

（2）左脚向前迈出，挺膝踏实，右脚脚尖点地；两臂屈肘，两掌架于头部两侧，呈鹿角状；眼向后看。配合呼气。（图 8-3-13）

（3）右脚屈膝上提，成左独立式，做右式，动作同图 8-3-12、图 8-3-13，只是左右相反。

图 8-3-12

图 8-3-13

【学练要点】独立要稳，脚趾屈勾抓地。两臂上举，神态舒展昂扬。落步回头眺望，躯干和后腿呈一条斜线，颈部尽量后拧。

2. 鹿　盘

（1）接上个动作。上体直立，向左转体，同时左脚由后向前上步至右脚前，前脚掌着地，成左高虚步；两臂由头侧下落，左臂屈肘，上臂靠近身体左侧，前臂约与地面平行，掌心向上，右手举至头顶右上方，两手掌心斜相对；目视左手。（图8–3–14）

（2）左脚稍回收，再向前迈一步，脚尖稍外展，踏实，屈膝；右脚向前经左脚内侧，摩擦地面而过，脚尖略内扣，如此连续沿圆圈共走八步（即八卦步）；两眼始终注视圆心。（图8–3–15）

（3）走完八卦步，以两脚为轴，身体左转约270° 后屈膝下蹲，成左歇步；两手中指和目光始终对圆心。（图8–3–16）

（4）身体直立，同时向右转体约270°，成右高虚步，做右式，动作同图8–3–14～图8–3–16，只是左右相反。

【学练要点】八卦步要匀速走在圆弧上，走转时，两膝适度弯曲，身体下坐，使力量贯注两腿，脚尖扣摆转换，前进如蹚泥状，全脚掌平落地面，五趾抓地。目视圆心，心舒体松，神情怡然，自然呼吸。

图 8–3–14

图 8–3–15

图 8–3–16

（三）熊　戏

练习熊戏要表现出熊的浑厚、沉稳、刚直、勇敢。熊戏外观上笨重拖沓，实际却内含无穷气力，沉稳中透出轻灵敏捷。练习熊戏时，要松静自然、气沉丹田。

练习熊戏有改善脾胃运化的功能及营养脏腑和增强肌力的作用。熊戏中，用腰带动身体的晃动，使全身得到运动，促进血液循环，改善生理机能，有滑利脊柱和髋关节、增强腰腹肌力量、调理脾胃的作用。下肢动作在各种步法变换之中，可以对髋关节、膝关节、踝关节三个主要关节起到活利的作用，有利于疏通经络，改善腿部血液循环，强壮筋骨。

1. 熊　行

（1）左脚向前迈一步，成左弓步；上体稍向前倾，含胸拔背，同时拧腰向右，左肩前靠内旋，松肩、松肘、松髋，左臂由腰带动向前下摆动至左膝前，右臂稍向前摆动，再后摆至右髋后侧，两手呈熊掌状。配合呼气。（图8–3–17）

（2）身体转正，重心后移，拧腰晃膀，带动两臂前后摆动。配合吸气。（图8–3–18）

（3）身体重心前移，成左弓步；左臂摆至体前，右臂摆至右后侧。配合呼气。（图8-3-19）

（4）右脚经左脚内侧向右前方迈一大步，成右弓步，做右式，动作同图8-3-17 ~ 图8-3-19，只是左右相反。

图 8-3-17

图 8-3-18

图 8-3-19

【学练要点】上步轻灵，落步稳重。重心前后移动要连贯均匀，前靠时须用内劲，两臂顺势前后摆动，如风吹杨柳。

2. 熊　攀

（1）接上个动作。左脚向前上步，两脚相距同肩宽，成开立步；同时两掌收至体侧，再经体前上举至头上方，掌心向前，呈握物状；抬头，两眼向上看。配合缓缓吸气。（图8-3-20）

（2）两臂屈肘，两手慢慢下拉至肩前；身体上引，脚跟慢慢提起。（图8-3-21）

（3）脚跟慢慢落地，上体前屈同时俯身；两手变掌落至两脚前。配合缓缓呼气。（图8-3-22）

（4）上体缓缓抬起，两手呈熊掌状，经两腿前上提至腹前，配合吸气。之后两拳变掌，下落至体侧，配合呼气。

图 8-3-20

图 8-3-21

图 8-3-22

【学练要点】两手上攀时，身体尽量伸展；两手下落时，身体尽量前屈，两腿不能弯曲。

（四）猿 戏

猿生性好动，机智灵敏，善于纵跳，这是由猿的极静而动的特点所致。练习猿戏，外练肢体运动的轻灵敏捷，内练精神的宁静，方能收到动静兼修的效果。

久练猿戏能健神，增强肢体的灵活性，进而达到体健身轻和延缓衰老的作用。猿戏的攀登、跳跃可增强腿部肌肉的力量及各关节的灵活性和柔韧性。猿戏中的平衡动作能增强人的平衡能力。

1. 猿 采

（1）左脚向左前方跳一小步，右脚快速跟至左脚内侧，成右丁步；同时左手成猿勾状收至左腰侧，勾尖向后，右手经体前弧形上举至额前，掌心向下，掌指向右；两眼注视右前方，眼神机敏。（图8-3-23）

（2）右脚向右前方跨一步，踏实，上体前倾，左腿向后平举过腰，脚掌掌心向上；左勾手向右前方平伸，摆至头前，成摘采式，右手由额前向下画弧至身体右后侧，掌变勾手，勾尖向上。（图8-3-24）

（3）右脚蹬地，左脚下落并向左后方跳回，右脚收至左脚内侧，成右丁步；左臂屈肘，手收至左耳旁，掌心向上，呈托桃状，右臂屈肘，手掌捧托在左肘下。（图8-3-25）

（4）左脚蹬地，右脚向右前方跨一步，左脚快速跟至右脚内侧，成左丁步，做右式，动作同图8-3-23～图8-3-25，只是左右相反。

图 8-3-23

图 8-3-24

图 8-3-25

【学练要点】采摘之前，眼睛先要观察前上方，好似发现树上有桃，采摘收回时，动作要快速敏捷。身体前倾采摘时要保持平衡。自然呼吸。

2. 猿 摩

（1）接上个动作。左脚向左前方跳一步，右脚跟至左脚内侧，成右丁步，上体稍前倾；同时两手向两侧画弧，收至背后，掌心向外，沿腰背部做上下按摩数次；同时做左右转颈、眨眼、叩齿动作。（图8-3-26）

图 8-3-26

（2）右脚向右前方跳一步，左脚跟至右脚内侧，成左丁步；两手由背后向前画弧再收至背后，同时做左右转颈、眨眼、叩齿动作。动作同图8-3-26，只是左右相反。

（3）身体直立，两脚并拢，两臂自然下垂，成站立姿势。

【学练要点】两手上下摩擦腰脊两侧时，以肾俞穴为主，摩擦幅度要大，摩背、叩齿、眨眼、观察要同时进行。自然呼吸。

（五）鸟 戏

鹤是鸟类的代表。鸟戏要表现出鹤的昂然挺拔、亭亭玉立、轻盈安详、悠然自得的神韵。“熊经鸟伸，为寿而已矣。”“鸟伸”这里指的是练鸟戏时要舒缓伸展，用鹤的形象练习，取其轻灵敏捷。

鸟戏中的伸展运动可以增加呼吸的深度，使肺的功能得到充分发挥，也可以使胃、心脏等内脏器官功能得到加强，从而改善人体全身的生理机能。鸟戏中的步法变换较多，能起到活利关节、增强肌力的作用。

1. 鸟 伸

（1）左脚向前一步，身体重心前移，右脚脚跟抬起，脚尖点地；右手由体前向上撑起，左手下按，两手呈鸟翅状；两眼平视前方。配合吸气。（图8-3-27）

（2）两臂同时向前立抡一周，上体前俯，两腿屈膝，右手下落摸左脚脚尖，左手后抬；目视右手。配合呼气。（图8-3-28）

（3）左腿挺膝蹬直，右腿伸直向后抬起，脚掌向上，抬头、挺胸、塌腰；两臂伸直后摆，掌心向上，呈燕式平衡；目视正前方。自然呼吸。（图8-3-29）

（4）右脚落下，上步踏实，左脚脚跟抬起，左手上撑，右手下按，做右式，动作同图8-3-27～图8-3-29，只是左右相反。

图 8-3-27

图 8-3-28

图 8-3-29

【学练要点】两臂上撑后抬时要拔长两肩。向前立抡时幅度要大，两臂协调进行。平衡要稳，保持数秒。

2. 鸟 翔

（1）接上个动作。左腿下落，收至右脚内侧，脚尖点地，两腿稍屈；两手由体侧下落至体前交叉，左手在外；目视两手。配合呼气。（图8-3-30）

（2）右腿伸直，左腿提起，大腿与地面平行，小腿自然下垂；同时，两臂在体侧向上平举；目视前方。配合吸气。（图8-3-31）

（3）左脚下落踏实，右脚脚跟抬起，脚尖点地；两手下落至体前交叉，右手在外；目视两手。配合呼气。（图8-3-32）

（4）左腿伸直，右腿向上提起；两臂在体侧向上平举；目视前方。配合吸气。（图

8–3–33）

（5）右脚下落踏实，左脚脚跟抬起，脚尖点地；两手下落回收至体前交叉，左手在外；目视两手。配合呼气。（图8–3–34）

（6）右腿伸直，左腿向上提起；同时，两手交叉，由体前举至头的前上方，左手在外。配合吸气。（图8–3–35）

图 8–3–30

图 8–3–31

图 8–3–32

图 8–3–33

图 8–3–34

图 8–3–35

（7）左脚下落踏实，右脚脚跟抬起，脚尖点地；两手由上向体侧弧形下落至体前交叉，右手在外；目视两手。配合呼气。（图8–3–36）

（8）左腿伸直，右腿向上提起；两手交叉由体前举至头的前上方，右手在外。配合深长吸气。（图8–3–37）

（9）右脚落于左脚内侧踏实，屈膝深蹲，上体前俯；两手弧形下落触摸两脚外侧。配合深长呼气。（图8–3–38）

【学练要点】身体直立，两臂摆动的幅度要大，轻松自如，开合升降与呼吸紧密配合。手脚变化协调一致，同起同落。

图 8–3–36

图 8–3–37

图 8–3–38

第四节　八段锦

一、八段锦概述

八段锦的动作简便易学，效果明显，深受人们喜爱，被比喻成锦（精美的丝织品），因其由八节动作组成，故名八段锦。八段锦是中国古代导引术的一个重要组成部分，是一套针对一定脏腑、病症的保健与治疗而设计的健身功。每一句歌诀都明确提出了动作的要领、作用和目的。功法中伸展、前俯、后仰、摇摆等动作，分别作用于人体的三焦、心肺、脾胃、肾腰等部位和器官，可以预防心火、五劳七伤等疾病，并有滑利关节、发达肌肉、增长气力、强壮筋骨、帮助消化和调整神经系统的功能。

八段锦之所以对人体有良好的作用，是因为它的动作可以对某一脏器起到针对性的作用，但是这种作用又是综合性、全身性的，并非头痛医头、脚痛医脚。只有把八段锦各节动作综合起来，才能起到调脾胃、理三焦、去心火、固肾腰的作用。

二、动作图解

八段锦
完整示范

预备动作

（1）两脚并步站立，两臂自然垂于体侧；身体中正，目视前方。（图8-4-1）

（2）随着松腰沉髋，身体重心移至右脚；左脚向左侧开步，脚尖朝前，两脚间距约与肩同宽；目视前方。（图8-4-2）

（3）两臂内旋，两掌分别向两侧摆起，约与髋同高，掌心向后；目视前方。（图8-4-3）

（4）上个动作不停。两腿稍屈；两臂外旋，向前合抱于腹前，呈圆弧形，两掌与脐同高，掌心向内，掌指斜相对，间距约为10厘米；目视前方。（图8-4-4）

图 8-4-1

图 8-4-2

图 8-4-3

图 8-4-4

第一段　两手托天理三焦

（1）接上式。两臂外旋，微下落，两掌在腹前十指交叉，掌心向上；目视前方。（图8-4-5）

（2）上个动作不停。两腿徐缓挺膝伸直；两掌上托至胸前，随后两臂内旋向上托起，掌心向上；抬头，目视两手掌。（图8–4–6）

（3）上个动作不停。两臂继续上托，肘关节伸直；下颌内收，动作略停；低头，目视前方。（图8–4–7）

（4）身体重心缓缓下降；两腿膝关节微屈；十指慢慢分开，两臂分别向身体两侧下落，两掌捧于腹前，掌心向上，掌指相对；目视前方。（图8–4–8）

本式托举、下落为1遍，共做6遍。

图 8–4–5

图 8–4–6

图 8–4–7

图 8–4–8

第二段　左右开弓似射雕

（1）接上式。身体重心右移；左脚向左侧开步站立，两腿自然伸直；两掌向上交叉于胸前，右掌在外，两手掌心向内；目视前方。（图8–4–9）

（2）上个动作不停。两腿徐缓屈膝半蹲，成马步；右掌屈指成爪，向右拉至肩前；左掌成八字掌，左臂内旋，向左侧推出，与肩同高，坐腕，掌心向左，犹如拉弓射箭之势；动作略停；目视左掌。（图8–4–10）

（3）身体重心右移；右手五指伸开成掌，向上、向右画弧，与肩同高，掌指朝上，掌心斜向前；左手手指伸开成掌，掌心斜向后；目视右掌。（图8–4–11）

（4）上个动作不停。重心继续右移；左脚回收成并步站立；两掌分别由两侧下落，捧于腹前，掌指相对，掌心向上；目视前方。（图8–4–12）

图 8–4–9

图 8–4–10

图 8–4–11

图 8–4–12

（5）第五个动作到第八个动作同第一个动作到第四个动作，只是左右相反。（图8–4–13 ~ 图8–4–16）

本式一左一右为1遍，共做3遍。第三遍最后一个动作时，身体重心继续左移；右脚回收成开步站立，与肩同宽，膝关节微屈；两掌分别由两侧下落，捧于腹前，掌指相对，掌心向上；目视前方。（图8–4–17）

图 8–4–13

图 8–4–14

图 8–4–15

图 8–4–16

图 8–4–17

第三段　调理脾胃须单举

（1）接上式。两腿徐缓挺膝伸直；左臂外旋经面前上穿，再内旋上举至头部左上方，左掌上托，肘关节微屈，力达掌根，掌心向上，掌指向右；右掌微上托，随即臂内旋下按至右髋旁，肘关节微屈，力达掌根，掌心向下，掌指向前，动作略停；目视前方。（图8–4–18）

（2）松腰沉髋，身体重心缓缓下降；两腿微屈；同时，左臂屈肘外旋，左掌经面前落于腹前，掌心向上；右臂外旋，右掌向上捧于腹前，两手掌指相对，相距约为10厘米，掌心向上；目视前方。（图8–4–19）

（3）第三个、第四个动作同第一个、第二个动作，只是左右相反。（图8–4–20、图8–4–21）

本式一左一右为 1 遍，共做 3 遍。第三遍最后一个动作时，两腿微屈；两臂屈肘，两掌分别下按于同侧髋旁，掌心向下，掌指向前；目视前方。（图 8–4–22）

图 8–4–18

图 8–4–19

图 8–4–20

图 8–4–21

图 8–4–22

第四段　五劳七伤往后瞧

（1）接上式。两腿徐缓挺膝伸直；两臂伸直，掌心向后，掌指向下，目视前方。上个动作不停。两臂充分外旋，掌心向外；头向左后转。动作略停，目视左斜后方。（图8–4–23、图8–4–24）

（2）松腰沉髋，身体重心缓缓下降，两腿微屈；两臂内旋，两掌分别下按于同侧髋旁，掌心向下，掌指向前；目视前方。（图8–4–25）

（3）第三个动作同第一个动作，只是左右相反。（图8–4–26、图8–4–27）

（4）第四个动作同第二个动作。（图8–4–28）

本式一左一右为1遍，共做3遍。第三遍最后一个动作时，两腿微屈，两掌捧于腹

前，掌指相对，掌心向上，目视前方。（图8-4-29）

图 8-4-23

图 8-4-24

图 8-4-25

图 8-4-26

图 8-4-27

图 8-4-28

图 8-4-29

第五段　摇头摆尾去心火

（1）接上式。身体重心左移；右脚向右开步站立，两腿自然伸直；两掌上托与胸同高时，两臂内旋，两掌继续上托至头部上方，肘关节微屈，掌心向上，掌指斜相对；目视前方。（图 8-4-30）

（2）上个动作不停。两腿徐缓屈膝半蹲，成马步；两臂向两侧下落，两掌分别扶于同侧膝关节上方，肘关节微屈，小指侧向前；目视前方。（图 8-4-31）

（3）身体重心向上稍升起，随后右移；上体先向右倾，随即俯身；目视右脚。（图 8-4-32）

（4）上个动作不停。身体重心左移；上体由右向前、向左旋转；目视右脚。（图 8-4-33）

（5）身体重心右移，成马步，头转正，上体起立，随即下颌微收；目视前方。（图 8-4-34）

图 8-4-30

图 8-4-31

图 8-4-32

图 8-4-33

图 8-4-34

（6）动作六到八同动作三到五，只是左右相反。（图8-4-35 ~ 图8-4-37）

本式一左一右为 1 遍，共做 3 遍。做完第三遍后，身体重心左移，右脚回收成开步站立，与肩同宽；同时，两掌向外经两侧上举，掌心相对；目视前方。随后松腰沉髋，身体重心缓缓下降。两腿微屈；同时，屈肘，两掌经面前下按于腹前，掌心向下，掌指相对；目视前方。（图 8-4-38、图 8-4-39）

图 8-4-35

图 8-4-36

图 8-4-37

图 8-4-38

图 8-4-39

第六段　两手攀足固肾腰

（1）接上式。两腿挺膝伸直站立；两手掌指向前，两臂向前、向上举起，肘关节伸直，掌心向前；目视前方。（图8-4-40）

（2）两臂外旋至掌心相对，屈肘，两掌下按于胸前，掌心向下，掌指尖相对；目视前方。（图8-4-41）

（3）上个动作不停。两臂外旋，两手掌心向上，随即两手掌指顺腋下向后插；目视前方。（图8-4-42）

（4）两掌（掌心向内）沿脊柱两侧向下摩运至臀部；随即上体前俯，两掌继续沿腿后向下摩运，经脚两侧置于脚面；抬头，动作略停；目视前下方。（图8-4-43）

（5）两掌沿地面前伸，随即以两臂上举带动上体起立，两臂伸直，掌心向前；目视前方。（图8-4-44）

本式一上一下为 1 遍，共做 6 遍。做完第六遍后，松腰沉髋，重心缓缓下降；两腿微屈；两掌分别下按至同侧髋旁，掌心向下，掌指向前；目视前方。（图 8-4-45）

图 8-4-40

图 8-4-41

图 8-4-42

图 8-4-43

图 8-4-44

图 8-4-45

第七段 攒拳怒目增气力

（1）接上式。身体重心右移，左脚向左开步；两腿徐缓屈膝半蹲，成马步；两手握拳，抱于腰侧，拳眼朝上；目视前方。（图8-4-46）

（2）左拳缓慢用力向前冲出，与肩同高，拳眼朝上；怒目，目视左拳冲出方向。（图8-4-47）

（3）左臂内旋，左拳变掌，虎口朝下；目视左掌。左臂外旋，肘关节微屈；左掌向左缠绕，当掌心向上后握拳；目视左拳（图8-4-48、图8-4-49）。

（4）左臂屈肘，回收左拳至腰侧，拳眼朝上；目视前方。（图8-4-50）

图 8-4-46

图 8-4-47

图 8-4-48

图 8-4-49

图 8-4-50

（5）动作五到八同动作一到四，只是左右相反。（图8-4-51 ~ 图8-4-54）

本式一左一右为1遍，共做3遍。做完第三遍后，身体重心右移，左脚回收，成并步站立；同时，两拳变掌，自然垂于体侧；目视前方。（图8-4-55）

图 8-4-51

图 8-4-52

图 8-4-53

图 8-4-54

图 8-4-55

第八段 背后七颠百病消

（1）接上式。两脚脚跟提起；头上顶，动作略停；目视前方。（图8-4-56）

（2）两脚脚跟下落，轻震地面；目视前方。（图8-4-57）

本式一起一落为1遍，共做7遍。

收 势

（1）接上式。两臂内旋，分别向两侧摆起，与髋同高，掌心向后；目视前方。（图8-4-58）

（2）两臂屈肘，两掌相叠，置于丹田处（男性左手在内，女性右手在内）；目视前方。（图8-4-59）

（3）两臂自然下落，两掌轻贴于大腿外侧；目视前方。（图8-4-60）

图 8-4-56

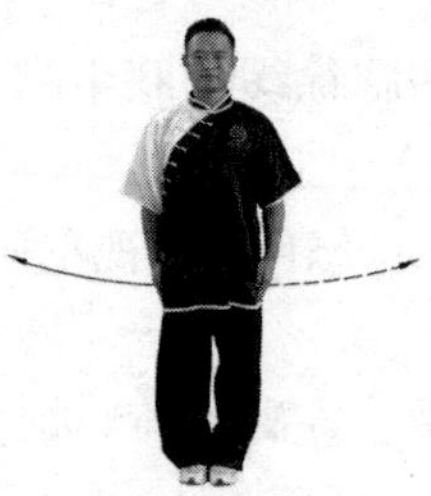
图 8-4-57

图 8-4-58

图 8-4-59

图 8-4-60

第五节 易筋经

一、易筋经概述

易筋经百科

易筋经是一种内外兼练的医疗保健养生方法，据传为梁武帝时代印度高僧菩提达摩所创。也有学者认为，易筋经是明朝天启四年，由紫凝道人集医、释、道流行的养生导引术及汉代东方朔的洗髓伐毛健身法，并在宋代八段锦的健身理论等基础上创编而成的。另外，清初手抄本尚有海岱游人于大元中统元年所作之序。综合各家观点，初步判定易筋经在宋元以前的少林寺众僧之中即有流传，自明清以来逐步流向民间、广为人知，在流传的过程中又演变出不同的易筋经流派。

易筋经注重内外兼修，强调动静结合。“练内名洗髓，练外名易筋。”“所言洗髓者，欲清其内；易筋者，欲坚其外。如果能内清静、外坚固，登圣域在反掌之间耳。”动者外动以易筋强骨，静者内静以攻心纳意，集内外兼修之长，静中求动（气）、动中求静（意），精练勤思，可达预防疾病、延年益寿的效果。

学练易筋经，除了姿势要正确，还必须掌握以下要点。

（1）伸展。练习动作时要尽量伸展，《论语》载：“子之燕居，申申如也，夭夭如也。”俗语说：“睡不厌屈，觉不厌伸。”这说明伸展是古人的养生妙法。

（2）缓慢。动作缓慢是消除紧张和充分伸展的关键。

（3）柔和。《黄帝内经》讲：“骨正筋柔，气血以流。”练习养生功多以修炼气脉为主，姿势正确、心平气和、肌肉放松是经络通顺、气血畅达的关键。

（4）安静。练功时，神态安详、安静。静止时固然安静，然而内在有无限生机，静止可使气血更好地运行。动时要神态安详、意静心清。

（5）呼吸。初练功时，要缓缓地自然呼吸，有一定功夫后，逐渐进入“吐惟细细，纳惟绵绵”的呼吸。

易筋经
完整示范

二、动作说明

（一）拱手环抱

拱手环抱的具体动作如下：

（1）两脚并步直立，身体端正，两臂自然下垂，两膝保持直而滑利不僵的状态，两眼平视前方某一个固定目标。（图 8–5–1）

（2）左脚向左分开，与肩同宽；两臂向前、向上画弧，屈肘内收，两手距胸约为 20 厘米，掌心向里，指尖相对，手对膻中穴。平心静气，神态安详，呼吸自然。（图 8–5–2）

【学练要点】宽胸实腹，气沉丹田，脊背舒展，沉肩垂肘，上虚下实。

【健身作用】定心涤虑，排除杂念。神态安静祥和，外静而内有无限生机，气血调和，这样可消除内心焦虑，稳定不安的情绪，使心肾相交，阴阳平衡，精神内守，遍体舒畅。

（二）两臂横担

两臂横担的具体动作如下：

（1）两手缓缓前伸至两臂伸直，与肩同宽，掌心向上。

（2）两臂向身体两侧分开成侧平举，两臂平直，掌心向上，两手稍高于肩，有向两侧伸展意。肩关节有意识地向下松沉，舒胸。两眼平视前方，眼神延伸极远；百会虚领上起，躯干有向上伸展意；松腰，臀部自然向下松垂，两脚有向地心伸展意。（图 8–5–3）

【学练要点】以腰为轴，其他部位劲力内收，展中寓合，合中寓展。

【健身作用】舒胸理气，健肺纳气。展臂舒体，矫正腰背畸形，伸肱理气，贯注百脉。《黄帝内经》有“五脏六腑之气，皆贯注于肺”及“肺朝百脉”之述，故此式有助于改善心肺功能，对肺气肿、肺心病及心肌缺血有一定疗效。

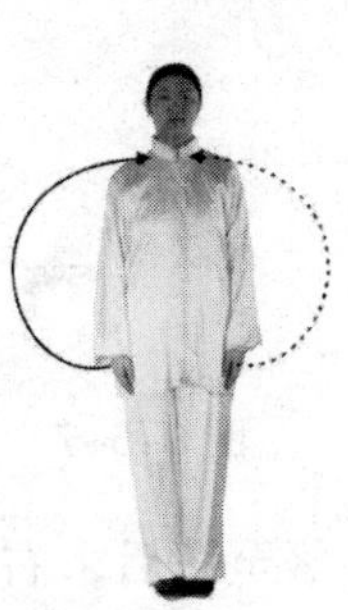

图 8–5–1

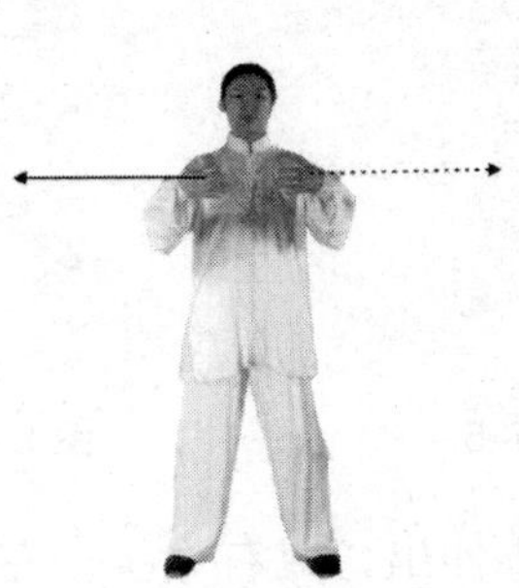

图 8–5–2

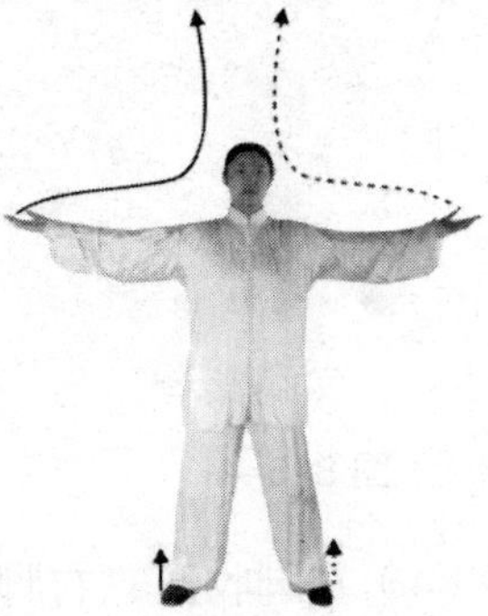

图 8–5–3

（三）掌托天门

掌托天门的具体动作如下：

（1）两臂屈肘，两掌心向内、向耳旁合拢。

（2）提踵，同时两手反掌上托，举至头顶前上方，掌心斜向上，两手指尖相对，两臂伸直，有向上伸展意。也可轻闭双眼，仰头，面部朝向天空，似遥望天之极处。配合吸气。（图 8-5-4）

（3）两手向身体两侧下落，掌心逐渐翻转向下，两足跟随之缓缓下落。配合呼气。

【学练要点】身体动作舒松，却松而不懈，有内劲；提踵时，两膝伸直内夹，以提高动作的稳定性。

【健身作用】缓解腰痛、肩臂痛。两臂上举，伸长肢体和脊柱，有调理三焦的作用。三焦，大部分人认为“上焦主纳，中焦主化，下焦主泄”，《难经》亦有“三焦者，元气之别使也”的人体生命之气说，故通过调理三焦，能激发五脏六腑之气，起到防治内脏诸病的辅助作用，对心肺疾病、脾胃虚弱、妇科病等疾患有一定的辅助疗效。

（四）摘星换斗

摘星换斗的具体动作如下：

（1）重心移向右腿，左脚提起，两手上提至腰侧，配合吸气。上体左转，左脚向左前方跨出，屈膝半蹲，成左弓步；同时，右手向后，掌背附于腰后命门穴处，左手向左前方伸出，高与头平，掌心向脸，意念延及天边；目视左手。配合呼气。（图 8-5-5）

（2）重心后移，上体右转，右腿屈膝，左腿伸直，脚尖上翘；同时，左手随转体向右平摆；眼随左手。配合吸气。（图 8-5-6）

（3）上体左转，左脚稍收回，脚尖着地，成左虚步；同时，左手随体右摆，变勾手举于头前上方，屈肘拧臂，勾尖对眉中，呈摘星状；目视勾手并延伸极远。配合呼气。（图 8-5-7）

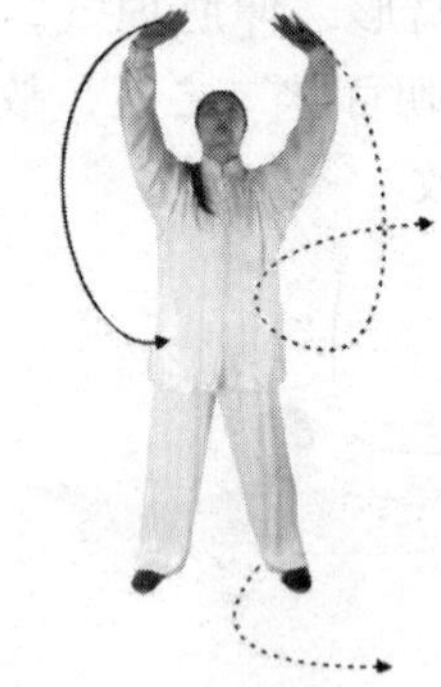
图 8-5-4

图 8-5-5

图 8-5-6

图 8-5-7

（4）左脚收回，右脚向右前方伸出，成右弓步；左勾手变掌下落至背后，右手向右前上方伸出，做右式，动作同图 8-5-5 ~ 图 8-5-7，只是左右相反。

（5）两手下落于体侧，右脚收回，并步直立。

【学练要点】整个动作变化均应用腰来带动，体现协调柔和；屈臂勾手内旋，应做到尽力。意念上，手的摆动好似空中摘星揽月。

【健身作用】摘星换斗主要作用于中焦。肢体伸展宜柔宜缓，上体转动幅度要大，交替牵拉，使肝、胆、脾、胃等脏器受到柔和的按摩，促进胃肠蠕动，增强消化功能，有调理脾胃、治疗胃脘胀痛及排浊留清的作用，并通过肢体运动，缓解颈、肩、腰等关节的疼痛，提高下肢肌肉力量。

（五）出爪亮翅

出爪亮翅的具体动作如下：

（1）两掌变拳，上提至胸两侧，拳心向上。配合吸气。（图 8–5–8）

（2）提踵，同时两拳变掌缓缓向前推出，随前推掌心逐渐翻转向下；至极限时，坐腕、展指、掌心向前，两手高与肩平，同肩宽，两臂伸直；两眼平视指端，眼神延伸极远。同时配合深长呼气。（图 8–5–9）

（3）落踵，两臂外旋握拳收回至胸前，再下落于体侧，成直立式。

图 8–5–8

图 8–5–9

【学练要点】推掌亮翅时，脚趾拄地，力由下而上，并腿伸膝，两腕用力，力达指端，同时要鼻息调匀，咬牙怒目，内外相合。

【健身作用】出爪亮翅主要运动四肢，可疏泄肝气，舒畅气机；能培养肾气，增强肺气，有利于气血运行，对老年性肺气肿、肺心病有一定的辅助疗效；另有增强全身筋骨和肌肉的作用，可使肩、肘、腕、指等关节更为灵活。

（六）倒拽九牛尾

倒拽九牛尾的具体动作如下：

（1）左脚向左横跨一步，两脚相距约三脚宽；两臂由体侧上举至头两侧，两臂伸直，两手掌心相对，指尖向上。配合吸气。（图 8–5–10）

（2）两腿屈膝下蹲，成马步；两手掌变拳，由头上向体前下落至两腿之间，两臂伸直，拳背相对。配合呼气。（图 8–5–11）

（3）两拳由下上提至胸前，拳心向下，配合吸气；再由胸前向两侧撑开，两拳逐渐变掌，坐腕、展指，掌心向两侧，指尖向上，两臂撑直，有向两侧推撑之意。配合呼气。（图 8–5–12）

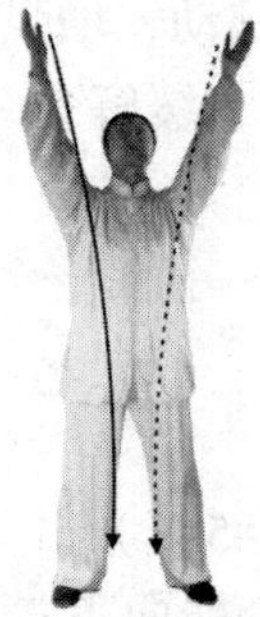

图 8-5-10

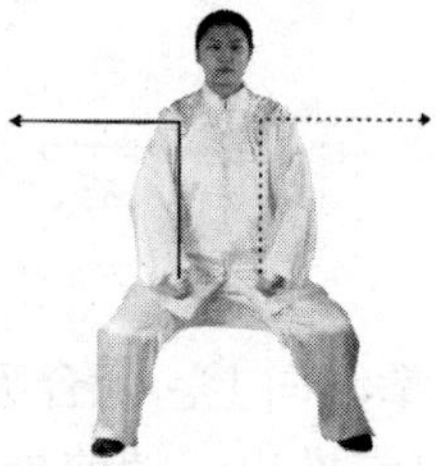

图 8-5-11

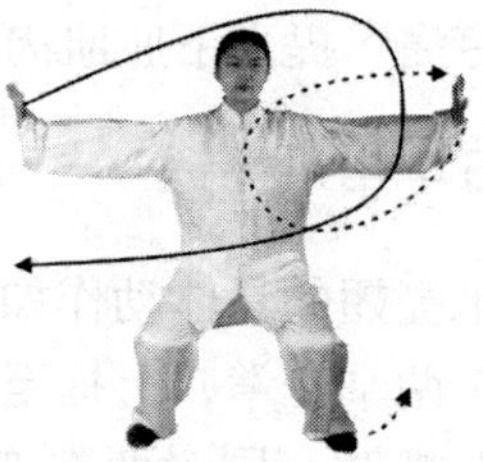

图 8-5-12

（4）身体重心移向右腿，左脚脚尖外展约 90°，之后身体重心再向左腿移动，成左弓步；同时两手掌逐渐变拳，左手向下、向腹前再向上画弧摆至脸前，拳心对脸，上臂与前臂成直角；右手经头部右侧向上、向前再向身体右侧后摆动，拳心向后，右臂内旋充分后摆；眼看左拳。两拳有前拉后拽之意。配合自然呼吸。（图 8-5-13）

（5）上体前俯至胸部靠近大腿，弓步姿势不变，左拳与脸的距离不变，右臂随体动，同时配合呼气。（图 8-5-14）

（6）上体后仰，左拳与脸的距离不变，右臂随体动，眼看左拳，配合吸气。（图 8-5-15）

图 8-5-13

图 8-5-14

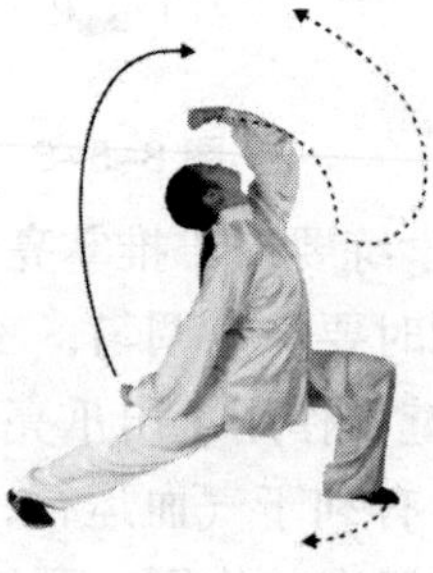

图 8-5-15

（7）上体伸直右转，再做右式，动作同图 8-5-10 ~ 图 8-5-15，只是左右相反。

（8）重心移向左腿，右脚内扣，左脚收回，并步直立；两臂由侧平举下落至体侧，成直立式。

【学练要点】成弓步做上体前俯后仰，力注前臂。前俯时，意念拳握九牛尾，由身后向前倒拽；后仰时，意念拳握马缰，拉动八匹马，以体现内劲用意。

【健身作用】倒拽九牛尾通过用意引导牵拉动作，可增进两膀气力，防治肩、背、腰和腿酸痛。两眼观拳，注精凝神，对眼进行张弛锻炼，可以改善眼部的血液循环。

（七）九鬼拔马刀

九鬼拔马刀的具体动作如下：

（1）左脚向左横跨一步，两脚平行开立，与肩同宽；两手在腹前交叉，左手在前，由体前上举至头前上方，两臂伸直。配合吸气。（图 8-5-16）

（2）两手由头上向身体两侧下落至体侧。配合呼气。

（3）左手由体侧向前上举至头上，之后左臂屈肘，左手落至头后，食指点按风池穴，右手背至腰后，掌背向内，附于命门穴。配合吸气。（图 8–5–17）

图 8–5–16

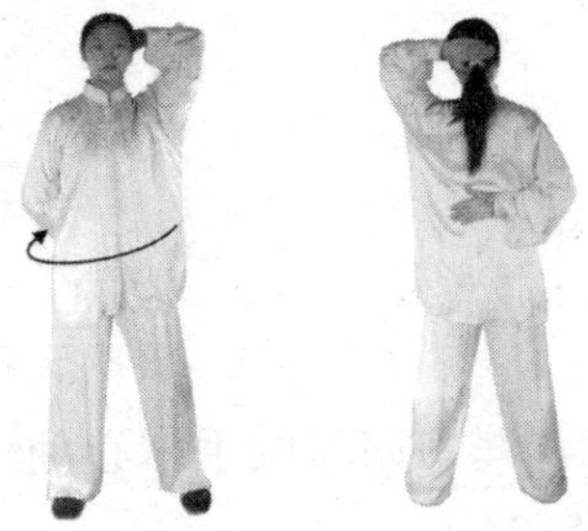

正　　背

图 8–5–17

（4）身体充分向右拧转，眼向后看。身体转正，之后充分向左拧转，眼向后看。同时配合缓缓的深长呼吸。（图 8–5–18、图 8–5–19）

（5）身体转正（图 8–5–20），两臂成侧平举再下落至体侧，两手在腹前交叉，再做右式，动作同图 8–5–16 ~ 图 8–5–20，只是左右相反。

（6）身体转正，之后两臂成侧平举，再下落至体侧，左脚收回，成直立式。

图 8–5–18

图 8–5–19

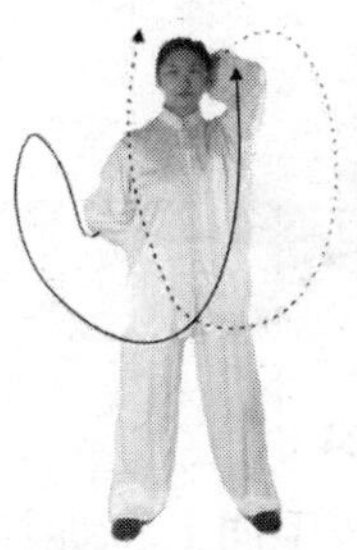

图 8–5–20

【学练要点】上体左右拧转，保持中轴正直，两臂前举后收要充分。

【健身作用】九鬼拔马刀可以锻炼腰、腹、胸、背等部位的肌肉，并通过对脊柱诸关节的拧转，扩大脊柱及肋骨各关节的活动范围，促进胸壁的柔软性和弹性。头、颈部的拧转运动，能加强颈部肌肉的伸缩能力，改善头部的血液循环，有助于缓解中枢神经系统的疲劳，对防治颈椎病、高血压、眼病和增强眼肌有一定效果。全身极力拧转，能改善静脉血的回流。

（八）三盘落地

三盘落地的具体动作如下：

（1）左脚向左横跨一步，两脚平行开立，相距约三脚宽；两臂由身体两侧向体前上举，两臂伸直，与肩同高同宽，掌心向上。配合吸气。（图 8–5–21）

（2）两手掌心翻转向下，下落至两膝外侧，两手拇指朝里相对；同时屈膝下蹲，成马步。配合呼气。（图 8–5–22）

（3）两腿缓缓伸直，同时两手掌心翻转向上托至两肩侧。配合吸气。（图 8–5–23）

图 8-5-21

图 8-5-22

图 8-5-23

（4）两腿屈膝深蹲，同时两手掌心翻转向下按至两大腿外侧，指尖指向左右两侧。配合呼气。（图 8-5-24）

（5）两腿缓缓伸直；同时两手掌心翻转上托至两肩侧（两臂呈一字形）。配合吸气。（图 8-5-25）

（6）两腿屈膝下蹲，成马步；同时两手掌心翻转向下落至两膝外侧，两手拇指朝里相对。配合呼气。（图 8-5-26）

图 8-5-24

图 8-5-25

图 8-5-26

【学练要点】两手向上，如托千斤；两手下落，如按水中浮球，意贯内力。

【健身作用】三盘落地可以活动肩、膝等关节，配合深蹲练习，能增强腿部力量，对蹲起机能的维持有良好效果，可促进大腿和腹腔静脉血的回流，特别对消除盆腔的淤血有较好的辅助作用。

（九）青龙探爪

青龙探爪的具体动作如下：

（1）两腿缓缓伸直；同时两手掌变拳收至腰前侧，拳面抵住章门穴，拳心向上，右拳变掌举至头上，掌心向左，右臂靠近头部。配合吸气。（图 8-5-27）

（2）向左侧弯腰，右腰充分伸展，面部向前，右臂靠近头部，充分伸直，右手掌心向下。配合呼气。（图 8-5-28）

（3）向左转体至面部向下，上体充分向左前俯，右手充分向左探伸，眼看右手。配合吸气。

（4）屈膝下蹲，两大腿与地面平行，同时身体逐渐转正，右臂随转体由身体左侧经两小腿前画弧至右腿外侧，掌心向上。配合呼气。（图 8-5-29）

（5）两腿缓缓伸直，再做右式，动作同图 8-5-27 ~ 图 8-5-29，只是左右相反。

（6）两腿缓缓伸直，同时两手收至腰间握拳；左脚收回，并步直立。（图 8-5-30）

图 8-5-27

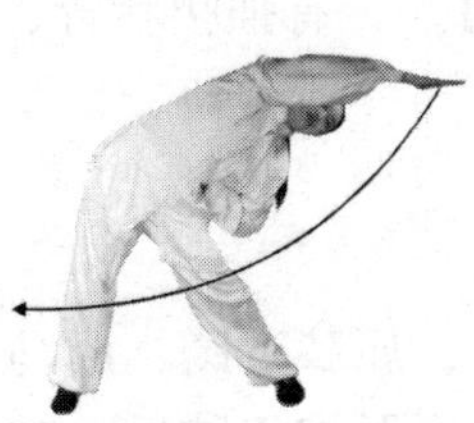
图 8-5-28

图 8-5-29

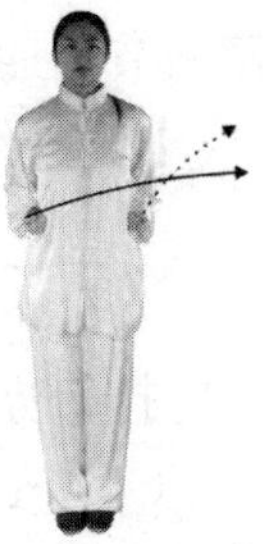
图 8-5-30

【学练要点】手臂充分侧伸，转体与呼吸协调配合，以气带动，方能使动作连贯圆活。

【健身作用】青龙探爪对腰、腿等部位软组织劳损，转腰不便，脊柱侧弯，腿和肩、臂酸痛、麻木、屈伸不利有辅助疗效。通过侧弯腰及拧腰前探对肋间肌进行拉伸，胸廓相对增大，可使肺的通气量加大，肺泡的张力增强。青龙探爪通过对章门穴的按压，可达到协调五脏气机、调理脾胃的作用。

（十）卧虎扑食

卧虎扑食的具体动作如下：

（1）向左转体 90°，左脚向左迈出一大步，成左弓步；两手由腰侧做向前扑伸动作，两手与肩平，同肩宽，掌心向前，坐腕，两手成虎爪状。配合呼气。（图 8-5-31）

（2）上体前俯至胸部贴大腿，两手掌心向下贴地，继续呼气。之后，抬头眼看前方，瞪眼。配合吸气。（图 8-5-32）

（3）上体抬起，直立，身体重心向右腿移动，右腿屈膝，左腿蹬直；同时两手沿左腿两侧经腰侧提至胸前，两手呈虎爪状，同时配以深吸气。（图 8-5-33）

（4）右腿蹬地，身体重心前移，成左弓步；同时两手向前做扑伸动作，两臂伸直，两手呈虎爪状。配合深呼气，也可发声，以声催力。（图 8-5-34）

图 8-5-31

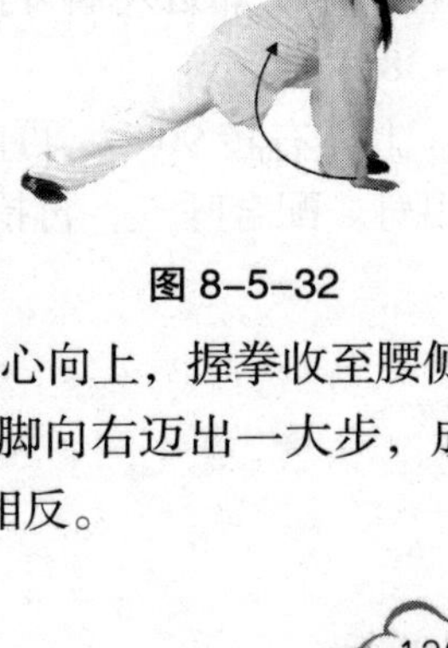
图 8-5-32

图 8-5-33

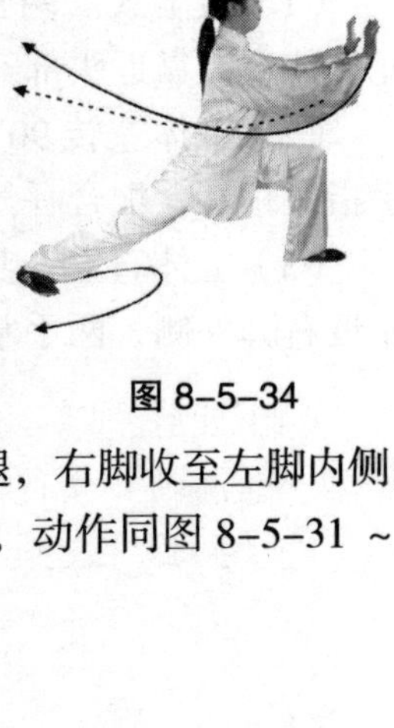
图 8-5-34

（5）两臂外旋，掌心向上，握拳收至腰侧；身体重心移至左腿，右脚收至左脚内侧；再向右转体 180°，右脚向右迈出一大步，成右弓步，再做右式，动作同图 8-5-31 ~ 图 8-5-34，只是左右相反。

（6）两臂外旋，两手掌心翻转向上，变拳，之后收至腰两侧。身体转正，左脚收至右脚内侧，两脚并拢，同时两手下落，两臂自然下垂于体侧，成直立式。

【学练要点】向前扑伸，注意发力顺序，起于根，顺于中，达于梢，腿、腰、臂三节贯通，力达虎爪。

【健身作用】卧虎扑食神威并重，势不可挡，有强腰壮肾、健骨生髓之效。

（十一）打躬势

打躬势的具体动作如下：

（1）左脚向左横跨一步，两脚平行开立，屈膝下蹲，成马步；同时两臂由体侧上举至头上，两手掌心相对，之后两掌下落，屈肘抱于脑后，掌心紧按两耳，两肘向两侧打开，与身体在一个平面上。（图 8-5-35）

（2）上体前俯，胸贴近大腿，低头，两腿由屈变伸，充分伸直；两肘内合，两手以食指、中指、无名指交替在脑后轻弹数次，做“鸣天鼓”。配合自然呼吸。（图 8-5-36）

（3）身体直立，两腿屈蹲，成马步；两手抱于脑后。（图 8-5-35）

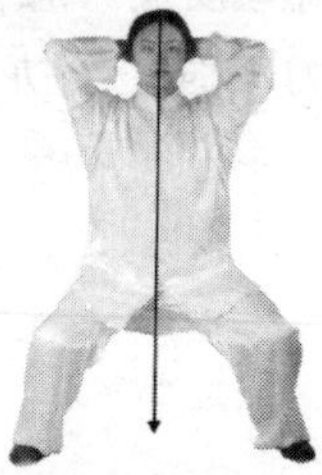

图 8-5-35

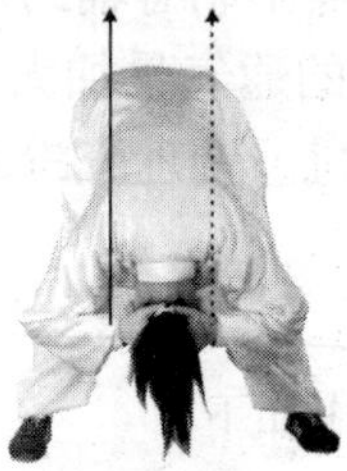

图 8-5-36

【学练要点】上体正直时，两肘打开；上体前俯时，两手用力夹抱后脑，咬牙，舌抵上腭，鼻息调匀。

【健身作用】躬身轻击头的后部，可促使血液充分流注于脑，改善脑部血液循环，有醒脑、明目、美颜的效果，并能消除脊背紧张，使其柔韧有力。

（十二）掉尾势

掉尾势的具体动作如下：

（1）接上式。两腿缓缓伸直，同时两手向头上撑起，掌心向上，指尖相对，两臂充分伸直，靠近头部。配合吸气。（图 8-5-37）

（2）上体左转 90°，再前俯，两膝伸直，两手靠近左脚外侧，两手掌心贴地，两手指尖相对。配合呼气，再抬头。（图 8-5-38）

（3）上体直立，身体转正，配合吸气。上体右转 90°，再前俯，两膝伸直，两手靠近右脚外侧，两手掌心贴地，两手指尖相对。配合呼气，再抬头。（图 8-5-39）

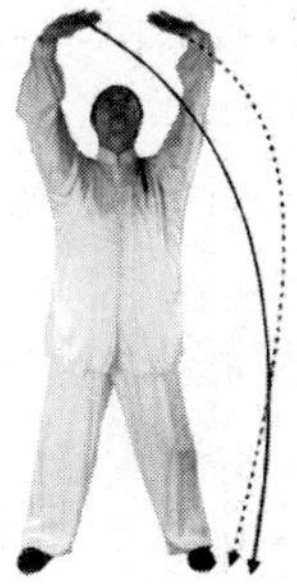

图 8-5-37

图 8-5-38

图 8-5-39

（4）上体直立，身体转正，两手仍在头上撑起，掌心向上，指尖相对，两臂充分伸直靠近头部。配合吸气。（图 8-5-40）

（5）上体后仰，约与地面平行，同时两手由头上向肩两侧分开，掌心向上，指尖向两侧。继续吸气。（图 8-5-41）

（6）上体前俯，两臂由体侧向前摆至两肩前，两掌心向上，两臂充分伸直，抬头，两眼向前看。之后身体前俯，两手内旋，掌心向下，指尖相对，下按至两脚内侧，两手贴地，胸部靠近大腿。配合呼气。（图 8-5-42）

（7）上体直立，同时两臂前平举，两手掌心翻转向上，配合吸气，之后两手掌心翻转向下，俯掌下按收至身体两侧；左脚收至右脚内侧，两脚并拢成直立式。配合呼气。（图 8-5-43、图 8-5-1）

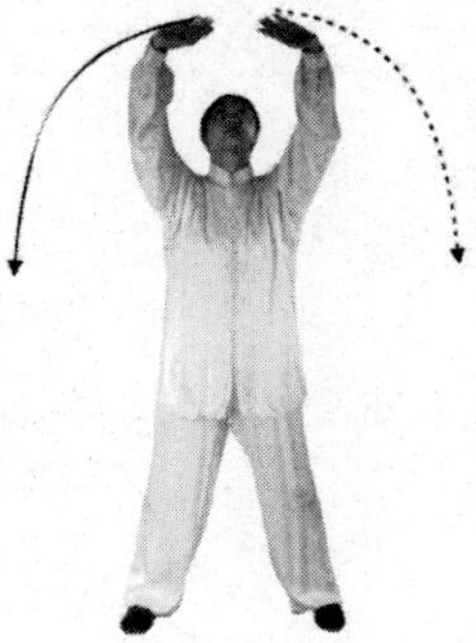

图 8-5-40

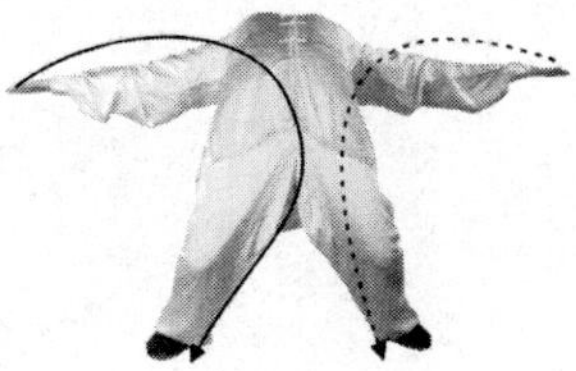

图 8-5-41

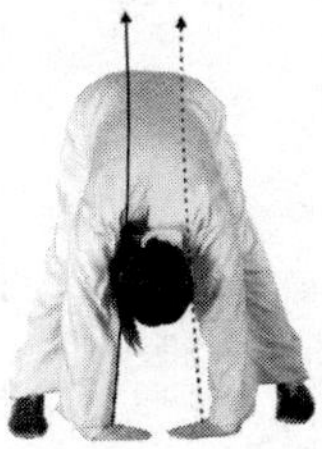

图 8-5-42

图 8-5-43

【学练要点】上体向左、右、前、后四个方位俯仰运动时，两膝必须伸直，充分伸展、拔长相关肌群和韧带；运动幅度因人而异，由小至大，循序渐进。

【健身作用】抻筋拔骨、转骨拧筋、扭转脊柱及全身各个关节，充分活动全身及最大限度地活动脊柱，对脊柱及脊柱周围的神经丛有良好的刺激作用，长期锻炼有一定的抗衰老作用，故有“动诸关节，以求难老”之说。

思考题

1. 导引健身功的特点是什么?
2. 导引健身功的基本功包括什么?
3. 简述五禽戏的动作名称及其要领。
4. 简述八段锦的动作名称及其要领。

下篇　运动实践指导

第九章　田径运动

第一节　田赛项目

一、跳　高

随着跳高技术的发展，正式比赛已经普遍采用背越式跳高。背越式跳高技术由助跑、起跳、过杆和落地四个部分组成。

（一）助　跑

助跑一般分为前段直线跑和后段弧线跑。助跑开始时，采用直线助跑，用前脚掌着地，富有弹性地跑，提高重心，步幅均匀，不断加速；进入弧线跑时，前脚掌沿弧线落地，外侧摆动腿有弹性地蹬地，上体逐步加大向弧线内侧的倾斜。助跑的节奏要快，特别是助跑最后两步，髋关节前送幅度要大，迈步时，上体保持较垂直的姿势，摆动腿积极、充分后蹬，起跳腿快速前伸，髋部自然前送。助跑时，两臂应积极有力地前后摆动；弧线跑时，外侧手臂摆动幅度应大于内侧手臂的摆动幅度。

田径百科

（二）起　跳

起跳腿以大腿带动小腿积极下压着地，起跳脚脚跟外侧先着地，接着通过脚的外侧滚动至全脚掌，脚尖朝向弧线的切线方向。随着身体由内倾转为垂直，迅速地完成缓冲与蹬伸动作，运动员顺势向上跳起。

摆动腿蹬离地面以后，以髋部发力加速向前摆动大腿，同时以膝关节领先，屈膝折叠；当摆动腿摆过起跳腿前方后应向里转，而小腿和脚要稍外展。摆动腿沿着助跑弧线

背越式跳高

的延续方向加速上摆，直至减速制动。两臂的摆动要与摆动腿的摆动协调配合。

（三）过　杆

当起跳腿蹬离地面结束起跳以后，身体应保持伸展的姿势向上腾起，同时在摆动腿和同侧臂的带动下，围绕身体纵轴旋转，使身体转向背对横杆。当头和肩越过横杆以后，及时仰头、倒肩和展体，并利用身体重心向上的速度，收腿挺髋，身体成背弓姿势。这时两腿屈膝稍后收，两臂置于体侧。当身体重心移过横杆时，则应做相反的补偿，即含胸收腹，控制上体继续下旋，同时以髋部发力，带动大腿和小腿加速向后上方甩腿，使整个身体脱离横杆。

（四）落　地

保持着屈髋伸膝的姿势下落，最后以上背部或背部先落于海绵垫上。落在海绵垫后要做好缓冲控制，防止受伤。（图 9-1-1）

图 9-1-1

二、跳　远

跳　远

跳远技术由助跑、起跳、腾空和落地四个部分组成。

（一）助　跑

助跑是为了获得理想的水平速度，并为准确踏板与快速有力的起跳做好准备。助跑距离与运动员的年龄、运动水平和发挥速度的能力有关，助跑的距离一般为 28 ~ 50 米，男子为 16 ~ 24 步，女子为 14 ~ 18 步。助跑过程中，要注意对身体重心、节奏的把握，最后一步达到助跑最快速度。

（二）起　跳

助跑的倒数第二步摆动腿着地时，膝关节迅速前移，上体正直，起跳腿自然积极地前摆。在起跳腿的大腿前摆时，抬腿要比短跑时低些，并积极主动下压，用全脚掌踏上起跳板，然后，屈膝缓冲，身体重心稍降低。当身体重心落至起跳腿支点的垂直部位时，起跳腿迅速用力蹬伸，使髋关节、膝关节、踝关节三个关节迅速伸直，上体挺起，摆动腿的大腿积极向前上方摆至水平位置，小腿自然下垂，完成起跳动作。

起跳腿的同侧臂屈肘向前上方摆起，异侧臂屈肘向侧摆起，当两臂肘关节摆至略低于肩或与肩同高时，突停，使身体借助摆臂的惯性提肩、拔腰、挺胸、顶头，帮助身体重心提起，增大起跳效果。

（三）腾　空

起跳腾空后的空中动作主要有挺身式、蹲踞式和走步式，以下介绍挺身式。

起跳腾空后，摆动腿的大腿积极下放，小腿随之向下、向后方摆动，留在体后的起跳腿向摆动腿靠拢。腾空达到最高点时，身体充分伸展，形成挺胸展髋的姿势。两臂上举或后摆，然后收腹团身，落地瞬间双腿前伸成落地动作。

（四）落　地

落地前，上体不要过分前倾，大腿要尽量上举靠近胸部，将要落地时，小腿积极前伸，双脚接触沙面后，迅速屈膝缓冲，两臂积极向前挥摆，臀部前移，上体前倾，使身体重心迅速移过支撑面。为了避免落地时身体后坐，可采用以下两种落地姿势：前倒姿势，脚跟着地后，前脚掌下压，两腿屈膝前跪，身体移过支撑点后继续向前移动，并向前倒下；侧倒姿势，脚跟着地后，一腿紧张支撑，另一腿放松，身体向放松腿的前侧方倒下。（图 9–1–2）

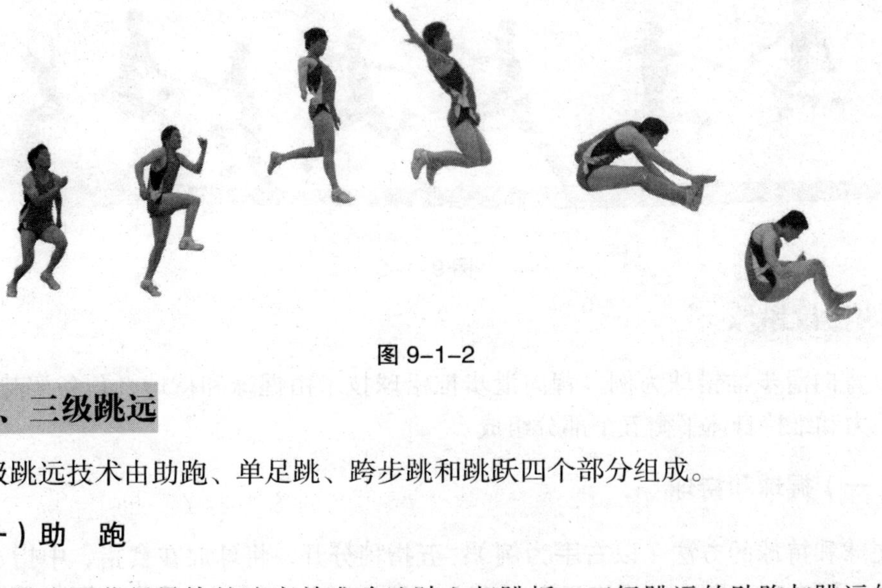

图 9–1–2

三、三级跳远

三级跳远技术由助跑、单足跳、跨步跳和跳跃四个部分组成。

三级跳远

（一）助　跑

助跑是为了获得最快的速度并准确地踏上起跳板。三级跳远的助跑与跳远的助跑基本相同。

（二）单足跳

起跳腿自然积极主动下压，全脚掌踏上起跳板，然后，屈膝缓冲，身体重心稍降低，当身体重心落至起跳腿支点的垂直部位时，起跳腿迅速用力、充分蹬伸，摆动腿的大腿积极向前上方摆至水平位置，然后开始做换腿动作，即摆动腿大腿带动小腿自然向下、向后摆动，同时起跳腿屈膝向前上方摆动，完成换步动作。

（三）跨步跳

随着身体重心的下降，前摆的起跳腿积极有力地下压，小腿迅速前伸做积极有力的扒地动作，着地后要及时屈膝缓冲并迅速滚动到前脚掌，同时摆动腿的大腿快速有力地向前上方摆动至水平位置。

（四）跳　跃

随着身体重心的下降，摆动腿的大腿积极下压，小腿前伸做有力的向下、向后快速扒地动作。着地后适度地屈膝、伸踝，积极缓冲，使身体快速前移。前两跳中的起跳腿此时成为摆动腿，与两臂积极配合，快速有力、大幅度地向前上方摆出，及时完成第三跳的起跳动作。（图 9–1–3）

图 9–1–3

四、投铅球

以背向滑步推铅球为例。背向滑步推铅球技术由握球和持球、预备姿势、滑步、最后用力和维持身体平衡五个部分组成。

背向滑步推铅球

（一）握球和持球

握球和持球的方法（以右手为例）：五指稍分开，将球放在食指、中指、无名指指根处，拇指和小指扶在球的两侧，伸腕。握好球后，将球放在锁骨窝处，贴于颈部，右臂屈肘向外，右手掌心向内。（图 9–1–4）

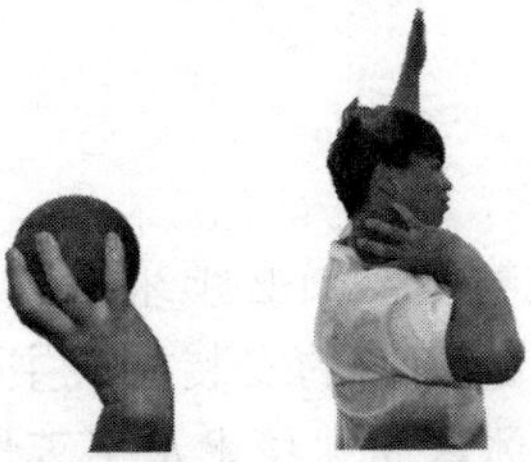

握　球　　　持　球

图 9-1-4

（二）预备姿势

持球后，投掷者站在投掷圈的后部，背对投掷方向，右脚在前，贴近投掷圈，身体重心落在右脚掌上，左脚在后，以脚尖自然点地。身体从正直姿势开始向前屈体，待上体与地面平行时，屈右膝下蹲，形成团身动作。

（三）滑　步

预备姿势完成后，臀部带动身体重心略向投掷方向移动，使其移离身体的支撑点（右脚），以便于滑步，避免身体重心起伏过大。接着，左腿以大腿带动小腿迅速向抵趾板方向摆出并外旋，右腿积极蹬伸，及时拉收并内旋，两腿摆蹬协调配合，推动身体向投掷方向快速移动。

（四）最后用力

最后用力是推铅球技术的重要环节。滑步结束后，左脚脚掌内侧着地支撑，右腿弯曲，支撑身体。左脚脚尖与右脚脚跟在一条直线上，肩轴与髋轴呈扭紧状态。右腿积极蹬转，推动右髋向投掷方向转动，左臂由胸前向投掷方向牵引摆动，身体重心逐渐移至左腿，左膝被动微屈，左臂由上向身体左侧靠压制动，右臂向投掷方向转动，用力推球。铅球快离手时，手腕、手指向外拨球。

（五）维持身体平衡

铅球离手后，两腿交换，降低重心，维持身体平衡。

第二节　径赛项目

一、短　跑

短跑包括 100 米跑、200 米跑、400 米跑等项目。

100 米跑

（一）100 米跑

1. 起 跑

田径竞赛规则规定，短跑比赛运动员必须采用蹲踞式起跑，必须使用起跑器，要按发令员的口令完成起跑动作。起跑器的安装方式主要有普通式和拉长式两种，运动员应根据个人的身高、体形、身体素质、技术水平等情况来选择起跑器的安装方式。

（1）普通式：前起跑器距起跑线一脚半长，后起跑器距前起跑器一脚半长。前后起跑器的抵足板与地面夹角分别约为 45° 和 75° ，两起跑器的左右间隔约为 15 厘米。

（2）拉长式：前起跑器距起跑线两脚长，后起跑器距前起跑器一脚长。拉长式起跑器的抵足板与地面的夹角及两起跑器左右间隔与普通式基本相同。

起跑信号包括“各就位”“预备”和鸣枪。

听到“各就位”口令后，运动员走到起跑器前，俯身，两手撑地，两脚依次蹬在前后起跑器的抵足板上，脚尖应触及地面，后腿膝关节跪地，然后两臂收回到起跑线后撑地，两臂伸直，两手间距离比肩稍宽，四指并拢与拇指呈八字形，颈部自然放松，身体重心落在两手、前腿和后膝之间，注意听“预备”口令。

听到“预备”口令后，逐渐抬起臀部和后膝，臀部要稍高于肩部，身体重心适当向前上方移动，肩部稍超出起跑线，身体重心落在两臂和前腿上。两脚紧贴起跑器抵足板，集中注意力听枪声。

听到枪声后，两手迅速推离地面，两臂屈肘做积极有力的前后摆动，同时两腿快速用力蹬起跑器，后腿快速蹬离起跑器后迅速屈膝向前上方摆出，前腿快速有力地蹬伸。（图 9-2-1）

图 9-2-1

2. 起跑后的加速跑

起跑后的加速跑是从蹬离起跑器到途中跑之间的一个跑段，一般为 30 米左右，其目的是尽快加速到自己的最快速度。

起跑后第一步约三脚半长，第二步为四脚至四脚半长，以后逐渐增大，直至途中跑的步幅。脚蹬离起跑器后，身体处于较大的前倾姿势，为了避免身体向前倾倒，要积极加快腿的蹬伸与臂的摆动，以保持身体的平衡。

最初几步两脚着地点并不在一条直线上，随着速度的加快，两脚内侧着地点逐渐趋于一条直线。

3. 途中跑

途中跑的距离在整个短跑中是最长的，其主要的任务是继续发展和保持较长距离的最高速度。其动作特点是前脚掌落在身体重心投影点的前面，脚触地后，膝关节微屈，足踵下沉，使身体重心很快地移过垂直阶段；接着后腿的髋、膝、踝关节依次迅速伸展，完成快速有力的后蹬。后蹬的角度约为 50°，后蹬方向要正。随着支撑腿的落地，摆动腿的大腿迅速前摆，小腿随惯性弯曲。蹬地时，大腿积极向前上方摆动，并把同侧髋部一起带出。落地前，大腿要迅速积极地下压，这时由于惯性，小腿自然前伸，接着前脚掌迅速、有弹性地向下、向后做扒地动作。

途中跑时，头要正对前方，两眼要向前平视，上体保持正直或微向前倾。以肩关节为轴，两臂轻松而有力地向前摆动。前摆时，不超过身体中线和下颌，上臂与前臂的夹角约为 90°；后摆时，肘关节要稍微向外。摆臂动作应以自然协调为原则。（图 9-2-2）

图 9-2-2

4. 终点跑

终点跑是全程跑的最后一段，要求运动员在离终点线 15 ~ 20 米处时，尽力增加两臂摆动速度和力量，保持上体前倾角度；当离终点线一步距离时，上体急速前倾，两手后摆，用胸部或肩部冲向终点线，跑过终点后逐渐减速。

（二）200 米跑和 400 米跑

200 米跑和 400 米跑有一半以上的距离是在弯道上进行的，弯道跑与直道跑的技术有区别。

200 米跑和
400 米跑

1. 弯道起跑和起跑后的加速跑

为了便于弯道起跑后能有一段直线距离进行加速跑，应将起跑器安装在弯道的右侧，起跑器对着弯道的切线方向。弯道起跑后，前几步应沿着内侧分道线的切线跑。加速跑的距离适当缩短，上体抬起较早。在进入弯道时，应尽可能地沿着跑道内侧跑，身体及时向内侧倾斜。

2. 弯道跑技术

运动员从直道进入弯道时，身体应有意识地向内倾斜，加大右腿和臂的摆动力量及幅度，身体应向圆心方向倾斜。后蹬时，右腿用前脚掌的内侧，左脚用前脚掌的外侧蹬地。两腿摆动时，右腿膝关节稍向内摆动，左腿膝关节稍向外摆动。两臂摆动时，右臂前摆稍偏向左前方，后摆时，肘关节稍偏向右后方；左臂稍离躯干做前后摆动。弯道跑时，两腿蹬地与摆动方向都应与身体向圆心的倾斜方向趋于一致。从弯道跑进直道时，在弯道最后几步，身体应逐渐减小内倾程度，自然跑几步，然后做一个进入直道的调整，按直道途中跑技术跑进。

二、中长跑

中长跑

中长跑项目包括 800 米跑、1500 米跑、3000 米障碍跑、5000 米跑、10000 米跑等。

（一）起跑和起跑后的加速跑

中长跑采用站立式起跑。当运动员听到“各就位”的口令后，迅速走到起跑线后，一般习惯将力量较大的脚放在起跑线后，前后脚距离约为一脚长，左右脚距离约为半脚长，两眼看起跑线前方 5 ~ 10 米处，两臂一前一后，身体保持稳定，集中注意力听枪声。当听到枪声后，两腿迅速用力蹬地，两臂配合腿部动作做快速有力的摆动，使身体迅速向前冲出，在短时间内获得较快的跑速，然后进入匀速、有节奏的途中跑。

（二）途中跑

途中跑的距离最长，是中长跑的主要部分。中长跑的强度小于短跑，跑速相对较慢，动作速度较慢，用力程度相对较小，除了因战术需要而改变跑的节奏外，多采用匀速跑。途中跑时要做到技术合理、速度均匀、节奏感强、全身动作协调有力。

（三）终点跑

终点跑是运动员在十分疲劳的情况下，竭尽全力地进行最后一段距离的冲刺跑，在运动员实力接近的条件下，它将决定比赛的胜负。

什么时候开始终点冲刺，要由比赛的项目、训练的水平、战术的要求、临场的情况等因素决定。一般情况下，800 米跑可在最后 200 ~ 300 米或稍长的距离开始加速，1500 米跑在最后 300 ~ 400 米或稍长的距离开始加速，5000 米跑及以上可以在最后 400 米或稍长的距离开始加速，长距离的项目加速距离可更长些。冲刺能力强的运动员可采取紧跟战术，在进入最后直道时，才开始做最后冲刺，超越对手。

（四）中长跑的呼吸

中长跑时，应注意呼吸的节奏。呼吸应自然并有一定的深度，一般是跑两三步一呼气，跑两三步一吸气。随着跑速的加快，呼吸频率也相应加快。中长跑时，由于强度大、竞争激烈，为了提高呼吸效率可用半张的口和鼻子同时呼吸，以最大程度地满足人体对氧气的需要。

中长跑时，跑一段距离后会不同程度地出现胸部发闷、呼吸困难、动作无力、迫使跑速降低等感觉，这种生理现象叫“极点”。当“极点”现象出现时，应适当降低跑速，深呼吸，特别是加深呼气，同时要以顽强的意志坚持下去。

三、接力跑

接力跑

接力跑竞赛项目一般有男、女 4 × 100 米接力跑和男、女 4 × 400 米接力跑。

（一）4 × 100 米接力跑技术

1. 起　跑

（1）持棒起跑：第一棒运动员采用蹲踞式起跑，其基本技术与短跑起跑大致相同。通常右手持棒，接力棒不得触及起跑线及起跑线前面的地面。持棒的方法一般是用中指、无名指和小指握住棒的末端，用拇指和食指分开撑地。（图 9-2-3）

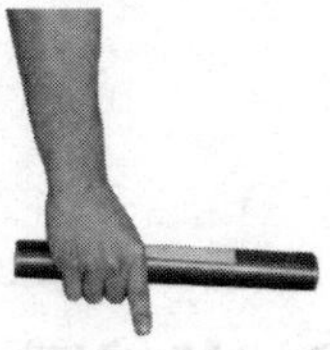

持棒起跑

图 9-2-3

（2）接棒人起跑：第二棒、第三棒、第四棒运动员多采用半蹲式或站立式起跑。第二棒、第四棒选手站在跑道外侧，第三棒选手站在跑道内侧。接棒运动员起跑姿势的选择主要取决于能否快速起跑和快速进入加速跑及能否清晰地看到传棒选手与设定的启动标志。

2. 传接棒

（1）上挑式。接棒人手臂自然后伸，手臂与躯干成 40° ～ 45° 角，掌心向后，虎口张开，朝下。传棒人将棒由下向前上方挑送到接棒人手中。（图 9-2-4）

（2）下压式。接棒人手臂后伸，与躯干成 50° ～ 60° 角，掌心向上，虎口向后，拇指向内。传棒人将棒的前端由上向下压送到接棒人手中。（图 9-2-5）

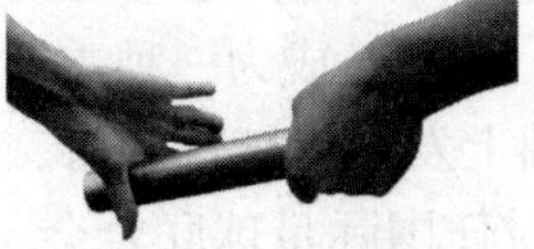

上挑式传接棒

图 9-2-4

下压式传接棒

图 9-2-5

（二）4×400 米接力跑技术

4×400 米接力跑的传接棒技术相对简单，由于传棒人最后的跑速已减缓，因此接棒人应目视传棒人，顺其跑速接棒，然后快速跑出。

思考题

1. 田赛项目包括哪些内容？

2. 径赛项目包括哪些内容？

第十章

球类运动

第一节　足　球

足球百科

一、足球概述

足球运动是一项古老而富有魅力的体育运动。我国古代足球运动称蹴鞠，又称踏鞠，最早被记载于《战国策·齐策》。在战国时，蹴鞠已成为一种重要的娱乐和练兵手段。三国时期，蹴鞠在承袭先秦蹴鞠形式的基础上发展得较快。唐、宋、元、明、清不同朝代都继承并发展了蹴鞠运动。2004 年，时任国际足球联合会（简称国际足联）主席的布拉特宣布，中国是足球的故乡，足球最早起源于山东省淄博市的临淄，并于 2005 年在国际足联总部向临淄颁发了足球起源地证书。

现代足球运动诞生在英国。1857 年，世界上第一个足球俱乐部——谢菲尔德足球俱乐部在英国谢菲尔德市成立。1863 年，英格兰足球总会成立，标志着现代足球的正式形成，从此，足球运动在欧洲得到普及。1896 年，第 1 届现代奥运会在希腊举行时，足球就被列为比赛项目。1928 年阿姆斯特丹奥运会结束后，国际足联召开代表会，一致通过决议每 4 年举办一届世界足球锦标赛，即世界杯足球赛。这对世界足球运动的发展起到了积极的推动作用。1930 年，第 1 届世界杯足球赛在乌拉圭首都蒙得维的亚中央体育场开幕，开辟了世界足球新纪元。

20 世纪 50 年代至 60 年代初，我国的足球运动水平有了大幅度的提高，并在亚洲处于领先地位，有了一定的与欧美强国抗衡的能力，但自 20 世纪 60 年代末以后，我国足球运动水平停滞不前。1976 年以后，国家体育运动委员会（现为国家体育总局）重新召开了全国足球工作会议，恢复了全国甲、乙级联赛制度和青少年联赛制度，这使我国足球运动的水平快速回升。从 1994 年起，我国开始推行足球职业联赛，共有 23 支俱乐部球队参加甲 A、甲 B 联赛，实行升降级制度，使我国的足球运动步入了职业化的道路，从而更好地与国际足球接轨。在职业化的推动下，2002 年的第 17 届世界杯足球赛上，中国国家男子足球队首次打入了世界杯的决赛圈，冲出了亚洲，走向了世界。

二、足球基本技术

足球技术是运动员在足球比赛中所采用的合理行动和动作方法的总和，主要包括踢球、运球、停球、头顶球、抢截球、掷界外球等。

（一）踢 球

踢球动作一般由助跑、支撑脚站位、踢球腿的摆动、踢球脚的触球部位、踢球后的随摆等要素组成。常见的踢球技术有脚内侧踢球、脚背内侧踢球、脚背外侧踢球等。

1. 脚内侧踢球

脚内侧踢球

脚内侧踢球常用于踢定位球，以及接踢各方向来的地滚球和空中球。

踢定位球时，直线助跑，支撑脚落在球的侧后方 15 厘米左右处，膝关节微屈，踢球腿以髋关节为轴，膝外转约 90°，脚尖翘起与地面平行；同时踢球脚不得高于球，由后向前摆动，用脚内侧（三角面）触球的后中部。踢空中来球时，大腿抬起，小腿拖后，脚内侧对准出球方向，利用小腿向前摆动的动作，水平敲击球的后中部。（图 10–1–1）

图 10–1–1

2. 脚背内侧踢球

脚背内侧踢球

脚背内侧踢球用于踢定位球、过顶球、远距离传射和转身踢球。

踢定位球时，助跑方向与出球方向成 90° 角。支撑脚的脚掌外沿积极踏在球的侧后方 25 ~ 30 厘米处，脚尖指向出球方向，并踏在球的横轴（与出球方向垂直的轴）的延长线上，膝关节弯曲，身体向支撑脚一侧稍倾斜。在支撑脚着地的同时，踢球腿以髋关节为轴，以大腿带动小腿由后向前挥摆。当身体转向出球方向、膝关节大约摆至球的正上方时，小腿加速前摆，脚尖稍外转并下压，以脚背的内侧踢球的后中部。踢球后，踢球腿继续向出球方向摆动。（图 10–1–2）

图 10–1–2

转身踢球时，在助跑最后一步蹬离地面时，身体转向出球方向。支撑脚以脚掌外沿着地，脚尖指向出球方向，上体侧前倾，膝关节弯曲，后面的动作与脚背内侧踢球相同。

脚背外侧踢球

3. 脚背外侧踢球

脚背外侧踢球用于踢定位球、弧线球、弹拨球等。

踢定位球时，直线助跑，最后一步稍大并积极着地，支撑脚踏在球的侧方 12 ~ 15 厘米处，脚尖正对出球方向，膝关节微屈，两臂自然张开。踢球腿在支撑脚前跨和助跑的最后一步蹬离地面时，顺势向后摆起，膝关节弯曲，在支撑的同时以髋关节为轴，大腿带动小腿由后向前摆动。在踢球腿膝关节大约摆至球的正上方时，小腿加速前摆的一刹那，膝关节与脚尖内转，脚背绷直，脚趾扣紧，以脚背外侧踢球的后中部。踢球后，踢球腿继续前摆。（图 10-1-3）

图 10-1-3

（二）运　球

脚背正面运球

1. 脚背正面运球

脚背正面运球常用于快速前进。

跑动时，身体自然放松，上体稍前倾，两臂自然摆动，步幅不宜过大。运球脚脚跟提起，趾尖下压，用脚背正面推拨球前进。（图 10-1-4）

图 10-1-4

脚背外侧运球

2. 脚背外侧运球

脚背外侧运球用于快速奔跑和向外改变方向。

脚背外侧运球的动作要领与脚背正面运球相似，不同的是运球脚的脚尖稍内转，用脚背外侧触球。

脚背内侧运球

3. 脚背内侧运球

脚背内侧运球用于变向和用身体掩护球。

助跑时，身体自然放松，步幅不宜过大，上体稍前倾并向运球方向转动。运球脚提起时，膝关节微屈，脚跟提起，脚尖稍外转，并在迈步前伸着地前，用脚背内侧推拨球前进。

4. **脚内侧运球**

脚内侧运球是运球技术中最慢的一种运球方法，常结合身体掩护球使用。

运球时，支撑脚向前跨出一步，踏在球的前侧方，膝关节微屈，上体稍前倾并向里转。身体向前移动时，运球脚提起，用脚内侧推球的后中部。

（三）停　球

停球是指球员有目的地用身体的合理部位，把运行中的球停到或接到所需要的控制范围内。停球是为了更好地理顺球，使之为传球、运球、过人和射门服务。

1. **脚内侧停球**

脚内侧停球易掌握，触球的面积大，易停稳，便于变向和结合下一个动作，多用于停地滚球、反弹球和空中球。

脚内侧停地滚球

（1）停地滚球：支撑脚正对来球，膝关节微屈，停球脚膝外转并前迎，在球与脚接触前的一刹那开始后撤，在后撤过程中用脚内侧接触球，把球停在需要的位置上。（图 10-1-5）

脚内侧停反弹球

（2）停反弹球：支撑脚踏在球的落点的侧前方，膝关节微屈，上体稍前倾并向停球脚方向微转，同时停球脚提起并放松，用脚内侧对准球的反弹路线。当球落地反弹刚离地时，用脚内侧触球的中上部。（图 10-1-6）

图 10-1-5

图 10-1-6

（3）停空中球：一种方法是根据来球的高度，将停球脚举起，脚内侧对准来球路线，在脚与球接触前的一刹那开始后撤，在后撤过程中用脚内侧接触球，把球控制在下个动作需要的地方（图 10-1-7）；另一种方法是将脚提起并稍高于选择的停球点，在脚与球接触前的一刹那，用脚内侧切球的侧上部，把球停在地面。用切压法停球往往不稳，需要及时调整。

脚内侧停空中球

图 10-1-7

脚底停地滚球

2. 脚底停球

脚底停球用于停地滚球和反弹球。

停地滚球时，支撑脚站在球的侧后方，膝关节微屈，脚尖正对来球；同时将停球脚提起，膝关节自然弯曲，脚尖翘起，脚跟距离地面的高度不得高于球，踝关节放松，用前脚掌触球的中上部。（图 10–1–8）

图 10–1–8

脚底停反弹球

停反弹球时，支撑脚踏在球落点的侧后方，球着地的一刹那，用停球脚的前脚掌对准球的反弹路线，触球的中上部。

3. 胸部停球

胸部面积较大，有弹性，位置高，能停高球和空中平球。胸部停球有收胸式停球和挺胸式停球两种。

收胸式停球

（1）收胸式停球：一般用来停胸部高度的平直球。停球时，面对来球，两脚开立，两臂自然张开，挺胸迎球。在球运行到与胸部接触前的一刹那，迅速收胸、耸肩、收腹，缓冲来球力量，将球停在身前。如果要把球停向左（右）侧，则在接触球的同时向左（右）侧转体。（图 10–1–9）

挺胸式停球

（2）挺胸式停球：一般用于停高于胸部的下落球。停球时，面对来球，两脚开立，两膝微屈，胸部正对来球，在球与胸部接触前的刹那，收下颌，挺胸，上体后仰成背弓，以缓冲来球力量，使球弹起再落于身前。（图 10–1–10）

图 10–1–9

图 10–1–10

（四）头顶球

头顶球是争取时间和取得空中优势的主要技术，在攻防中起着重要作用。头顶球可分为前额正面顶球和前额侧面（额侧）顶球两种。这两个部位都可以原地、跳起和鱼跃顶球。

1. 前额正面顶球

前额正面顶球（原地）：身体正对来球，两脚前后开立，膝关节微屈，上体后仰，两臂自然分开，两眼注视来球。在球运行到身体垂直部位前的一刹那，两脚用力蹬地，收腹，身体迅速前摆。当球运行到身体垂直部位时，颈部紧张，收颌，甩头，用前额正面顶球的后中部，然后上体随球继续前摆。（图 10-1-11）

图 10-1-11

2. 前额侧面顶球

前额侧面顶球（原地）：两脚前后开立，两膝微屈，上体和头部稍向出球方向异侧转动，身体重心放在后脚上，两臂自然张开，两眼注视来球。头部触球时，后脚用力蹬地，上体迅速向出球方向扭转，同时甩头。当球运行到与出球方向同侧肩的前上方时，用额侧部位击球的后中部。

（五）抢截球

抢球是把对方控制的或将要控制的球夺过来或破坏掉。截球是将对方传出的球堵截住或破坏掉。

1. 正面抢截球

正面抢截球有正面跨步抢截球和正面铲球两种。

（1）正面跨步抢截球：两脚前后开立，两膝微屈，重心下降，落在两只脚上，面向对手。对手运球前进，当触球脚即将着地或刚着地时，一脚用力蹬地，抢球脚以脚内侧正对球并向球跨出一步，膝关节弯曲，上体前倾，身体重心移至抢球脚上，另一只脚立即前跨成支撑脚。双方的脚同时触球时，则要顺势向上提拉，使球从对方的脚背滚过。身体要迅速跟上，把球控制住。

（2）正面铲球：两脚前后开立，两膝微屈，重心下降，落在两只脚上，面向对手。当对手运球前进、脚触球的一刹那，一脚用力后蹬，另一脚前伸，然后将球踢出。

2. 侧后铲球

侧后铲球有同侧脚铲球和异侧脚铲球两种。

（1）同侧脚铲球：控球者拨出球的一刹那，抢球者的后脚（异侧脚）用力后蹬成

同侧脚铲球

跨步，前脚（同侧脚）以脚外侧沿地面向前外侧滑出，用脚背或脚尖将球踢出或捅出，然后小腿外侧、大腿外侧和臀部依次着地。

（2）异侧脚铲球：控球者拨出球的一刹那，抢球者后脚（同侧脚）用力后蹬成跨步，前脚（异侧脚）以脚外侧沿地面向前内侧滑出，用脚底将球蹬出去，然后小腿外侧、大腿外侧和臀部依次着地。

异侧脚铲球

（六）掷界外球

掷界外球不受越位限制，是组织进攻的机会，如果掷球既远又准，则可加快进攻速度。

原地掷界外球

1. 原地掷界外球

面对出球方向，两脚前后（左右）开立，膝关节弯曲，上体后仰成背弓，重心移到后脚上（左右开立时，重心在两脚间），两手自然张开，拇指相对，呈八字形，持球侧后部，屈肘将球置于头后。掷球时，后脚用力蹬地，两腿迅速伸直，身体重心由后脚移到前脚，收腹屈体，同时两臂急速前摆，当摆到头上时，用力甩腕将球掷入场内。掷球时，后脚可沿地面滑动向前，两脚均不可离地或踏入场内（但允许踏在线上）。（图 10–1–12）

图 10–1–12

2. 助跑掷界外球

助跑掷界外球

两手持球于胸前，在助跑迈出最后一步时，上体后仰成背弓，同时将球举至头后。掷球时的动作与原地掷界外球相同。

三、足球基本战术

足球比赛攻守过程中采取的个人行动和集体配合，称为足球的基本战术。足球战术可分为进攻战术和防守战术两大类。进攻战术和防守战术中都包含着个人和集体的战术。

（一）比赛阵型

比赛阵型是指比赛场上队员的基本位置排列，是本队攻守力量分配和分工的形式。选择阵型要以本队队员的特长、体能与技术水平的特点为依据。

根据队员的职责和排列的层次可将阵型分为后卫线、前卫线和前锋线。阵型的人数排列原则是从后卫数向前锋，守门员不计算在内。

目前，世界上普遍采用的阵型有“4–3–3”“4–4–2”“4–1–2–3”“3–5–2”等。在以上阵型中，除了“4–4–2”阵型以防守为主、反击为辅外，其他阵型均以进攻为主，尤以“3–5–2”阵型最突出进攻。

（二）进攻战术

1. 个人进攻战术

个人进攻战术包括摆脱、跑位、带球过人等。个人进攻战术指的是在对方紧逼防守的情况下，采取有效措施，摆脱自己的对手，跑到有利的位置，接应控制球的同伴并巧妙地传球配合，以达到进攻目的的方法。

2. 局部进攻战术

局部进攻战术是指两人或两人以上的战术配合行动，可以丰富和完善全队的进攻战术，是实施全队战术的基础。

两人的局部配合是集体配合的基础。常用的两人配合有以下三种方法。

（1）斜传直插二过一。⑦横传给⑨，⑨斜线传球，⑦直线插入接球；⑥斜线传球给⑩，⑩斜线传球，⑥直线插入接球。（图 10–1–13）

（2）直传斜插二过一。⑦横传给⑨后立即斜线插上接⑨的直传；⑩运球过人后传给⑧，再斜线插上接⑧的直传。（图 10–1–14）

（3）反切二过一。⑦回撤接⑨的传球，防守跟上紧逼时，⑦回传给⑨并转身切入，接⑨传至对手身后空当的球。（图 10–1–15）

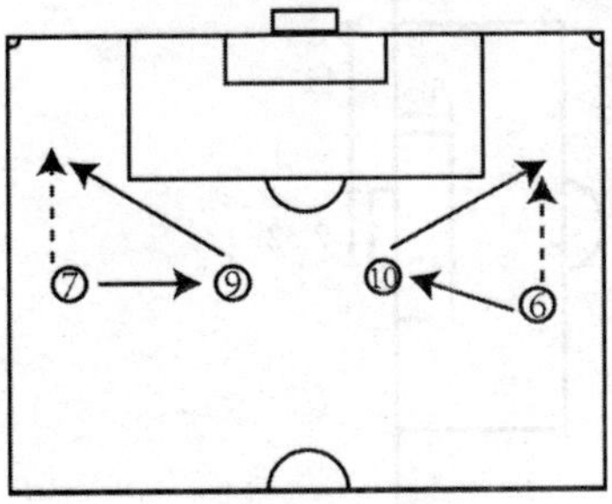

图 10–1–13

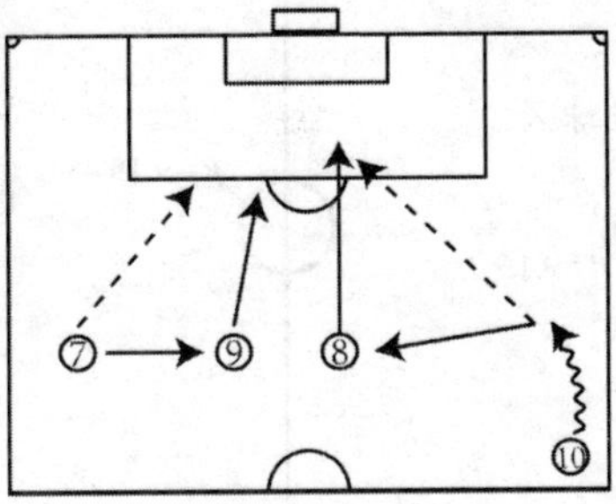

图 10–1–14

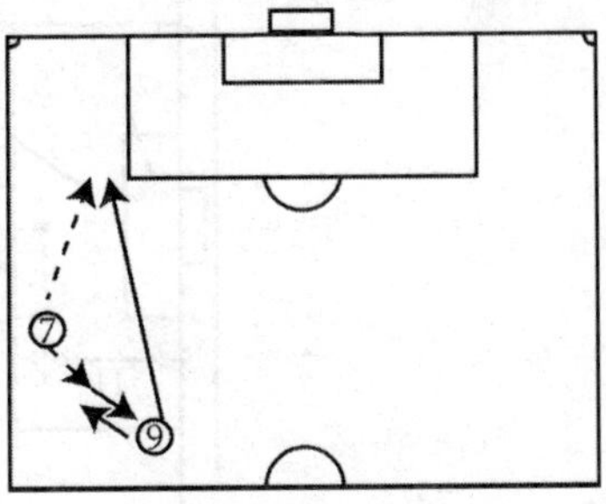

图 10–1–15

3. 集体进攻战术

（1）边路进攻。边路进攻主要是通过边锋、交叉到边上的中锋或直接插上的前卫、边后卫，运用个人带球突破或传球配合，以达到突破对方防线传中（外围传中、下底传中、切底迂回传中），最后由中锋包抄射门的目的。

（2）中路进攻。中路进攻能直接威胁球门，但由于中间防守队员密集，中路进攻不易突破，因此要通过中锋、内切的边锋或插上的前卫间的配合或个人带球过人等方法突破对方防线。

（3）转移进攻。当一侧进攻受阻，另一侧进攻有利时，要及时快速地转移进攻方向。此方法多是通过采用有效而准确的中长距离传球来实现的，用以拉开对方的一边防守，达到声东击西的进攻目的。

（4）快速反击。在防御中积极拼抢，一旦得球，趁对方立足未稳时快速传球，形成以多打少的局面，达到射门得分的目的。

（三）防守战术

1. 个人防守战术

个人防守战术是局部防守和集体防守的基础，包括堵（迎面堵、贴身堵）、抢（迎面抢、侧面抢、侧后铲）、断等技术。此外，选位与盯人也是重要的个人防守战术。

2. 集体防守战术

集体防守战术有全攻全守的全场防守、半场防守、紧逼防守和区域防守，也有与盯人结合的区域防守、密集防守等多种防守战术。不论采用哪种战术都要考虑到本队的特长，还要针对对方的进攻技术，采用有效的防守战术，破坏对方的进攻。

四、足球比赛规则简介

足球场地

（一）比赛场地

足球比赛场地可采用天然草皮或人造草皮。边线外要有大于 1.5 米的草皮边缘，在中线的两侧还要各配置一个距边线至少 5 米的带顶棚的替补席。广告牌与比赛场地线的距离不得小于 4 米，离球门线后不少于 5 米，至角旗处不得少于 3 米。（图 10-1-16）

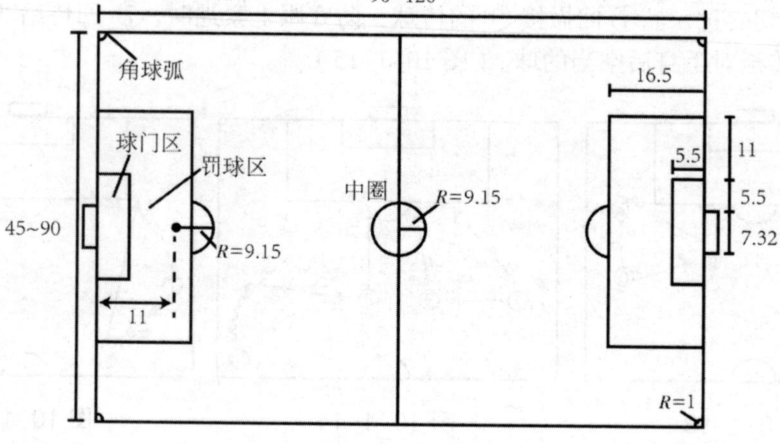

单位：米

图 10-1-16

（二）比赛规则简介

比赛规则简介

1. 比赛时间

正式的国际足球比赛每场为 90 分钟，分为上下两个半场，每半场 45 分钟（竞赛规程对比赛时间另有规定的除外），中间休息不得超过 15 分钟。伤停补时一般为 1 ~ 6 分钟。若比赛为平局且须决出胜负时，则进行加时赛。足球加时赛是 30 分钟，上下半场各 15 分钟。

2. 比赛开始

比赛开场前，用掷硬币的方式来选定场地或开球权。上下半场开始比赛时及进一球后的继续比赛，都在中圈开球。开球时，双方队员应站在本方半场内，裁判员发出信号后，由开球队一名队员将球向前踢并移动，比赛开始。下半场双方互换场地。

3. 计胜方法

凡球的整体从门柱间及横木下越过球门线，而此前攻进球的球队未违反竞赛规则，即为有效进球。

4. 队员人数

正式比赛场上每队最多可有 11 人（其中一人必须为守门员），凡不足 7 人不得开赛。在场上出现死球时，方可替换队员，被换下的队员不得再上场比赛。正式比赛中，一支队伍有 3 次换人的机会。

5. 比赛进行及死球

出现下列三种情况时，比赛继续进行：① 球从门柱、横木或角旗杆弹回场内；② 球从当时在场内的裁判员或巡边员的身上弹落于场内；③ 队员似有犯规现象而并未判罚前。

下列情况比赛成死球：① 当球不论在场上或空中全部越过端线或边线时；② 当比赛已被裁判员鸣哨停止时。

6. 越　位

越位是指越过球的位置。当进攻队员较球更接近对方端线时，他便处于越位位置（在本方半场内或至少有两名对方队员较其更接近于对方端线的除外）。

越位

队员处于越位位置后，当同队队员踢或触及球的一瞬间，裁判员认为队员有下列情况时应判罚越位犯规：① 正在干扰比赛或干扰对方；② 正企图从越位位置获得利益。

当队员仅仅是处在越位位置或直接接球门球、角球、界外球或裁判员的坠球时，不应被判越位。

队员被判罚越位后，应由对方队员在越位地点踢间接任意球继续比赛。

7. 犯规与不正当行为

（1）判罚间接任意球的情况：队员以危险动作进行比赛；在没有身体接触的情况下阻碍对方行进；在守门员发球过程中，阻止守门员从手中发球、踢或准备踢球时。

铲球犯规

（2）判罚直接任意球的情况：出现踢或企图踢对方队员；绊摔或企图绊摔对方队员；跳向对方队员；猛烈地或带有危险性地冲撞对方队员；从背后冲或铲对方队员；打或企图打对方队员或有其他不良举动；拉扯或推对方队员；用手或臂部携带、击或推球等。

拉人犯规

（3）出示黄牌警告的情况：擅自进出比赛场地者；持续违犯规则者；用语言或行动对裁判员的判罚表示不满者；有不正当行为者。

手球犯规

（4）出示红牌罚令出场的情况：犯有暴力行为或严重犯规者；用污言秽语进行辱骂者；经警告后仍坚持其不正当行为者。

第二节 篮 球

篮球百科

一、篮球概述

篮球运动起源于美国，由美国马萨诸塞州斯普林菲尔德市的一位名叫詹姆斯·奈史密斯的体育教师于1891年设计发明。最初是一种将桃篮钉在运动场内看台上的栏杆上，并向桃篮投球的游戏。1932年，国际业余篮球联合会在瑞士日内瓦成立。1936年，男子篮球成为第11届奥运会正式比赛项目。1976年，女子篮球成为第21届奥运会正式比赛项目。1989年，国际篮球联合会允许美国职业篮球联赛（NBA）的职业球员参加第25届奥运会比赛。

1895年，篮球运动传入中国。1913年，篮球在华北运动会上被列为正式比赛项目。近年来，中国男子篮球队多次代表亚洲参加世界大赛，并且涌现出一批能够战于NBA赛场的球员。中国男子篮球队在2004年雅典奥运会和2008年北京奥运会上获得第八名；中国女子篮球队在1992年巴塞罗那奥运会上获得亚军，在2008年北京奥运会上获得第四名。与世界篮球强国相比，我国的篮球运动水平仍有待进一步提高。

现代篮球比赛具有身体对抗激烈、技战术复杂多变等主要特点。现代篮球以高速度、高空优势、高超技巧、高比分、身体对抗激烈、技战术灵活多变为发展总趋势。

起 动

二、篮球基本技术

变向跑

（一）基本姿势和移动

1. 基本姿势

两脚左右开立，膝关节微屈，手臂一前一侧或手臂在身体两侧。（图10-2-1）

2. 移 动

（1）起动。

（2）跑：变向跑、变速跑、侧身跑、后退跑。

（3）急停：跨步急停、跳步急停。

（4）滑步：前滑步、后滑步、侧滑步。

（5）转身：前转身、后转身。

（6）跳：单脚起跳、双脚起跳。

跨步急停

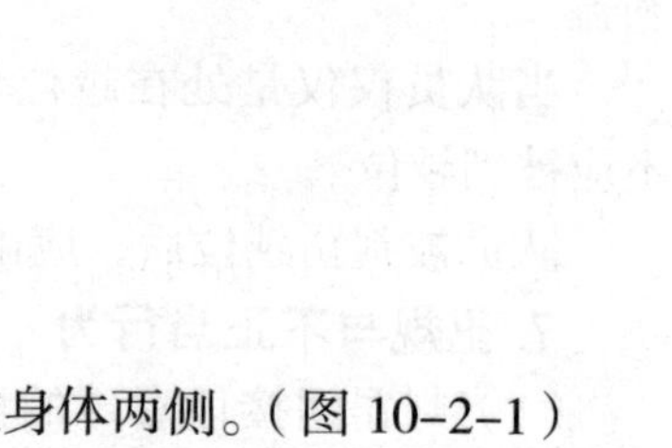

图10-2-1

（二）传接球技术

准确、及时、隐蔽、多变的传接球技术能直接助攻得分，也是队员之间联系的纽带。

1. 传球技术

（1）胸前传球。

双手胸前传球

双手胸前传球：两脚前后开立，双手持球于胸前；两臂发力前伸，手腕、手指拨

球，将球传出。（图 10–2–2）

单手胸前传球：双手持球于胸前，在传球时，双手将球引至右肩下部，右手手腕稍向后伸，手心向前，左手扶球的侧下部。出球时，右臂短促前伸，手腕急促向前抖翻，同时食指、中指、无名指用力弹拨，将球平直地向前传出。

（2）击地传球。

双手击地传球：双手持球于胸前，抖腕，手指用力拨球。（图 10–2–3）

双手击地传球

单手击地传球：单手持球，然后将球传出，球经过地面反弹传到队友手中。单手击地传球稳定性低，但可以躲避防守队员在球运行过程中的阻截。

图 10–2–2

图 10–2–3

（3）双手头上传球。

双手头上传球

头上传球的持球手法与双手胸前传球相同。双手举球于头上，两肘微屈。传球时，两肘和手心向前。近距离传球时，前臂前伸外翻的同时，拇指、食指、中指用力向前拨球。传远距离球时要加大蹬地力量，以收腹带动前臂迅速前摆，手腕、手指用力拨球，全身协调用力，将球传出。

（4）单手肩上传球。

右手持球于右肩上，蹬地转体，摆臂、拨指，将球从肩上抛出。（图 10–2–4）

（5）单手体侧传球。

持球于身体右侧；向前摆臂、扣腕、拨指，将球从体侧抛出。（图 10–2–5）

图 10–2–4

图 10–2–5

2. 接球技术

两臂前伸，两手呈半球状迎向来球；球入手后，迅速屈肘缓冲，缓冲后，双手持球于胸前。（图 10–2–6）

图 10–2–6

（三）运球技术

熟练地掌握运球技术是摆脱防守、调整自己在球场上的位置、完成全队战术配合的必备条件之一。

高运球

低运球

体前变向运球

背后运球

转身运球

交叉步突破

（1）高运球和低运球：高运球时，虎口向前，手按拍球的后上方，手按指柔和地随球上引，手臂自如屈伸控球，球反弹至胸腹间高度；低运球时，按拍球的动作应短促有力，球反弹至膝下高度，身体协调，保护好球。（图 10–2–7）

（2）体前变向运球：屈膝降重心，右手迅速将球按拍向地面；换手后，迅速运球推进。（图 10–2–8）

图 10–2–7

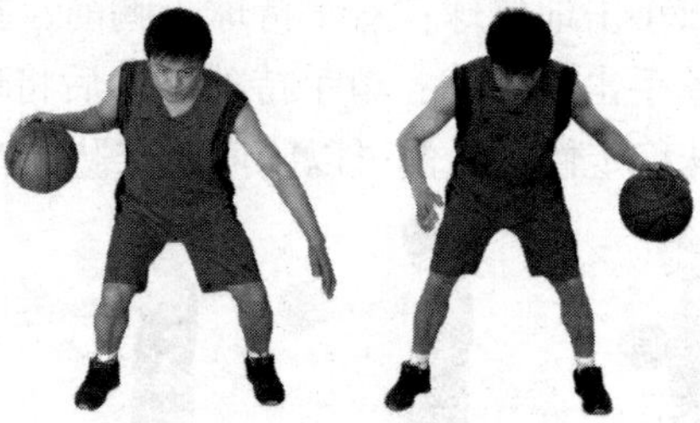

图 10–2–8

（3）背后运球：运球受阻时，向右后拉球，然后迅速向左侧前方按拍球，当球在左侧地面上弹起时，左手接反弹球向前推进。（图 10–2–9）

图 10–2–9

（4）转身运球：当对手封堵运球者右侧路线时，运球者迅速上左脚，微屈膝，重心移至左脚，并以左脚前脚掌为轴向后转身，右手将球拉到身体后侧方，并按拍球使其落在身体的外侧方，然后换左手运球，加速超越防守。

（四）持球突破

持球突破是摆脱防守、获得进攻机会的重要手段。

（1）交叉步突破：两脚左右开立，降低身体重心，持球于胸腹间；向左做假动作后，左脚迅速向防守者左侧跨出；右脚离地前，右手将球按拍至左脚右前方；然后右手运球，左手护球，迅速超越防守。（图 10–2–10）

图 10–2–10

（2）同侧步突破：两脚左右开立，降低身体重心，持球于胸腹间；假动作要逼真，右脚上步，快速转体、探肩护好球；紧贴防守队员，放球要快；右手运球，左手护球，迅速超越防守。（图 10-2-11）

同侧步突破

图 10-2-11

（五）投篮技术

比分是衡量比赛胜负的唯一标准。只有掌握了正确的投篮技术，才能提高命中率、多得分，从而取得比赛的胜利。

（1）原地双手胸前投篮：两膝微屈，双手持球于胸前；两脚蹬地，同时两臂上伸，扣腕、拨指出球。（图 10-2-12）

图 10-2-12

原地双手胸前投篮

原地单手肩上投篮

（2）原地单手肩上投篮：两脚左右开立，两膝微屈；两臂屈肘，右手手腕后伸，托球于右肩前上方，左手扶球；右臂向上伸展，右手扣腕、拨指将球发出。（图 10-2-13）

（3）行进间单手高手投篮：右脚跨一大步的同时双手接球；接球后，左脚迅速向前跨一小步，起跳、腾空、球上举，扣腕、拨指，球出手。（图 10-2-14）

图 10-2-13

图 10-2-14

行进间单手低手投篮

（4）行进间单手低手投篮：右脚跨一大步的同时双手接球；接球后，左脚迅速向前跨一小步，起跳、腾空、手心朝上托球上举，手指上挑出球。（图 10-2-15）

（5）原地跳起单手肩上投篮：两脚左右开立，两膝微屈，两臂屈肘；两脚蹬地跳起，同时右手托球，左手扶球，举球于右肩上方，伸臂、扣腕，手指拨球，球出手。（图 10-2-16）

原地跳起单手肩上投篮

图 10-2-15

图 10-2-16

急停跳投

（6）急停跳投：先向前跨出一大步，用全脚掌抵住地面，迅速屈膝，同时身体稍向后倾，转移重心，减缓向前的冲力，然后连贯地跨出第二步。脚着地时，脚尖稍向内转，用前脚掌内侧蹬地，两膝弯曲，身体侧转（右脚跨出第一步，身体右转），微向前倾，身体重心落在两脚之间，两臂自然张开，协助维持身体平衡。垂直向上起跳，起跳与举球、出手动作应协调一致，在接近起跳最高点时出球。

（六）防守基本技术

1. 防守有球队员

防守有球队员

站在对手与球篮之间适当的位置上，如果对手善于投篮，则防守时多采用两脚前后开立、前脚同侧手臂向前方伸出的防守姿势；如果对手善于持球突破，则防守时多采用两脚左右开立、两臂向两侧伸展的平步防守姿势。防守中，应随时根据持球队员动作的变化，及时调整防守位置并变换动作。除了上述防守外，还应抓住时机，上挑或打掉持球队员手中的球。（图 10-2-17）

图 10-2-17

抢球：依据抢球时的动作形式，分为拉抢和转抢。

打球：依据持球者的状态，分为打持球、打运球、打投篮的球（盖帽）。

断球：依据断球者的移动路线和球的运行路线，分为横断球、纵断球；也可以分为封断球（贴近持球者断其传球）和抢断球（贴近接球者断其接球）。

2. 防守无球队员

防守无球队员

站在对手与球篮之间偏向有球一侧的位置，对手移动时，积极运用滑步随其移动，始终与对手保持一定的距离，防止对手摆脱。

（七）篮板球技术

1. 抢进攻篮板球

抢进攻篮板球

根据自己在场上所处的位置及时判断出球的反弹方向，快速起动，摆脱防守，抢占有利的位置。采用单脚或双脚起跳，腾空后，身体和手臂充分伸展，及时调整身体重心；球入手后，根据所处位置选择投篮或将球传出。

2. 抢防守篮板球

攻方投篮时，防守队员应根据自己与进攻队员之间的不同距离采用不同的挡人方法，然后根据球反弹的方向，及时转身，抢占有利位置，跳起用单手或双手迅速将球抢下来，落地后根据场上情况，或运球推进，或将球传给同伴。

抢防守篮板球

三、篮球基本战术

（一）篮球进攻战术基础配合

篮球进攻战术基础配合是指进攻时两三人之间有组织、有目的的协同行动，包括传切配合、策应配合、突分配合、掩护配合。全队完整的进攻配合必须建立在基础配合之上。熟练地掌握两三人之间的传切、策应、突分、掩护等基础战术配合及其变化，是提高全队进攻战术配合质量的重要保证。

1. 传切配合

传切配合

传切配合包括一传一切和空切配合。

（1）一传一切：④传球给⑤后利用速度和假动作摆脱△4的防守，切入篮下接⑤的回传球上篮；⑤接球前，用假动作摆脱防守，接球后做投篮或突破的动作吸引△5的防守，并及时将球传给切入的④上篮。（图 10–2–18）

（2）空切配合：④传球给上提接球的⑤，⑤接球后以假动作吸引△5的防守，此时另一侧的⑥做假动作摆脱△6进行空切，篮下接⑤的传球上篮，⑤去冲抢篮板球。（图 10–2–19）

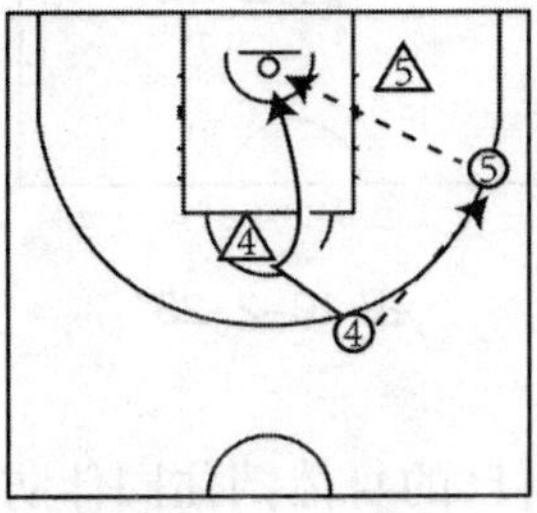

图 10–2–18

图 10–2–19

2. 策应配合

策应配合

策应配合是内线队员背对或侧对球篮接球，并作为进攻的枢纽，与同伴的切入、急停跳投等技术相结合，以摆脱防守，传给外线同伴投篮的一种配合形式。

（1）④传球给插上策应的⑤，④用假动作摆脱△4的防守并插入篮下要球，⑤可视情况将球回传给④或自己运球进攻篮下，或转身跳投。（图 10–2–20）

（2）④传球给插上策应的⑤后，切入篮下要球或抢篮板球，⑤接球后准备进攻△5，△6此时去补防④，⑤将球传给出现更好机会的⑥进行投篮。（图 10–2–21）

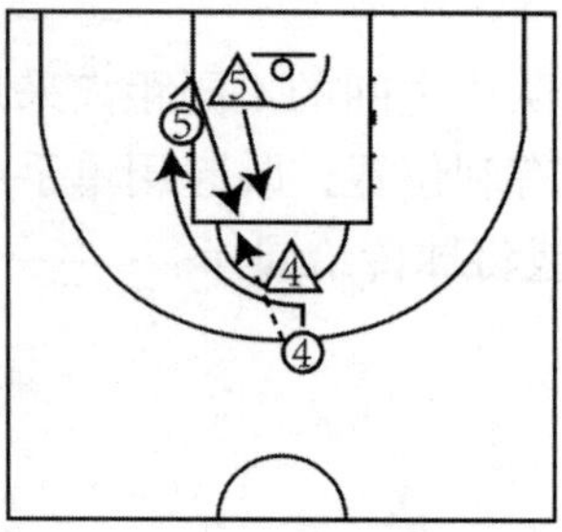

图 10-2-20

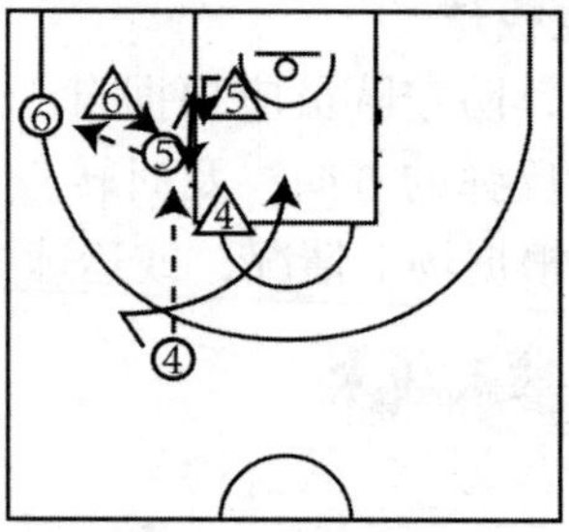

图 10-2-21

突分配合

3. 突分配合

进攻队员持球或运球突破，遇到对方协防时，及时将球传给插入防守空隙地带接应的同伴，这种在突破中根据情况及时传球的配合叫突分配合。突分配合主要用于对方采用缩小盯人和松动盯人防守战术，而己方外围投篮又不准的情况。

（1）④运球突破△4的防守，△5上移补防，④将球传给插入篮下的⑤，⑤立即投篮，如遇△5的回防，由于⑤已抢占篮下有利位置，应该强攻。（图 10-2-22）

（2）④传球给⑤，⑤突破△5进入篮下，△6进行补防，⑤可将球传给从不同方向插入的⑥，⑥接到⑤的分球后立即投篮，如遇到△6的回防，则争取强攻。（图 10-2-23）

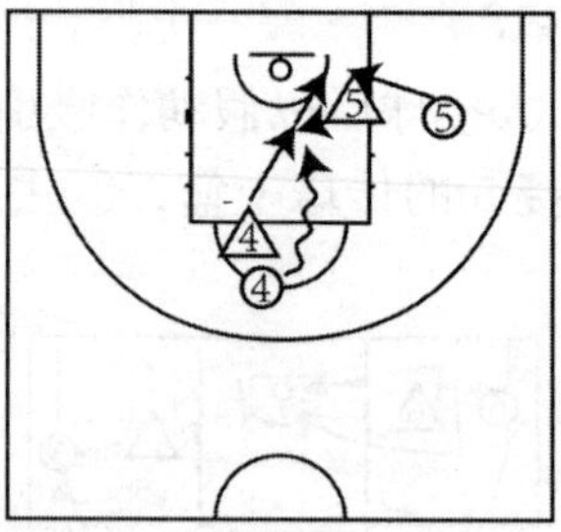

图 10-2-22

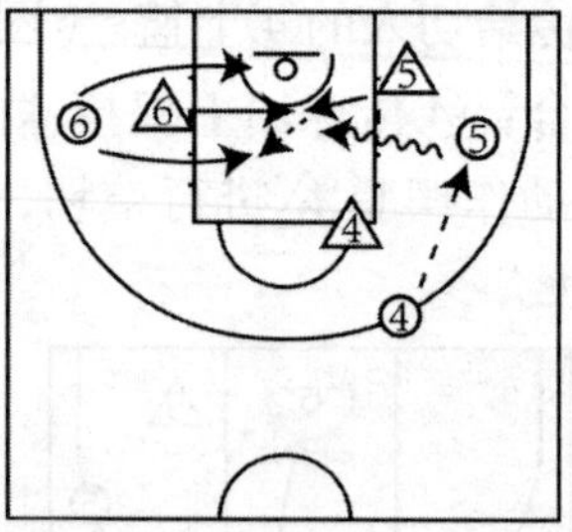

图 10-2-23

掩护配合

4. 掩护配合

掩护是进攻队员利用合理的技术动作，用自己的身体挡住同伴防守队员的移动路线，使防守同伴的队员被阻挡，同伴借此摆脱防守，从而创造有效进攻的配合。根据掩护者的不同位置和掩护方向，掩护可分为前掩护、侧掩护和后掩护。（图 10-2-24）

（1）前掩护。⑥传球给⑤，先向左做要球的假动作，然后快速向篮下插去，如△6也随之插向篮下，则利用△4和④做掩护，到限制区外接球；⑤接到⑥传球后，见⑥从限制区内跑出要球，则传球给⑥，这时⑥借④的前掩护接球跳投。

（2）侧掩护。⑥传球给⑤，先向右做假动作，然后向左插去，到△5左侧停住，给⑤做侧掩护，⑤借⑥的掩护快速从△5的左侧运球上篮。

（3）后掩护。⑥传球给⑤，④提上给⑤做后掩护，⑤借④的掩护从△5右侧运球上篮。

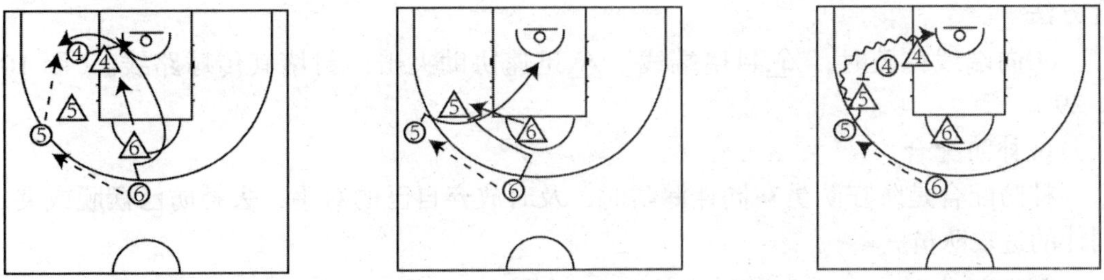

前掩护　　侧掩护　　后掩护

图 10-2-24

（二）篮球防守战术基础配合

1.“关门”配合

“关门”配合是临近的两个队员靠拢，协同防守突破的配合。

当⑤从正面突破时，△4与△5或△5与△6进行“关门”配合。（图 10-2-25）

“关门”配合

2. 挤过配合

挤过配合是破坏掩护配合的积极有效的方法之一，是防守队员从两名进攻队员之间挤过去，继续防守自己的防守对手的配合方法。

④传球给⑤后，跑去给⑥做掩护，△4发现后要及时地提醒同伴△6，△6在④临近的瞬间，迅速抢在④之前继续防守⑥。（图 10-2-26）

3. 穿过配合

穿过配合是破坏掩护配合的积极有效的方法之一，是防守队员从自己的同伴与进攻队员之间穿过去，继续防守自己的防守对手的配合方法。

⑤传球给⑥后去给④做掩护，△5要提醒同伴，并离⑤远一点。当⑤掩护到位前一刹那，△4主动后撤一步，从⑤和△5中间穿过，继续防守④。（图 10-2-27）

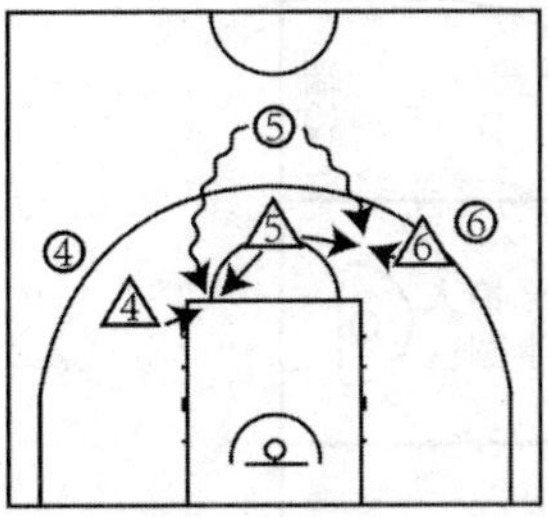

图 10-2-25

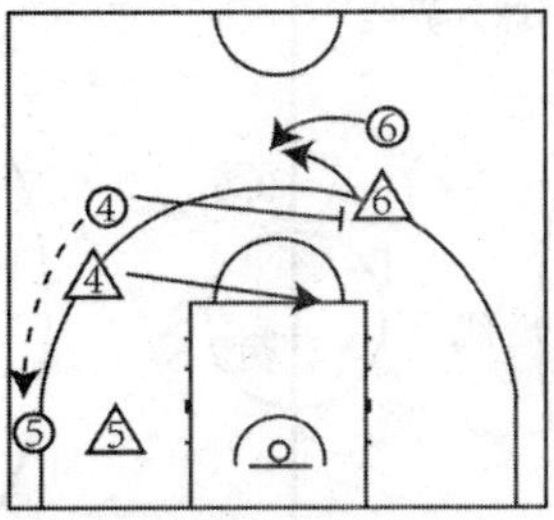

图 10-2-26

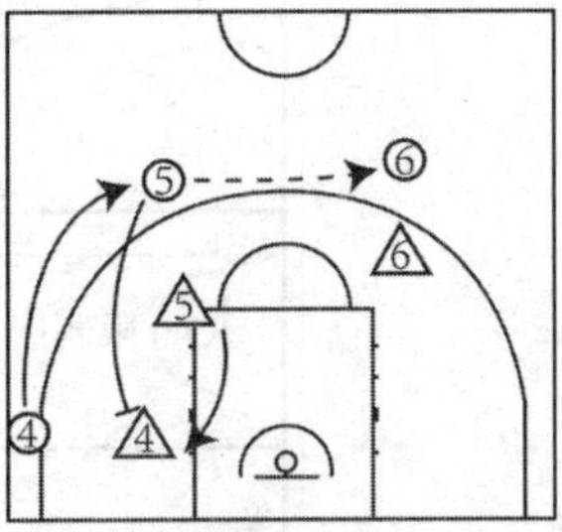

图 10-2-27

4. 交换配合

交换配合是为了破坏进攻队员的掩护配合，防守队员及时地相互呼应、交换自己所防守的对手的一种方法。

交换配合

⑤去给④做掩护，△5要主动发出信号，及时封堵④向篮下突破的路线，此时△4应及时调整自己的防守位置，防止⑤向篮下空切。（图 10-2-28）

5. 夹击配合

夹击配合是两名防守队员同时封堵或围夹持球队员，迫使其违例或失误的配合方法。

④向端线突破时，$\triangle$4封堵端线，$\triangle$5迅速协助夹击，封堵其传球路线。（图 10-2-29）

6. 补防配合

补防配合是防守队员在同伴漏防时，及时放弃自己的对手，去补防已摆脱或突破同伴的进攻队员。

补防配合

⑤突破$\triangle$5时，$\triangle$4及时移动去补防⑤。（图 10-2-30）

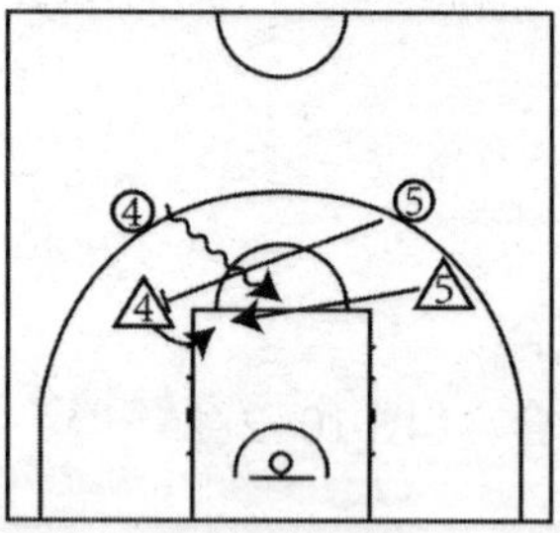

图 10-2-28

图 10-2-29

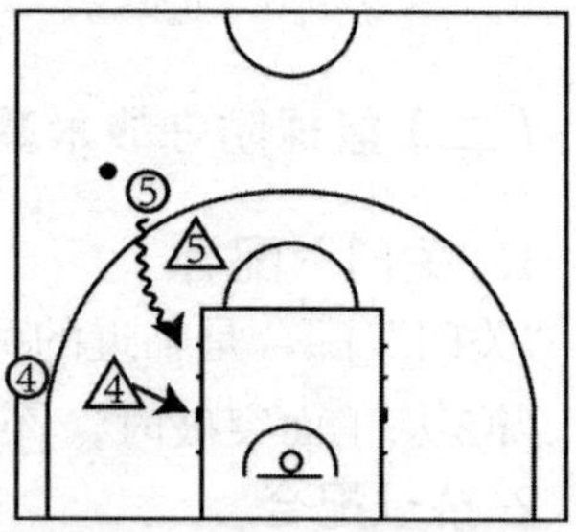

图 10-2-30

四、篮球比赛规则简介

篮球场地

（一）比赛场地

篮球比赛是在一块平坦、坚实且无障碍物的长 28 米、宽 15 米（从界线的内沿丈量）的长方形场地上进行的。（图 10-2-31）

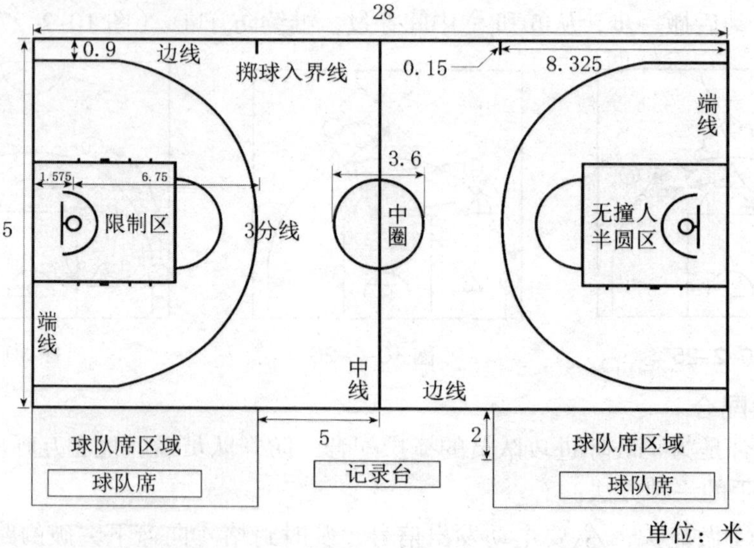

单位：米

图 10-2-31

（二）比赛规则简介

（1）篮球比赛由两个队参加，每队上场 5 人，其中 1 人为队长，替补球员最多为 7 人。

（2）在 3 分线内将球投入对方球篮得 2 分；在 3 分线外投入对方球篮得 3 分；罚球中 1 次得 1 分。

（3）比赛由 4 节组成，每节 10 分钟。在第 1 节和第 2 节（上半时）之间，第 3 节和第 4 节（下半时）之间，以及每一决胜期之前有 2 分钟的比赛休息时间；两个半时之间的比赛休息时间为 15 分钟。比赛结束时，以全场得分多者为胜。

（4）如果在第 4 节比赛时间终了时比分相等，则需要一个或多个 5 分钟的决胜期来继续比赛，直至决出胜负。

（5）比赛中，每队的换人次数不限。要登记的暂停在上半时的任何时间每队可准予 2 次；下半时有 3 次暂停机会，但第 4 节最后 2 分钟之前若还未使用 3 次中的 1 次，则剩余的 2 分钟内就只有 2 次暂停机会。每一决胜期的任何时间每队可准予 1 次暂停。

（6）整个比赛过程由裁判员（包括主裁判员和副裁判员）、记录台人员（包括记录员、助理记录员、计时员和 24 秒计时员）和技术代表管理。

（7）违例，即是违反规则。罚则是将球权判给对方队在靠近发生违例的地点掷球入界。

带球走：当持活球的队员用同一脚向任何方向踏出 1 次或多次，另一脚（称为中枢脚）不得离开与地面的接触点，如果中枢脚离开了这个接触点就构成带球走违例。

非法运球：队员在运球后，用双手同时触及球或允许球在一手或双手中停留时，运球即完毕。运球结束后，除非失去控球权后又重新控制球，否则不得再次运球，如果再次运球，则为非法运球违例。

拳击球或脚踢球：比赛中，队员不得故意用拳击球或用腿的任何部位去阻挡球，否则将被判违例。如果球偶然地接触到腿的任何部位或腿的任何部位无意碰到球，则不算违例。

球回后场：在比赛中，前场控制球的队，不得使球再回到后场，否则为球回后场违例。具体判定球回后场有三个条件，且这三个条件必须依次连续发生。三个条件：首先，该队必须控制球；其次，球进入前场后，在球又回到后场前，该队队员最后触及球；最后，球回到后场后，该队队员在后场最先触及球。

球回后场违例

干涉得分和干扰：投篮（罚球）的球在飞行中下落并完全在篮圈水平面之上时，双方队员不可触及球。当投篮的球触及篮圈时，双方队员都不得触及球篮或篮板，不得从下方伸手穿过球篮并触及球，不得使篮板和篮圈摇动。如果进攻队员违反这一规定，则中篮无效，将球判给对方在罚球线延长部分的界外掷球入界；如果防守队员违反这一规定，不论是否投中，均判投篮（罚球）队员得分，得分的标准同球已进入球篮的得分标准。

3 秒违例

3 秒违例：当某队在前场控制活球并且比赛计时钟正在运行时，该队队员在对方的限制区内持续停留的时间不得超过 3 秒，否则违例。

5 秒违例

5 秒违例：进攻球员必须在 5 秒之内掷出界外球；或进攻队员在被严密防守时，必须在 5 秒之内传球、投球或运球；当裁判员将球递给罚球队员进行罚球时，该队员必须在 5 秒内出手，否则违例。

8 秒违例

8 秒违例：一支球队从后场控制活球开始，必须在 8 秒内使球进入前场（对方的半场），否则违例。

24 秒违例

24 秒违例：每当一名队员在场上获得控制活球时，该队必须在 24 秒内尝试投篮，否则违例。

（8）犯规是对规则的违犯，含有与对方队员的非法身体接触和违反体育运动精神的举止。对违犯者登记犯规并随后按规则予以处罚。

侵人犯规：队员与对方队员的接触犯规。无论球是活球还是死球，队员均不应通过伸展其手、臂、肘、肩、髋、腿、膝或脚来拉、阻挡、推、撞、绊、阻止对方队员行进进攻，以及不应将身体弯曲成“不正常的姿势”（超出其圆柱体），也不应放纵任何粗野或猛烈的动作。在所有情况下都要给犯规队员登记 1 次侵人犯规。如果对未做投篮动作的队员犯规，则由非犯规队在靠近犯规地点的界外掷球入界重新开始比赛。如果犯规队处于全队犯规处罚状态，则应判给未做投篮动作的队员 2 次罚球。如果对正在做投篮动作的队员犯规，且其投篮成功，则应计得分并判给 1 次追加罚球；如果投篮未中，则要根据投篮的地点，判给 2 次或 3 次罚球。

带球撞人犯规

技术犯规：包含（但不限于）行为性质的队员的非身体接触的犯规。例如：无视裁判员警告；触犯裁判员、技术代表、记录台人员或球队席人员；有冒犯或煽动观众的语言和举止；戏弄对方队员或在对方队员的眼睛附近摇手妨碍其视觉；在球穿过球篮后，故意触及球以延误比赛；阻碍迅速地执行掷球入界以延误比赛；假摔以伪造被犯规；等等。

队员技术犯规应给其登记 1 次技术犯规，作为全队犯规之一计数。教练员、替补队员和随队人员的技术犯规，对每一起违犯行为都要登记教练员 1 次技术犯规，但不作为全队犯规之一计数。

对技术犯规的处罚，是判给对方 1 次罚球，以及罚球后由判罚球技术犯规时控制球的队或拥有球权的队掷球入界，重新恢复比赛。

违反体育运动精神的犯规：根据裁判员的判断，一名队员不是在规则规定的范围内合法地试图去直接抢球，所发生的身体接触犯规是违反体育运动精神的犯规。应给犯规队员登记 1 次违反体育运动精神的犯规。判给对方罚球及随后在记录台对面的中线延长部分掷球入界或在中圈跳球开始第 1 节（如犯规发生在第 1 节比赛前）。

违反体育运动精神犯规

当队员被登记 2 次违反体育运动精神的犯规，或者被登记 1 次技术犯规和 1 次违反体育运动精神的犯规时，他应被取消本场剩余比赛的资格。

罚球的次数按如下规定：对没有做投篮动作队员的犯规应判给 2 次罚球；对正在做投篮的队员发生的犯规，如中篮，则应计得分并加判给 1 次罚球，如未中篮，则应判给 2 次或 3 次罚球。

第三节 排 球

一、排球概述

排球运动始于 1895 年，由美国马萨诸塞州的一位名叫威廉·盖·摩根的体育工作者发明。排球最初作为一种消遣游戏，被称为“空中飞球”，后来由美国的传教士和驻外军官及士兵带到了世界各地。1905 年，排球传入中国，并先后采用了 16 人制、12 人制和 9 人制的竞赛方法。中华人民共和国成立后，为了适应国际交往的需要，改为 6 人制，一直沿用至今。1964 年第 18 届奥运会把排球列为正式比赛项目。

排球运动世界大赛主要有世界排球锦标赛、世界杯排球赛、奥运会排球赛、世界沙滩排球锦标赛等。中国女排在 20 世纪 80 年代夺得“五连冠”，这极大地振奋了全国人民的民族精神，也极大地激发了全民学排球的热情，在全国形成了轰轰烈烈的排球热潮。然而，此后中国女排陷入了低谷。进入 21 世纪，中国女排夺得了 2003 年和 2015 年世界杯排球赛的冠军，并取得了 2004 年雅典奥运会和 2016 年里约热内卢奥运会的冠军，重新激发了人们对排球的热情。

排球运动发展至今，各国的技术和战术水平不断提高，一支队伍独霸排坛的历史已经不存在了。中国排球队只有不断创新技战术，才能有更大的进步。

二、排球基本技术

排球技术是指在比赛规则允许的条件下，所采取的各种合理击球动作和配合动作的总称。它是各种战术的基础，任何战术的组成和运用都必须有相应的技术做前提。

排球技术可分为无球技术（配合动作）和有球技术（击球动作）。无球技术包括准备姿势和移动，有球技术包括发球、垫球、传球、扣球、拦网等技术。

准备姿势

（一）准备姿势和移动

1. 准备姿势

准备姿势是指在进行移动和各种击球动作前所做的合理的准备动作，是完成各种技术和组成战术的基础。它根据身体重心的高低可分为稍蹲准备姿势、半蹲准备姿势和低蹲准备姿势。（图 10–3–1）

稍　蹲　　半　蹲　　低　蹲

图 10–3–1

2. 移　动

移　动

移动是队员从起动到制动之间的人体位移。它可以使队员及时地接近球，保持好人与球的位置，以便合理地完成击球动作，是完成技术的关键。移动包括并步与滑步、交叉步、跨步与跨跳步。

（1）并步与滑步：当球距离身体一步左右时，可采用并步移动；当来球与身体的距离较远时，可采用连续滑步移动。（图 10–3–2）

图 10-3-2

（2）交叉步：当来球在体侧 3 米左右时，可采用交叉步移动。（图 10-3-3）

（3）跨步与跨跳步：当来球较低、距离身体 2 米左右时，可采用跨步或跨跳步。（图 10-3-4）

图 10-3-3

图 10-3-4

（二）发　球

发球既是比赛的开始，又是一项有效的进攻技术。发球是后排右边队员在发球区由自己抛球，并用一只手将球击入对方场区的一种击球方法。下面以右手发球为例加以介绍。

正面上手发球

1. 正面上手发球

面对球网，两脚前后开立（左脚在前），左手或两手托球于身前；抛球的同时，右臂随球上抬，屈肘后引，上体稍右转；击球时，利用蹬地，上体左转，收胸、收腹带动手臂挥动，在右肩上方伸直手臂，用全掌击球的后中部，整个挥臂动作如鞭打动作。击球后，迅速进场比赛。（图 10-3-5）

图 10-3-5

正面下手发球

2. 正面下手发球

面对球网，两脚前后开立（左脚在前），两膝微屈，重心落在右腿上。发球时，左手或两手持球于腹前，然后将球抛在体前右侧，离手高度为 20 ~ 30 厘米。抛球的同时，右臂伸直以肩为轴向后摆动。击球时，右脚蹬地，身体重心随右臂向前摆动而移至前脚；右手在腹前以全掌击球的后下方，触球时，手指、手腕紧张，击球后随即入场。（图 10–3–6）

图 10–3–6

3. 侧面下手发球

左肩对网，两脚左右开立，约与肩同宽，两膝微屈，上体稍前倾，重心落在两脚之间。左手将球抛向胸前约一臂距离，离手高度约为 30 厘米。抛球的同时，右臂引向侧后方，接着利用右脚蹬地和转体的力量带动手臂向前上方摆动，身体重心随之移向左脚，右手在腹前用全掌击球的右下方，击球后随即入场。（图 10–3–7）

图 10–3–7

（三）垫　球

垫球是指用单手、双手（手的坚硬部位），由球的下方向上击球的技术动作。它是排球的基本技术之一，是防守的基础，在排球比赛中占有重要的地位。常用的垫球方法有正面双手垫球、体侧垫球、背垫。

正面双手垫球

1. 正面双手垫球

（1）准备姿势：稍蹲或半蹲准备，两肘弯曲，自然下垂，两臂置于腰、腹前。

（2）击球手型：主要有抱拳式、叠掌式和互靠式三种手型。（图 10–3–8）

抱拳式：两手抱拳互握，两拇指平行向前。

叠掌式：两手掌根靠紧，手指重叠互握，两拇指平行朝前。

互靠式：两手自然放松，腕部靠紧。

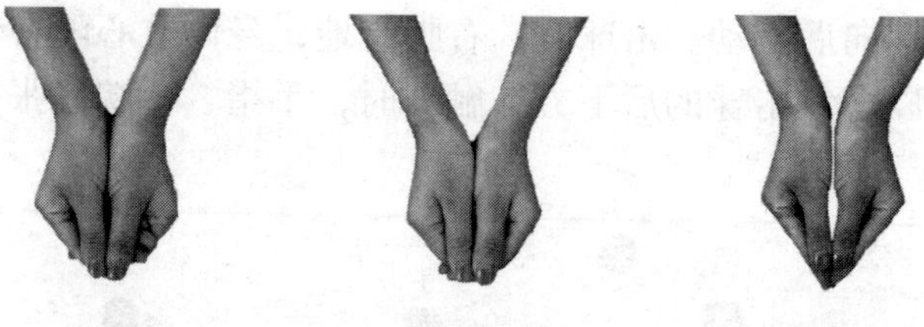

抱拳式　　叠掌式　　互靠式

图 10-3-8

（3）击球部位：应以两臂腕关节以上 10 厘米左右、桡骨内侧合成的平面击球。

（4）击球：当球飞到腹前一臂距离时，两臂夹紧前伸、插入球下，向前上方蹬地、抬臂，身体重心随之向前移动，击球点保持在腹前一臂距离，将球准确地垫在击球部位上，然后做好下一个击球准备动作。（图 10-3-9）

图 10-3-9

2. 体侧垫球

在接发球或防守时，若身体来不及移动以正对来球，则击球点在体侧。这种垫球可扩大击球的控制面，但不易控制击球的方向。当球向左侧飞来时，右脚前脚掌蹬地，左脚向左跨出一步，左膝关节弯曲，重心移至左脚，两臂夹紧向左伸出，右肩微向下倾斜，用向左转体收腹的动作配合两臂在身体左侧截住来球，用两前臂击球的后下部。如果球从右侧飞来，则动作相反。（图 10-3-10）

图 10-3-10

3. 背　垫

由体前向背后垫球的方法称为背垫。当球飞过身体上方、离身体较远时，应迅速转体移动到球的落点。垫球时，应背对出球的方向，两臂夹紧伸直、插入球下，抬头挺胸，展腹后仰，直臂向后上方摆动，击球的前下部。在垫低球时，也可运用屈肘、翘腕动作向后上方垫出。

传　球

（四）传　球

传球是用双手（或单手）在额前上方，利用蹬腿、伸臂协调一致的动作及手指、手腕的弹力完成的击球技术动作，是排球最基本、最重要的技术。它主要用于将接起、防起的球传给进攻队员进攻，分为正传、背传和侧传。

1. 正　传

（1）准备姿势：采用稍蹲准备姿势，上体适当挺起，眼睛注视来球，两手自然抬起，置于面前。

（2）迎击球：当判断来球下降至额前上方一球的距离时，蹬地伸膝、伸臂，两手向前上方迎击球。

（3）手型：当两手触球时，两臂弯曲，两肘适当分开，两手自然张开，呈半球状，使手指与球吻合，手腕稍后伸，以拇指、食指和中指托住球的后下部；用拇指内侧、食指全部、中指的第二指节和第三指节触球，无名指和小指触球部分较少。两拇指相对，接近呈一字形。两手间距以不漏球为宜。（图 10–3–11）

图 10–3–11

（4）用力：传球用力从脚蹬地开始，然后伸膝、伸腰、伸臂，手腕、手指向前上推，利用来球的反弹力将球传出。（图 10–3–12）

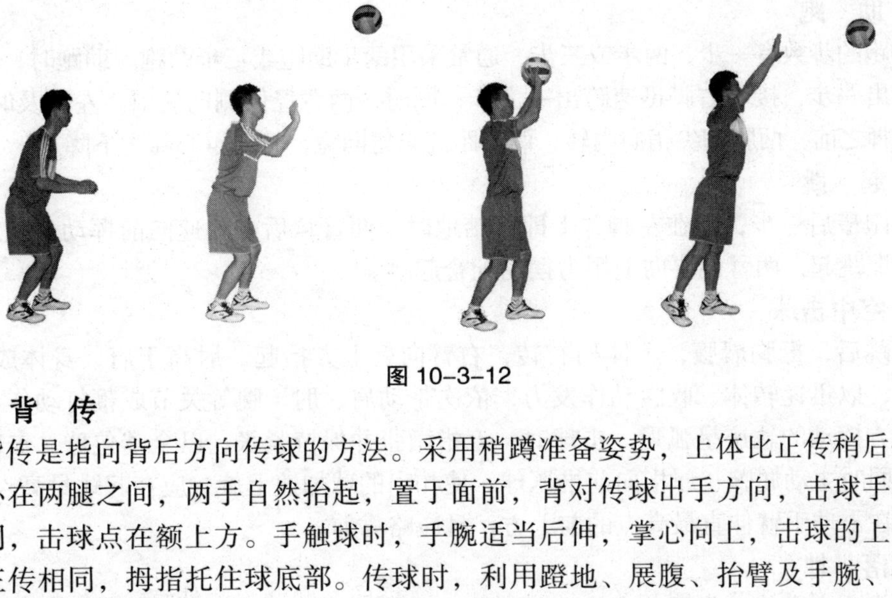

图 10–3–12

2. 背　传

背传是指向背后方向传球的方法。采用稍蹲准备姿势，上体比正传稍后仰，身体重心在两腿之间，两手自然抬起，置于面前，背对传球出手方向，击球手法与正传相同，击球点在额上方。手触球时，手腕适当后伸，掌心向上，击球的上部，手型与正传相同，拇指托住球底部。传球时，利用蹬地、展腹、抬臂及手腕、手指的力量将球向后上方传出。

3. 侧　传

身体不转动，主要靠两臂向侧方传球的动作称为侧传。采用稍蹲准备姿势，背对球网，传球手型同正传，击球点保持在面前或稍偏向传出方向一侧。传球时，蹬地，两臂向传出方向一侧伸展，异侧臂的动作幅度应大些；同时，伴随上体向传球方向侧屈的动作，使球向侧方飞行。

（五）扣　球

扣球是球员在本方场区跳起将球从过网区击入对方场区的一种击球动作，是攻击性最强的基本技术，也是完成战术配合的最后一个环节。扣球技术的好坏是决定胜负的关键，在比赛中占有重要的地位。下面以正面扣球为例加以介绍。（图 10-3-13）

图 10-3-13

1. 准备姿势

助跑前采用稍蹲准备姿势站在进攻线附近，注意观察一传落点及二传来球方向，做好向各个方向助跑的准备。

2. 助　跑

助跑的步数有一步、两步或三步，通常采用两步助跑或三步助跑。助跑时，左脚先向前迈出一步，接着右脚迅速跨出一大步；同时，两臂经体侧向后引，左脚及时跟上，踏在右脚之前，两脚脚尖稍向内转，两脚距离与肩同宽，身体重心随之下降。

3. 起　跳

助跑最后一步，即在左脚并上即将踏地时，两臂从后方迅速向前挥动，随之两脚蹬地向上跳起，两臂也要向上用力摆动配合起跳。

4. 空中击球

起跳后，挺胸展腹，上体稍右转，右臂向后上方抬起，肘高于肩，身体成背弓。挥臂时，以迅速转体、收腹动作发力，依次带动肩、肘、腕等关节成鞭打动作，手臂向前上方挥动的轨迹呈弧形。击球时，五指微张并保持紧张，以全掌包球，击球的后中部，同时主动屈腕、屈指向前推压球，使扣出的球加速上旋。应在起跳最高点击球，击球点在击球手臂伸直最高点的前上方，且应略靠前。

5. 落　地

完成空中击球动作后，身体自然下落，为缓冲身体与地面的撞击力，落地时，力争两脚同时着地，以前脚掌先着地再过渡到全脚掌着地，同时顺势屈体，并立即准备做下一个动作。

（六）拦　网

拦　网

拦网（图 10-3-14）是队员在网前以身体任何部位（主要是手臂、手掌）在球网上沿阻挡对方击球过网的技术动作。拦网是防御的前沿，是后防布置的依据，起着阻挡对方攻击、为本方反击创造条件的特殊作用。拦网可以直接拦死或拦回对方的扣球，能削弱对方的锐气，动摇扣球队员的信心，给扣球队员造成心理压力，因此拦网带有强烈的攻击性，是得分、得球权的重要手段。

图 10-3-14

1. 准备姿势

面对球网，两脚平行开立，与肩同宽，距中线 30 ~ 40 厘米，两膝稍屈，两臂弯曲置于胸前，密切注视对方扣球队员的动向，随时准备起跳。

2. 起　跳

起跳时，降低重心，两膝弯曲，用力蹬地使身体垂直跳起；同时，两臂从体前贴近球网上举。起跳后，稍收腹，控制平衡，延长滞空时间。

3. 空中拦击球

在起跳的同时，两手从额前贴近并平行于球网向球网上沿的前上方伸出，两臂伸直，两肩尽量上提，两臂靠近球网并与球网保持平行。拦网时，两手自然展开，屈指、屈腕，呈勺形。击球瞬间，两手突然紧张，手腕用力下压，捂盖球的前上方。

4. 落　地

若将球拦回，则面对球网，屈膝缓冲落地。若未拦到球，则在身体下落时，要随球转头，以与转头方向相反的脚先落地，另一只脚随即向后防方向转并随之着地，准备接应来球或做下一个动作。

三、排球基本战术

排球基本战术

排球战术是指在比赛中为了战胜对手，根据排球运动规律，运用排球规则并根据双方的具体情况与临场变化所采取的有意识、有目的、有组织的集体配合和个人行动。排球基本战术包括进攻战术和防守战术。

（一）进攻战术

1.“中一二”进攻战术

由前排中间的 3 号位队员担任二传，其他 5 名队员将来球垫传给二传队员，再由二传队员将球传给 4 号位或 2 号位队员扣球的进攻形式，称为“中一二”进攻战术。（图 10-3-15）

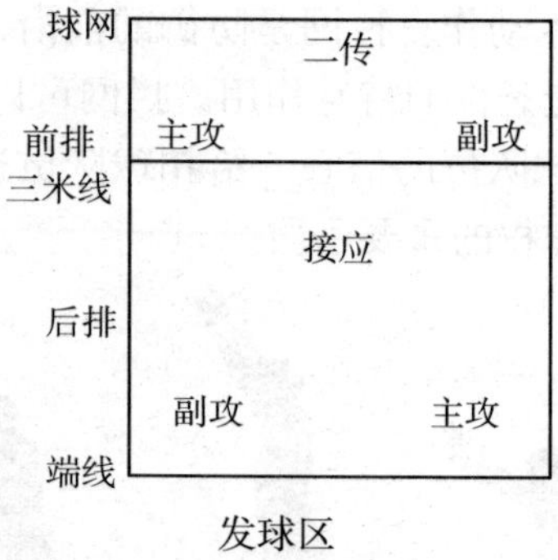

图 10-3-15

这种形式是排球进攻最基本、最简单的战术形式。其优点是一传的目标明确，二传队员易于接应，加之战术配合简单，便于组织进攻；缺点是战术配合方法较少，进攻点不多，突然性不大，战术意图易被对方识破。这种形式适合技术水平较低的队采用，但有时技术水平较高的队在来不及组织复杂战术进攻的情况下，也采用这种进攻战术。

2.“边一二”进攻战术

由前排右边的 2 号位队员担任二传，将球传给 3 号位或 4 号位队员扣球的进攻形式，称为“边一二”进攻战术。（图 10-3-16）

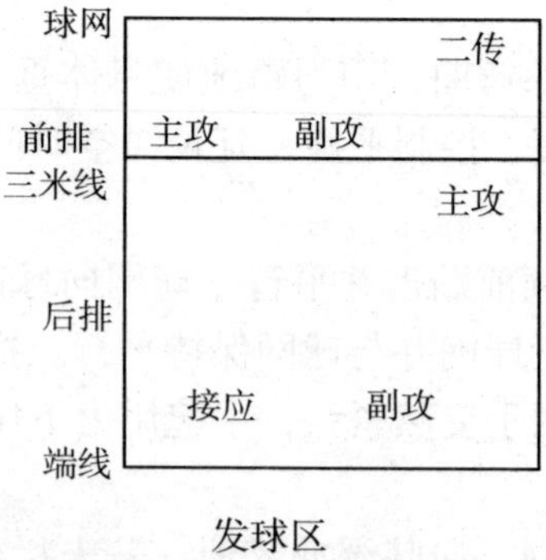

图 10-3-16

这种战术形式也比较简单，容易掌握，但由于对一传、二传的要求都较高，组织“边一二”进攻战术要比组织“中一二”进攻战术的难度大，因此其战术配合也较为复杂。采用“边一二”进攻战术时，由于两名进攻队员的位置相邻，便于进行互相掩护的进攻配合，可以组织较多的快变战术，因此，其突然性和攻击性要比“中一二”进攻战术大。

（二）防守战术

排球的防守战术是组织进攻或反攻战术的基础，如果没有严密的防守，进攻就无从组织。一切防守战术都应从积极为进攻和反攻创造条件的角度进行设计。

1. 接发球的防守战术

当对方发球时，本方处于防守地位，即可组织第一次进攻。事先站好位置，摆好阵型，是接好发球的基础。站位的阵型不仅要有利于接球，也要有利于本方所采用的进攻战术；同时，还要根据对方发球的特点，采取不同的阵型。通常采用 5 人接发球站位阵型和 4 人接发球站位阵型。

（1）5 人接发球站位阵型，即除了 1 名二传队员站在网前或从后排插上准备二传、不接发球外，其余 5 名队员都担负一传任务。其优点：队员均衡分布，每人接发球的范围相对较小；接发球时，采用此站位阵型，组织进攻比较方便，适合接发球水平不太高的球队。其缺点：一传队员从 5 号位插上时距离较长，难度大；3 号位队员接球时，不便组成快攻战术；不利于队员之间的及时换位；队员之间的配合不默契时，容易互相干扰。

（2）4 人接发球站位阵型，即插上二传队员与同列的前排队员均站在网前不接发球，其他 4 人站成弧形接发球。其优点是便于后排插上和不接发球的前排队员及时换位；其缺点是要求接发球的 4 人有较强的判断能力、移动能力，以及掌握较好的接发球技术。

2. 接扣球的防守战术

接扣球的防守与组织反攻是密不可分的，只有防守成功才能取得卓有成效的反攻。接扣球的防守战术是前排拦网与后排防守的整体配合，根据对方进攻情况、本队队员特长、防守后的反攻打法，一般可分为不拦网的防守阵型、单人拦网的防守阵型、双人拦网的防守阵型和三人拦网的防守阵型。

（1）不拦网的防守阵型。在对方进攻较弱、没有必要进行拦网时，可以采用不拦网的防守阵型。这种阵型与 5 人接发球站位阵型相似，前排进攻队员要撤到进攻线后，准备防守和防守后的反攻；后排队员后退，准备防后场球；二传队员留在网前，准备接吊到网前的球并组织进攻。

（2）单人拦网的防守阵型。当对方扣球威胁不大，扣球路线变化不多，轻打、吊球较多时，可以主动采用单人拦网的防守阵型。拦网队员拦扣球队员的主要进攻路线，不拦网队员及时后撤防守前区或保护拦网队员，后排队员后撤以加强后场防守。

（3）双人拦网的防守阵型。对方水平较高、进攻力量较强、进攻路线变化较多时，多采用双人拦网的防守阵型，即两人拦网、4 人接球，通常分为“边跟进”和“心跟进”两种。

“边跟进”多在对方进攻较强、吊球较少时采用。当对方 4 号位队员进攻时，己方 2 号位、3 号位队员拦网，其他 4 名队员组成半圆弧形防守。若遇对方吊前区，则由边上 1 号位队员跟进防守。其优点是加强了拦网，缺点是边上的队员既要防直线又要跟进防前区，防守比较困难。

“心跟进”在己方拦网能力强、对方采取打吊结合时采用。当对方 4 号位队员进攻时，己方 2 号位、3 号位队员拦网，后排中间的 6 号位队员在己方拦网时跟在拦网队员之后进行保护，其余 3 名队员组成后排弧形防守。其优点是加强了前区的防守能力，缺点是后排防守队员之间的空当较大。

（4）三人拦网的防守阵型。若对方主要扣球手进攻实力很强，则在己方不善吊球的情况下，可采用三人拦网、三人后排接球的防守阵型。这种阵型加强了网上力量，但后防的空隙也相对增大。三人拦网时，后排防守的 6 号位队员可以跟进到进攻线附近保护，也可以退至端线附近防守。

四、排球比赛规则简介

排球场地

（一）比赛场地及设施

排球比赛场地包括比赛场区和无障碍区。比赛场区为 18 米 ×9 米的长方形。国际排球联合会（简称国际排联）组织的世界性大型比赛场地边线外的无障碍区宽 5 米，端线外的无障碍区宽 6.5 米，比赛场区上空的无障碍空间从地面量起至少高 12.5 米；比赛场地地面的材质只能是木质或合成物质的；场地界线为白色，比赛场区和无障碍区分别为另外不同的颜色。所有的线宽为 5 厘米。（图 10–3–17）

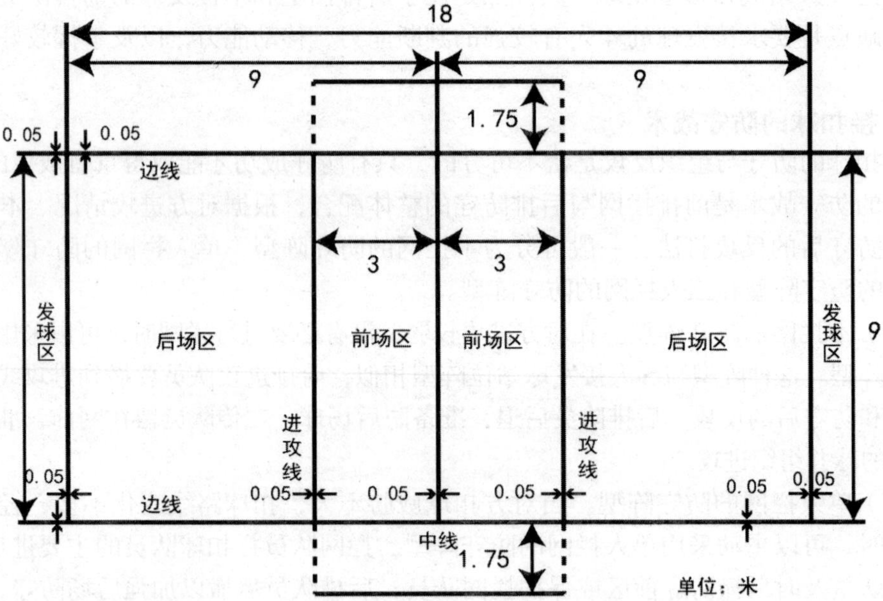

图 10–3–17

（二）队员的替换

每局每队最多可替换 6 人次，在 1 次换人中可以替换 1 人或多人。替补队员每局只能上场比赛 1 次。某一队员受伤不能继续比赛时，必须进行合法的替换。如果不能进行合法替换时，则可采取特殊的替换。某队员被判罚出场或取消比赛资格时，必须进行合法的替换。若不可能进行合法替换，则判该队阵容不完整，判对方胜 1 局。

（三）比赛间断

正常的比赛间断为暂停和换人。在比赛成死球时或裁判员鸣哨允许发球前，只有教练员或教练员缺席时场上队长可以用相应的手势请求间断。1 次或 2 次暂停可以与双方的各 1 次换人相连接，中间无须经过比赛过程。同一队未经过比赛过程不得连续提出换人的请求，但在同 1 次换人请求中可以替换 2 名或更多的队员。1 次暂停的时间为 30 秒，但在世界性比赛中，采用技术暂停的方法，即比赛中，当领先的球队达到 8 分和 16 分时，便为技术暂停，时间为 1 分钟；在每局中，球队还有 2 次暂停的机会，时间为 30 秒。暂停时，比赛队员必须离开比赛场区到球队席附近的无障碍区。

（四）技术性犯规

1. 发球规则

后排右边队员必须在发球区内将球抛起后，用一只手或手臂的任何部分将球击出；发球队员在击球时或发球起跳时，不得踏及场区（包括端线）和发球区以外地面；发球队员必须在第 1 裁判员鸣哨允许发球后 8 秒内将球发出；发出的球必须通过球网上空的过网区进入对方场地。

发球规则

2. 4 次击球犯规

一个队连续触球 4 次（拦网除外）为 4 次击球犯规。

3. 持球犯规和连击犯规

没有将球击出，使球产生停滞，为持球犯规。同一人连续击球为连击犯规，但拦网时的连续触球及全队第一次击球时，同一动作击球使球连续触及身体部位除外。

过网击球犯规

4. 过网击球犯规

在对方空间触击球为过网击球犯规，但在对方进攻性击球后拦网触球除外。

5. 过中线犯规

比赛进行中，队员的双脚（单脚）全部越过中线接触对方场区，为过中线犯规。

过中线犯规

6. 触网犯规

队员的击球行为触及标志杆以内球网任何部分即为触网犯规，队员在不干扰比赛的情况下，可以触及网柱、网绳或标志杆以外的其他任何物体，包括球网。干扰比赛包括以下常见情况（但不限于）：① 击球行为触及标志杆及标志杆以内球网任何部分；② 击球时借助球网的支持；③ 造成了对本方有利；④ 妨碍了对方合法的击球试图。

拦网犯规

7. 拦网犯规

（1）过网拦网犯规：对方进攻性击球前或击球的同时，在对方空间拦网触球。

（2）后排队员拦网犯规：后排队员或自由防守队员完成拦网或参加了完成拦网的集体。

（3）拦发球犯规：队员阻拦对方的发球。

8. 后排队员进攻性击球犯规

后排队员在前场区内完成进攻性击球，并且击球时，球的整体高于球网上沿，则为后排队员进攻性击球犯规。

自由防守队员规则

9. 自由防守队员进攻性击球犯规

自由防守队员对高于球网上沿的球完成进攻性击球，为自由防守队员进攻性击球犯规。

第四节 乒乓球

乒乓球百科

一、乒乓球概述

乒乓球运动起源于英国，由网球运动派生而来。19 世纪后期，英国一些大学生在室内以桌为台，书为网，酒瓶软木塞为球，将球在桌上推来挡去，形成“桌上网球”游戏。1890 年左右，英格兰著名越野跑运动员吉布从美国带回空心塑料球，代替软木塞。因塑料球击在木板拍上发出乒乓声响，故称乒乓球。1891 年，英国的巴克斯特申请乒乓球商业专利。1904 年，上海一家文具店的老板从日本买回 10 套乒乓球器材，把乒乓球引入了中国。

目前，世界乒乓球重大赛事有世界乒乓球锦标赛、乒乓球世界杯赛、奥运会乒乓球赛。除此之外，在亚洲范围内还有亚洲运动会乒乓球赛、亚洲乒乓球锦标赛。国内赛事主要有全国运动会乒乓球赛，它代表了我国乒乓球的最高水平。

对于乒乓球运动的发展趋势，根据乒乓球运动的发展规律可以预见，各种打法还会不断充实和完善，技术将更加精益求精，运动员会在积极主动、加快速度、加强旋转、加大力量等方面努力，也会出现一些新的技术和新的打法。技术打法向快速方向发展是总趋势中的一个重要方面，要求速度和旋转互相渗透，更好地结合；弧圈球技术和反弧圈球技术将在相互牵制、相互斗争的矛盾中发展；力争主动，先发制人，争取前三板发挥出个人技术特长，是各种类型打法发展的另一个趋势。削攻打法在比赛中增加进攻，利用两面不同性能球拍打出旋转变化，伺机抢攻等。采用推攻和两面攻打法的运动员，除了加快进攻速度外，还要进一步提高反手攻球的威力，力争更加全面地掌握技术。总之，世界乒乓球技术将朝着更加积极主动、特长突出、技术全面、战术变化多样的方向发展。

二、乒乓球基本技术（以右手持拍为例）

（一）握拍方法

直握拍法

1. 直拍握法

拍前，以食指第二关节和拇指第一关节扣拍；拍后，中指、无名指、小指弯曲贴于拍的 1/3 上端。（图 10–4–1）

2. 横拍握法

虎口贴拍，握住拍柄，食指在后，自然伸直，拇指在拍前。（图 10–4–2）

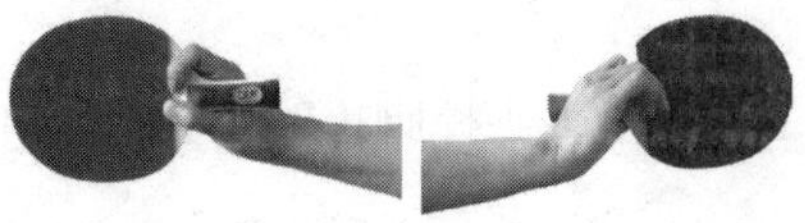

图 10-4-1

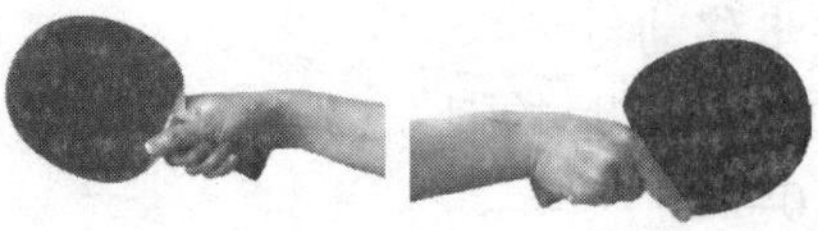

图 10-4-2

（二）准备姿势与站位

站位距球台 20 ~ 40 厘米，中线偏左，两脚平行站立，屈膝内扣，前脚掌着地；上体前倾；两眼注视来球；持拍手臂自然弯曲，手腕放松，置拍于腹前，不持拍手臂屈肘抬起，高于台面。（图 10-4-3）

直拍准备姿势与站位

横拍准备姿势与站位

图 10-4-3

（三）基本步法（配合持拍）

单步移动

1. 单步移动

以一只脚为轴，向某一方向移动，身体重心随之落在移动脚（A）上。（图 10-4-4）

左脚向前上步

右脚向后退步

左脚向左上步

右脚向右上步

图 10-4-4

2. 跨步移动

一只脚向某一方向跨出一大步，身体重心随之移动到跨出的脚（A）上，另一只脚迅速向相同方向滑动半步，身体重心随之移动。（图 10-4-5）

左脚向左跨一大步

右脚随势跟上半步

右脚向右跨一大步

左脚随势跟上半步

图 10-4-5

并步移动

3. 并步移动

与来球方向相反的脚（A）向另一只脚（B）并一步，支撑脚（B）向来球方向再迈一步。（图 10-4-6）

跳步移动

4. 跳步移动

以远离球的脚用力蹬地为主，两脚同时离地，向来球方向跳动。（图 10-4-7）

图 10-4-6

图 10-4-7

交叉步移动

5. 交叉步移动

远离球的脚（A）迅速向来球方向跨出一大步，接着支撑脚（B）向同方向再迈出一步，击球后迅速还原。（图 10-4-8）

图 10-4-8

（四）发球技术

正手平击发球

1. 正手平击发球

近台站位，含胸收腹，屈膝，左手抛球，右臂内旋，拍面稍前倾，向身体右后方引拍。左手抛球的同时，右臂以上臂带动前臂，从右后方向前方挥动并发力，撞击球的中上部。击球后，手臂继续向前随势挥动，并迅速还原。（图 10-4-9）

直拍正手平击发球

图 10-4-9

横拍正手平击发球

图 10-4-9（续）

2. 反手平击发球

站立于球台中线偏左处，身体略向左转，左手抛球时，右臂外旋，拍面稍前倾，向身体左后方引拍。击球时，右臂从身体左后方向右前方挥动，击球中上部，向前方发力。击球后，手臂和手腕继续向右前方随势挥动，并迅速还原。（图 10-4-10）

反手平击发球

直拍反手平击发球

横拍反手平击发球

图 10-4-10

3. 正手发下旋球、侧下旋球、侧上旋球

左脚稍前，身体右转，左手抛球，右臂屈肘引拍，与肩同高，拍面后仰，拍头斜向上方，手腕略外伸。

正手发左侧下旋球

下旋球：右臂以前臂为主、手腕为辅，由上向前下方挥拍，以拍的下缘触球，摩擦球的底部。

侧下旋球：右臂从右后上方向左前下方挥摆，球拍从球的右中下部向左下部摩擦，前臂带动手腕快速发力。

正手发左侧上旋球

侧上旋球：球拍从球的中下部向左侧中上部摩擦，前臂带动手腕快速发力。

4. 反手发下旋球、侧下旋球、侧上旋球

右脚在前，身体左转，向身体左后上方引拍，拍面稍后仰。球下降时，用转腰带动肩臂，并以前臂发力为主，迅速挥拍。

下旋球：由上向前下方挥拍，用拍的下缘触球，摩擦球的底部。

反手发右侧下旋球

反手发右侧上旋球

侧下旋球：球拍从球的中下部向右侧下部摩擦，产生侧下旋球。

侧上旋球：球拍从球的中部向右侧或右侧偏上部位摩擦，产生侧上旋球。

（五）直拍反手推挡

身体离球台约 40 厘米，左脚在前，屈膝。引拍于腹前，拍的长轴与台面平行，拍面与台面垂直。击球时，拍面稍前倾，前臂向前推出，在来球上升期击球的中上部。击球后，手臂顺势前送，肘关节接近伸直时立即还原，准备连续击球。（图 10–4–11）

图 10–4–11

（六）正手攻球

站立于球台中线偏左处，左脚稍前，屈膝，上体前倾，身体重心在两脚间。右臂先向右后下方引拍，上臂放松，上臂与前臂的夹角为 90° ~ 130°，拍面稍前倾。击球时，借助腰和上臂的力量，以前臂发力为主，向左前方挥拍，在球的上升后期或高点期，击球的中上部。击球时以撞击为主，略带摩擦，前臂快速收至额前，重心移至左脚。（图 10–4–12）

图 10–4–12

正手快搓

（七）正手搓球

站立于球台中线偏左处，左脚在前，屈膝。身体稍向右转，右臂向右上方引拍，拍头略上翘，拍面后仰。击球时，前臂和手腕向左前下方用力。慢搓是在球的下降期击球的中下部，球与拍接触时间稍长，加大摩擦；快搓是在球的上升期击球的中下部，触球瞬间，手腕向前下方用力。（图 10–4–13）

图 10-4-13

（八）反手搓球

站立于球台中线偏左处，身体稍向右转，右臂向左上方引拍，拍面后仰。击球时，前臂和手腕向前下方用力切球，在球的下降期触球的中下部。击球后，前臂随势前送。横拍搓球时，拍形略竖，击球后，前臂向右下方挥摆。（图 10-4-14）

图 10-4-14

三、乒乓球基本战术

（一）快攻型打法的基本战术

1. 发球抢攻

（1）反手发右侧上（下）旋球，发至对方中路靠右近网处，伺机攻对方左方。

（2）发追身急球（球速越快越好），使对方不能发挥其正（反）手攻球的威力，然后侧身进攻对方中路或两角。这种战术对付擅长两面攻的选手比较有效。

（3）发急下旋长球至对方左角，配合近网短球，然后侧身抢攻，主要是针对对方弱点进行攻击。这种战术对付擅长弧圈球和快攻的选手较为有效。

（4）正手中高抛球发左（右）侧上（下）旋球至对方左角（角度越大越好），配合发右方急球进行抢攻。这种战术对付擅长采用搓球接发球的选手最为有效。

2. 推挡侧身抢攻

（1）在对推中，以力量、速度、落点控制对方，伺机侧身抢攻。

（2）在对推中，用反手攻球配合寻找机会，伺机侧身抢攻。

（3）在对推中，突然加力推或推下旋球，迫使对方回球较高，然后立即侧身抢攻。

（4）若推挡技术强于对方，则可推压对方反手，伺机侧身抢攻。

3. 左推右攻

（1）当推挡略占上风时，或在侧身抢攻获得成功后，对方往往会主动变线到正手，此时可采用有力的正手攻球回击对方。

（2）主动推变直线，引诱对手回斜线，用正手攻击直线，反袭对方空当。

（3）有时可佯做侧身，诱使对方变线，给自己创造正手回击的机会。

（二）弧圈球型打法的基本战术

1. 发球抢位

（1）正手（或侧身）发强烈下旋球至对方左侧近网短球，迫使对方以搓球回击，然后拉加转弧圈球至对方反手或中路。

（2）反手发右侧上（下）旋球至对方中路或偏右及偏左的地方，然后拉前冲弧圈球至对方两大角。

（3）反手发急下旋球至对方中路偏右或左方大角，当对方以搓球回击时，拉前冲弧圈球至对方正手。

（4）对付削球手一般用速度快、落点长的球，使对方退守，然后根据对方的站位及其适应弧圈球的能力，决定用哪种弧圈球攻击对方。

2. 接发球抢拉

对方发侧上旋球和不太旋转的球时，用前冲弧圈球回击；对方发侧下旋或强烈下旋球时，用加转弧圈球回击。

3. 搓中拉弧圈球

（1）在对搓中看准时机，主动抢拉弧圈球。

（2）在对搓短球时，突然加力搓左角长球，然后侧身主动抢拉加转弧圈球。

（3）多搓对方正手，使其不能逼迫本方左大角，伺机抢拉弧圈球至对方反手或中路，再冲两角。

4. 弧圈球结合扣杀

（1）拉加转弧圈球结合扣杀。

（2）拉前冲弧圈球迫使对方远台回击，然后放短球，再扣杀。

（3）拉加转弧圈球与拉不转弧圈球相结合，伺机扣杀。

四、乒乓球比赛规则简介

乒乓球比赛规则

（一）器材与场地

（1）球台：长 2.74 米，宽 1.525 米，距地面高 0.76 米。

（2）球网：包括球网、悬网绳、网柱和夹钳部分，球网高 15.25 厘米。

（3）球：直径为 40 毫米，重 2.7 克，颜色为白色或橙色，且无光泽。

（4）球拍：大小、形状和重量不限，底板应由 85% 的天然木料制成。球拍两面无论是否有覆盖物，必须无光泽，且一面为鲜红色，另一面为黑色。用来击球的拍面应用一层颗粒向外的普通颗粒胶覆盖，连同黏合剂，厚度不超过 2 毫米；或用颗粒向内或向外的海绵胶覆盖，连同黏合剂，厚度不超过 4 毫米。

（5）比赛场地：场地由 0.75 米高的挡板围成。赛区空间应不少于 14 米长、7 米宽、5 米高。

（二）合法发球与合法还击

1. 合法发球

合法发球：① 发球开始时，球自然地放置于不持拍手的手掌上，手掌张开，保持静止。② 发球员须用手将球几乎垂直地向上抛起，不得使球旋转，并使球在离开不持拍手的手掌之后上升不少于 16 厘米的距离，球下降至被击出前不能碰到任何物体。③ 当球从抛起的最高点下降时，发球员方可击球，使球首先触及本方台区，然后直接触及接发球员的台区。在双打中，球应先后触及发球员和接发球员的右半区。④ 从发球开始到球被击出，球要始终在台面的水平面以上和发球员的端线以外，而且不能被发球员和其双打同伴的身体或他（她）们所穿戴（带）的任何物品挡住。⑤ 运动员发球时，应让裁判员或副裁判员看清他（她）是否按照合法发球的规定发球。⑥ 运动员因身体伤病而不能严格遵守合法发球的某些规定时，可由裁判员作出决定免于执行。

2. 合法还击

对方发球或还击后，本方运动员必须击球，使球直接触及对方台区，或触及球网装置后，再触及对方台区。

（三）胜负判定

1. 得　分

除被判重发球的回合，下列情况运动员可得 1 分：① 对方运动员未能合法发球；② 对方运动员未能合法还击；③ 运动员在合法发球或合法还击后，对方运动员在击球前，球触及了除球网装置以外的任何东西；④ 对方击球后，该球没有触及本方台区而越过本方台区或端线；⑤ 对方阻挡；⑥ 对方故意连击；⑦ 对方用不符合规定的拍面击球；⑧ 对方运动员或其穿戴（带）的任何东西使球台移动；⑨ 对方运动员或其穿戴（带）的任何东西触及球网装置；⑩ 对方运动员不持拍手触及比赛台面；⑪ 双打时，对方运动员击球次序错误；⑫ 执行轮换发球法时，接发球方连续还击 13 板，将判接发球方得 1 分。

2. 一局比赛

在一局比赛中，先得 11 分的一方为胜方，10 平后，先多得 2 分的一方为胜方。

3. 一场比赛

一场比赛应采用奇数局，如五局三胜制、七局四胜制等；一场比赛应连续进行，除非是经许可的间歇。

（四）比赛次序和方位

乒乓球比赛次序和方位的具体情况如下：

（1）在单打中，首先由发球员合法发球，再由接发球员合法还击，然后两者交替合法还击；在双打中，首先由发球员合法发球，再由接发球员合法还击，然后由发球员的同伴合法还击，再由接发球员的同伴合法还击，此后运动员按此次序轮流合法还击。

（2）在获得每 2 分后，接发球方变为发球方，依此类推，直到该局比赛结束，或直至双方比分为 10 平或采用轮换发球法，这时，发球和接发球次序不变，但每人只轮发 1 分球。

（3）在双打比赛中，每次换发球时，前面的接发球员应成为发球员，前面的发球员的同伴应成为接发球员。

（4）在一局比赛中首先发球的一方，在该场比赛的下一局中应首先接发球。在双打比赛的决胜局中，当一方先得 5 分后，接发球一方必须交换接发球次序。

（5）一局中，在某一方位比赛的一方，在该场比赛的下一局应换到另一方位。在决胜局中，一方先得 5 分时，双方应交换方位。

（五）重发球

回合出现下列情况应判重发球：① 如果发球员发出的球触及球网装置后成为合法发球或被接发球员或其同伴阻挡；② 如果接发球员或接发球方未准备好时，球已发出，而且接发球员或接发球方没有企图击球；③ 由于发生了运动员无法控制的干扰，而使运动员未能合法发球、合法还击或遵守规则；④ 裁判员或副裁判员暂停比赛。

裁判员或副裁判员可以在下列情况下暂停比赛：① 由于要纠正发球、接发球次序或方位错误；② 由于要实行轮换发球法；③ 由于警告或处罚运动员；④ 由于比赛环境受到干扰，以致该回合结果有可能受到影响。

第五节　羽毛球

羽毛球百科

一、羽毛球概述

现代羽毛球运动起源于印度，形成于英国。19 世纪 60 年代，一批退役的英国军官把印度的“普那”——一种近似于现代羽毛球运动的游戏，带回英国，并加以改进，从而逐渐形成现代的羽毛球运动。1870 年，英国出现了用羽毛、软木做成的球和穿弦的球拍。1873 年，英国公爵鲍弗特在格拉斯哥郡的伯明顿庄园里进行了一次羽毛球比赛，这是世界上第一次羽毛球比赛，伯明顿的英文名称 Badminton 也因此成为了羽毛球的英文名称。1934 年，由加拿大、丹麦、英国、法国、爱尔兰、荷兰等国家发起成立了国际羽毛球联合会（简称国际羽联），总部设在英国伦敦，主席为 G. A. 汤姆斯。国际羽联在 1948—1949 年举办的第 1 届世界男子团体羽毛球锦标赛的奖杯，即由汤姆斯所赠。1978 年，由亚非国家组成的世界羽毛球联合会（简称世界羽联）于中国香港成立，同年举办了第 1 届世界羽毛球锦标赛。国际羽联和世界羽联于 1981 年宣布合并，统称为国际羽毛球联合会，其管辖的比赛有汤姆斯杯赛、尤伯杯赛、世界羽毛球锦标赛、全英羽毛球锦标赛和世界杯羽毛球赛系列大奖赛。2006 年，国际羽毛球联合会更名为羽毛球世界联合会。

羽毛球运动于 20 世纪初传入我国，中华人民共和国成立后得到迅速发展。羽毛球在 1992 年巴塞罗那奥运会上被列为正式比赛项目，设男、女单打和男、女双打四项比赛。在我国羽毛球运动的发展过程中，涌现出了杨阳、赵剑华、熊国宝、李永波、林丹、陈金、林瑛、吴迪西、李玲蔚、谢杏芳、张宁、王琳、王仪涵、李雪芮、龚智超、吉新鹏、鲍春来、谌龙、陈雨菲等一批世界羽坛顶尖高手，从而进一步奠定了我国羽毛球技术水平处于世界羽坛领先地位的基础。在一系列世界大赛中他们为祖国夺得了许多金牌，创造了中国羽毛球历史上的辉煌。

二、羽毛球基本技术

（一）握拍方法

1. 正手握拍方法

正手握拍法（图 10-5-1）是羽毛球运动基本握拍方法之一，通常在还击握拍手同侧来球时，采用此握拍法。

正手握拍法

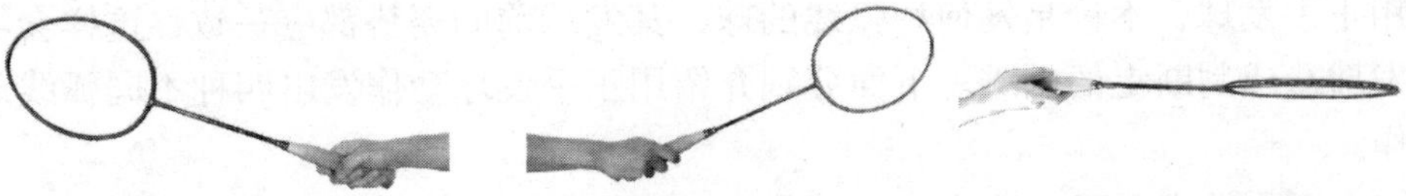

正　面　　反　面　　立　面

图 10-5-1

2. 反手握拍方法

反手握拍法（图 10-5-2）是羽毛球运动基本握拍方法之一，通常在还击握拍手异侧来球时，采用此握拍法。

反手握拍法

正　面　　反　面　　立　面

图 10-5-2

（二）基本步法

羽毛球的基本步法包括并步、交叉步、垫步、蹬跨步、两步腿后场、三步退后场。

并　步

（1）并步：右脚向前移动一步，左脚即刻向右脚跟并一步，紧接着右脚再向前移动一步。

交叉步

（2）交叉步：左、右脚交替向前、向后或向侧移动。一只脚经另一只脚前面并超越，称前交叉；一只脚经另一只脚后面并超越，称后交叉。

垫　步

（3）垫步：以右脚为例，右脚向前迈出一步后，左脚向右脚并一步跟进，紧接着右脚再向前迈一步。

（4）蹬跨步：左脚用力向后蹬地的同时，右脚向来球的方向跨出一大步。

（5）两步退后场：当来球在后场距身体较近时，右脚向来球方向后退一大步，左脚紧接着蹬地，然后向右脚并上一小步，身体重心在右脚上。

蹬跨步

（6）三步退后场：当来球在后场距身体较远时，右脚先向来球方向后退一小步，左脚紧跟着经右脚向后交叉退一步，右脚再经左脚向后交叉退一步，身体重心放在右脚上。

（三）发球技术

发球可分为正手发球和反手发球。发网前球、平快球、平高球均可以用正手发球或反手发球的技术来完成，而发高远球则须采用正手发球。

1. 正手发球

单打发球站位在中线附近，站在距前发球线约 1 米处。双打发球站位可靠近前发球线。

身体左肩侧对球网，左脚在前，右脚在后，身体重心在右脚上。右手持拍向右后侧举，肘部放松微屈，左手拇指、食指和中指夹住球，举在胸腹间。发球时，身体重心由右脚移至左脚。

用正手发球，不论是发何种弧线的球，其发球前的姿势都应一致，这样会给对方的接发球造成判断上的困难。下面分别介绍用正手发球动作发出四种不同弧线球的技术动作。

正手发高远球

（1）正手发高远球。发球时，左手把球举在身体的右前方并放下，使球自然下落，同时右手持拍由上臂带动前臂，从右后方沿着身体向前并向左上方挥动。当球落到右手臂向前下方伸直能触到球的一刹那，握紧球拍，并利用手腕的力量向前上方发力击球。击球之后，球拍顺势向左上方挥动缓冲。（图 10–5–3）

图 10–5–3

正手发平高球

（2）正手发平高球。准备姿势和引拍动作与正手和反手发网前球的相似，发球的动作过程大致与正手发高远球相同，只是在击球的一刹那，前臂加速带动手腕向前上方挥动，拍面要向前上方倾斜，以向前用力为主。（图 10–5–4）

图 10–5–4

（3）正手发平快球。准备姿势亦同正手发高远球。站位比发平高球稍靠后些（以防对方很快将球击回到本方后场），充分利用前臂带动手腕，以爆发力向前方用力挥动，使球直接从对方的肩部上方越过，直攻对方后场。发平快球的关键是出手的动作幅度要小，动作速度要快，但前期动作应与正手发高远球一致。正手发平快球时还应注意不要犯规。（图 10–5–5）

正手发平快球

图 10–5–5

（4）正手发网前球。准备姿势同正手发高远球。击球时，握拍要放松，上臂动作幅度要小，主要靠前臂带动手腕向前送，用力要轻。球拍触球时，拍面从右向左斜切击球，尽量控制球的弧线，使球贴网而过，落点在前发球线附近。（图 10–5–6）

正手发网前球

图 10–5–6

2. 反手发球

站位靠近前发球线，两脚前后站立，左脚或右脚在前均可，身体重心放在前脚上，上体前倾，后脚脚跟提起。右手反握拍柄的稍前部位，肘关节提起，手腕稍前屈，球拍低于腰部，斜放在下腹前方。左手持球在拍面前方。发球时，球拍由后向前推送击球，使球运行的弧线最高点略高于球网。球拍触球时，拍面成切削式击球，使球落到对方场区的前发球线附近。（图 10–5–7）

图 10–5–7

反手发网前球

反手发球的特点是动作幅度小、出球速度快、对方不易判断。在双打比赛中，多采用这种发球技术。

（四）击球技术

1. 正手击高远球

正手击高远球

正手击高远球（图 10–5–8）技术的具体动作如下：

【准备姿势】右脚后撤成支撑步，右脚脚尖外转，身体重心落在右脚上。击球手臂抬高，在肘关节处弯曲成 90° 角，上臂构成了肩轴的延长部分，拍头位于头部的前上方。

【引拍动作】球拍上提并后引，躯干微成反弓形；身体同时左转或面向球网，右肘上提，拍框向身后下摆，达到引拍最大距离。

【击球动作】击球手臂伸展，前臂内旋，在挥拍到击球点之前的一刹那腕关节发力。击球点位于头顶的位置，并且在击球手臂腕关节的前面。在击球过程中，通过右脚蹬地将身体重心转移到左脚上。左臂在身体旁边向后下方运动。

【收拍动作】继续进行，前臂内旋，通过右脚的向前迈出停止身体的向前运动。击球动作到左大腿的方向结束。

准　备　　　引　拍　　　击　球　　　收　拍

图 10-5-8

2. 反手击高远球

反手击高远球（图 10-5-9）技术的具体动作如下：

【准备姿势】以基本姿势站立，用右脚的第一步移动使身体向左转，背对网，身体重心在右脚上，使球处在身体右肩上方。

【引拍动作】在右脚落地之前，右脚在身体前面，击球手臂的肘部引至体前，腕关节和拍头也随着引至体前。

【击球】以上臂带动前臂，产生初速度，在肘部抬至与肩同高时，转为前臂带动腕部，通过手腕的闪动，自下而上地甩臂，同时两腿蹬地、转体将球击出。

准　备　　　引　拍　　　击　球

图 10-5-9

3. 正手平抽球

正手平抽球

正手平抽球（图 10-5-10）技术的具体动作如下：

【准备姿势】两脚平行站立，略宽于肩，右脚稍向右侧迈出一小步，上体向右侧稍倾，右臂向右侧摆，球拍上举，肘关节保持一定角度。

【引拍动作】当来球过网时，肘关节外摆，前臂稍向后外旋，手腕稍外展后伸，引拍至体侧。

【击球】击球时，前臂内旋，手腕伸直闪动，球拍由右后向右前方快速平扫来球。

准　备　　　　引　拍　　　　击　球

图 10–5–10

4. 正手杀球

正手杀球（图 10–5–11）技术的具体动作如下：

【准备姿势】左手自然上举，抬头注视来球，右手持拍于体侧，屈膝，身体重心下降，准备起跳。起跳时，右肩后引，上体舒展。

【引拍】两脚掌蹬地起跳，空中收腹，向左转体，上臂向上摆起，前臂外展、屈肘，手腕充分后伸，拍头向下，以加长挥拍距离。

【击球】击球时，用力收腹，腰腹带动上臂，上臂带动前臂，前臂带动手腕，用力挥拍击球。

【收拍】杀球后，前臂顺惯性前收，形成鞭打。

准　备　　　引　拍　　　击　球　　　收　拍

图 10–5–11

正手杀球

5. 正手搓球

正手搓球（图 10–5–12）技术的具体动作如下：

【准备姿势】右脚蹬跨步，正手握拍，球拍随着前臂伸向右前上方斜举。拍头稍向球网倾斜。

【引拍】右脚向前跨一步，前臂外旋，手腕稍后伸，将拍引向右前上方。

【击球】当球拍举至最高点时，前臂向外旋转，手腕由后伸至前稍内收并闪动，搓

正手搓球

击来球的右下底部，使球旋转翻滚过网。击球点低于球网上缘。

准　备　　　　引拍 1　　　　引拍 2　　　　击　球

图 10-5-12

6. 正手扑球

正手扑球

正手扑球（图 10-5-13）技术的具体动作如下：

【准备姿势】准备姿式同正手搓球。

【引拍】左脚脚跟先蹬离地面，身体腾空，右前臂向前上方举起，球拍正对来球方向。

【击球】击球时，手臂由屈至伸，手腕由后伸向前闪动，配合手指的顶压，将球扑下。

【收拍】扑球后，球拍随手臂往右侧前下回收，同时屈膝缓冲，控制身体重心。

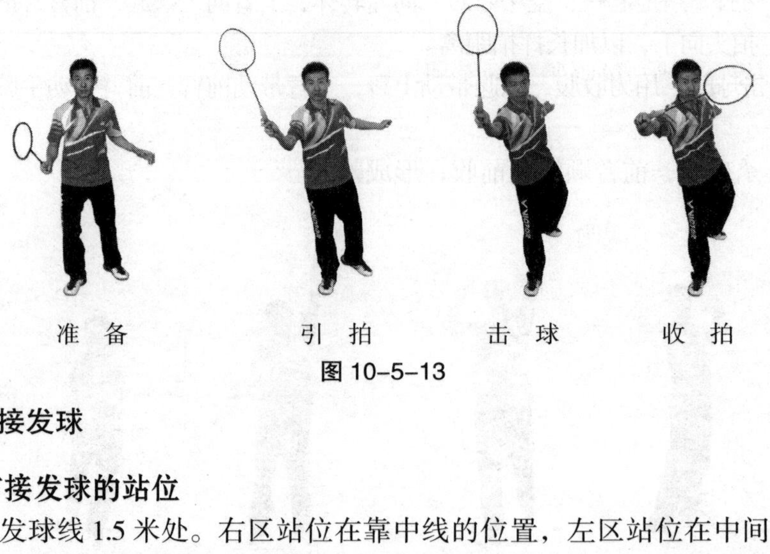

准　备　　　　引　拍　　　　击　球　　　　收　拍

图 10-5-13

（五）接发球

1. 单打接发球的站位

站在离发球线 1.5 米处。右区站位在靠中线的位置，左区站位在中间的位置。左脚在前，身体重心在左脚上，两膝微屈，身体侧对球网，球拍在身前，两眼注视对方。（图 10-5-14）

2. 双打接发球的站位

在右场区接发球时，站位靠近前发球线的位置；左场区接发球的站位亦然。准备姿势与单打基本相同，但是双打速度快，因此，接发球时，可以将球拍适当抬高一点，举到头前上方的位置，以便于迅速抢网。（图 10-5-15）

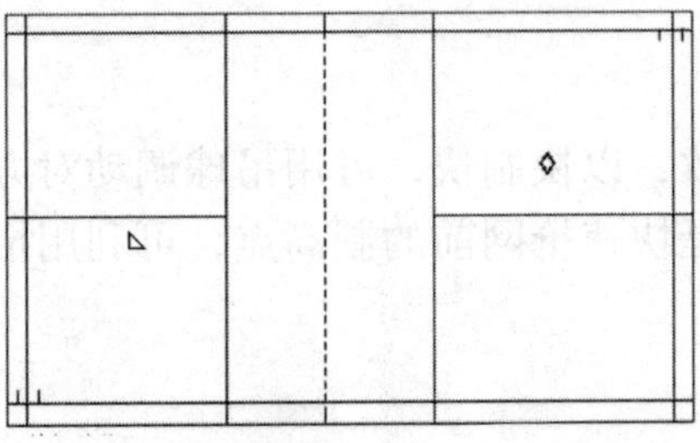

图 10-5-14

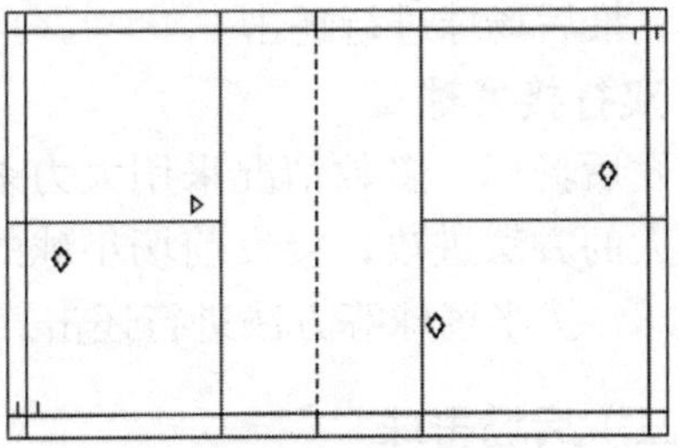

图 10-5-15

三、羽毛球基本战术

（一）发　球

1. 根据对方接发球站位确定发球路线

对方接发球站位偏后，接发球注意力在后场，网前出现空当，这时应发网前球；对方站位靠前，接发球注意力在前场，后场出现空当，此时可以发后场球；对方站位靠边线，可以采用突然性很强的平射球袭击对方的底线两角的位置，使对方措手不及，回球失误。不可一味地运用一种发球战术，要与其他种类的发球战术一起使用，才能加强发球变化。

2. 根据对手的技术特长和接发球规律发球

对方后场进攻能力很强，球路刁钻，但接网前球能力相对较弱，此时就应以发网前球为主，有意识地限制对手发挥其后场进攻技术的优势；对方网前技术动作一致性强，对己方威胁大，发球就要避开对方这一优势，以发后场球为主。

3. 根据各发球区域的战术特点发球

通常将发球区域分为 1 号、2 号、3 号、4 号位置。发 3 号位球，便于与对方拉开距离，下一拍可将对方调动至对角网前；发 4 号位球，可以避免对方快速的直线平高球攻击己方的后场边线角；发 2 号位球，对方出球角度小，便于判断对方的出球；发 1 号位球，特别是左场区 1 号位，有利于下一拍攻击对方左后场反手球，必须注意防范对手以直线球攻击己方左后场反手区。发 1 号、2 号位置之间中路的网前球或追身球，效果较好。（图 10-5-16）

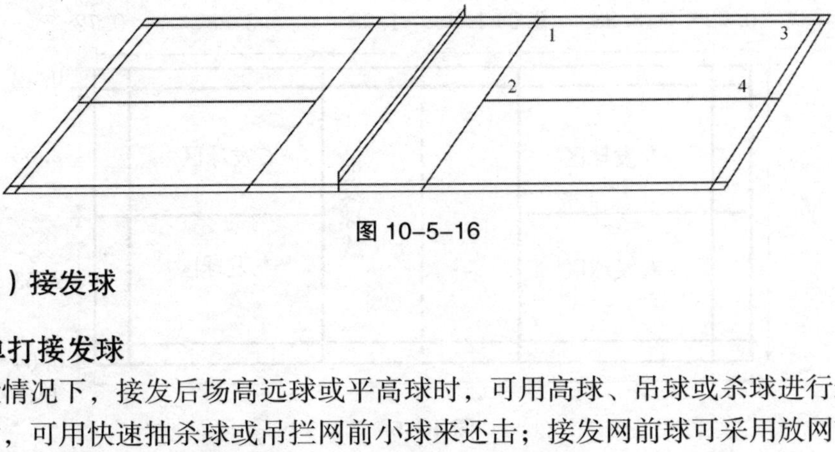

图 10-5-16

（二）接发球

1. 单打接发球

一般情况下，接发后场高远球或平高球时，可用高球、吊球或杀球进行还击；接平射球时，可用快速抽杀球或吊拦网前小球来还击；接发网前球可采用放网前球、勾

发平高球抢攻战术

发平射球抢攻战术

发前场区球抢攻战术

接发球抢攻战术

拉开两边平高球进攻战术

重复吊球进攻战术

重复杀球进攻战术

重杀结合轻杀进攻战术

羽毛球场地

对角球、推后场球进行还击。

2. 双打接发球

接发后场球，多数情况采用大力杀球进攻，以快制快，可用吊球调动对方，也可采用攻人的方法进攻；接发前场小球的方法是快速抢网前的制高点，可利用推球、扑球或搓球、拨半场球等方法进行还击。

（三）后场击球

利用熟练的高球、吊球、杀球、劈球等技术，通过准确地将球击到对方场区的底线两角等四个点上来调动对方，使对方前、后、左、右来回奔跑移动，寻找机会大力发起进攻。

（四）前场击球

可用前场细致快速的搓球、勾对角球、推后场球、挑后场球、扑球等击球技巧配合运用来调动对方，打对方空位和失重的空缺，使对方措手不及。

（五）中场击球

中场击球，要求判断、反应、起动和出手都要快，引拍预摆动作幅度相应小一些。由于接杀球可借助对方来球力量击球，因此，击球力量不宜太大。重要的是借助巧力，突出手指、手腕的爆发力。

四、羽毛球比赛规则简介

（一）比赛场地

羽毛球比赛场地是一个长方形，长 13.4 米，单打宽 5.18 米，双打宽 6.1 米，用宽 4 厘米的线画出。球网全长至少 6.1 米，宽 0.76 米，球网的最上端以 7.5 厘米的白布带对折缝合，用有足够的长度和强度的绳索或钢丝从中穿过并悬挂在两端的网柱上。球网中心距离地面高度为 1.524 米，在网柱上的两端距离地面高度为 1.55 米。球网应由深色、优质的细绳织成，网孔为边长 1.5 ~ 2 厘米的正方形。（图 10-5-17）

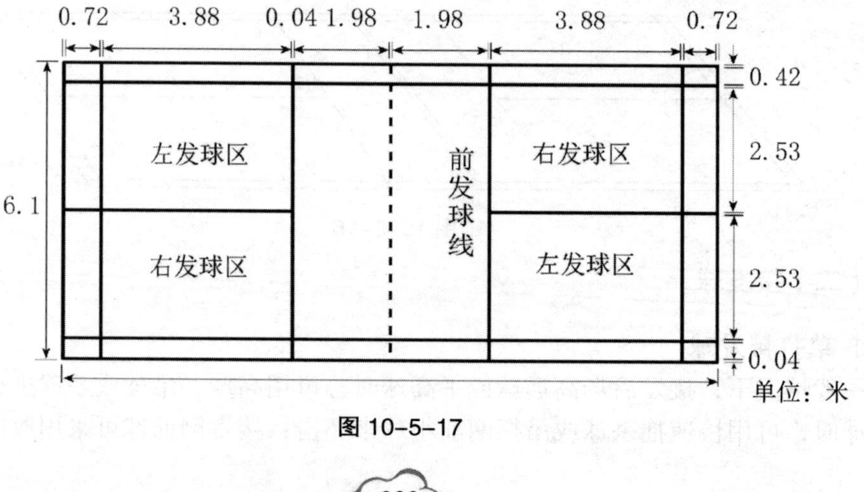

图 10-5-17

（二）计分方法

除非另有规定，一场羽毛球比赛应以三局两胜定胜负，比赛实行 21 分制和每球得分制，先得 21 分的一方胜一局。对方违例或球触及对方场区的地面成死球，则本方胜这一回合并得 1 分。双方比分为 20 平后，领先得 2 分的一方胜该局；双方比分为 29 平后，先到 30 分的一方胜该局。一局的胜方在下一局比赛中首先发球。

（三）发球与接发球

有发球权的一方称发球方，对方则称为接发球方。

1. 合法的发球

合法发球

（1）发球时，发球员应站在发球区内，脚不得触及发球区的任何界线。

（2）一旦双方选手站好位置，发球员的球拍开始向前挥动即为发球开始，发球员的球拍必须连续向前挥动直到将球发出，任何一方不得延误发球。必须注意的是，一旦发球员开始挥动球拍发球，而未击中球，则应视为发球违例。发球时，任何一方都不允许有非法延误发球的行为。

（3）在发球过程中，即从发球员的球拍开始挥动直至球拍的拍面将球击出为止，发球员的两脚均不得离开地面或移动。

（4）发球时，发球员的球拍必须首先击中球托。另外，发球员在击球的瞬间，整个球要低于发球员的腰部，拍杆和拍头应指向下方。

（5）发球员必须站在本方发球区向位于自己相对应的斜对角一端的发球区发球。球体须从球网的上方飞过，落入对方场地的发球区域内才有效。单打有效发球区域的范围（以右区为例）：前发球线、中线、单打后发球线和单打右边线之间。

2. 合法的接发球

（1）接发球员必须等对方发球员按相应的规定将球发出后，即球托触及球拍的拍面而飞离球拍后，才能移动两脚，并开始接发球，否则属违例。

（2）接发球时，接球员的脚不能踏踩在接发球区域四周的任何线上或线外，否则属违例。

（3）在双打和混合双打中，只有合法的接发球员才能去接发球，如果同伴去接发球或被球触及，都属违例，发球方得 1 分。

（四）发球与接发球的顺序

1. 单　打

发球方的分数为零或偶数时，发球方和接发球方均站在各自的右发球区发球和接发球；分数为奇数时，双方都站在各自的左发球区发球和接发球。

2. 双打（含混双）

（1）发球方的分数为零或偶数时，发球方均应从右发球区发球；发球方的分数为奇数时，发球方均应从左发球区发球。接发球员应站在发球员斜对角发球区。

（2）发球方每得 1 分后，原发球员则变换发球区再发球。接发球方上一回合最后一次发球的运动员应在原发球区接发球，他的同伴接发球的站位与其相反。

（五）违　例

违 例

以下情况为违例：

（1）不合法发球。

（2）发球时，球挂在网上或停在网顶；球过网后挂在网上；双打时，接发球员的同伴接到球或被球触及。

（3）比赛中，球未从网上方越过，从网下或网孔中穿过或不过网。

（4）比赛中，球落在场地界线外或碰到房顶及四周墙壁；或触及场地外其他人或物体。

（5）比赛中，球碰到运动员的身体或衣物。

（6）比赛中，击球者的球拍与球的击球点不在自己球网一方，而是过网击球。

（7）比赛中，运动员的球拍、身体或衣物触及网或网的支撑物；运动员的脚或球拍由网下侵入对方场区，导致妨碍对方或分散对方的注意力。

（8）击球时，球停滞在球拍上，紧接着被拖带抛出。

（9）一名运动员两次挥拍连续两次击中球（但一次击球动作中球被拍框和拍弦面击中不属违例），或同一方的两名运动员连续各击中球一次。

（10）球触及运动员的球拍后未飞向对方场区。

（11）阻挡对方紧靠球网的合法击球。

（12）比赛时，运动员故意分散对方注意力的任何举动，如喊叫、做手势等。

思考题

1. 简述足球的踢球动作要领。
2. 简述足球局部进攻战术。
3. 篮球的传接球要领是什么？
4. 排球的准备姿势有几种，动作要领分别是什么？
5. 简述羽毛球、乒乓球的握拍方法。
6. 简述羽毛球发高远球的动作要领。

第十一章

形体健身运动

第一节　形体训练

一、形体训练概述

形体训练是针对女性的身心特点和需要而开设的体育必修课。形体训练课教学是在音乐的伴奏下，借助基本形态控制练习、波浪练习、舞姿、舞步等身体练习手段，匀称和谐地发展、塑造良好的体形，培养正确优美的姿态和动作的教学。它不像健美那样强调发展肌肉的形态，而是在先天体形的基础上，通过形体基本素质训练来纠正不良的形体姿态，从而使练习者形成良好的站姿、坐姿和走姿，进而使其仪表、仪态更加端庄健美。

二、形体训练的基础练习

（一）基本脚位

形体训练脚的基本站位（图 11–1–1）动作要点如下。

（1）一位：两脚脚跟并拢，两脚外展成一条直线。

（2）二位：两脚外展成一条直线，相隔一脚的距离。

（3）三位：两脚外展，一只脚的脚跟紧贴另一只脚的脚弓侧面。

（4）四位：两脚外展，一只脚平行放在另一只脚前面，两脚前后相隔约一脚的距离。

（5）五位：两脚外展，前后紧贴，脚尖与脚跟对齐。

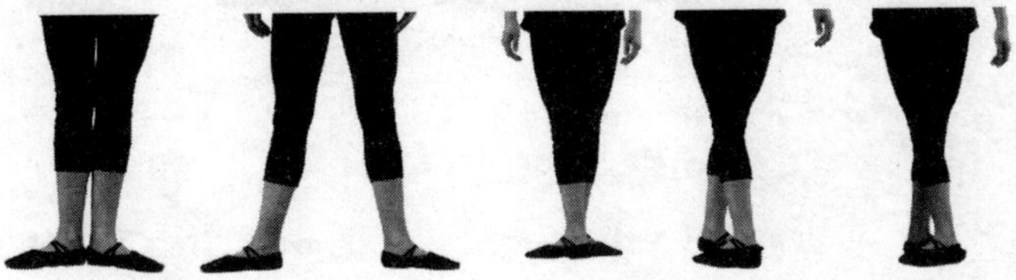

一 位　　二 位　　三 位　四 位　　五 位

图 11–1–1

（二）基本姿态

（1）坐姿：骶骨垂直坐位，收腹立腰，挺胸沉肩，微收下颌，两膝并拢，两脚并拢或后掖步。（图 11–1–2）

形体基本姿态

（2）站姿：脚跟并拢，重心落在两脚之间，两腿并拢，腿部和臀部肌肉收紧，收腹立腰，挺胸沉肩，微收下颌。（图 11–1–3）

图 11–1–2

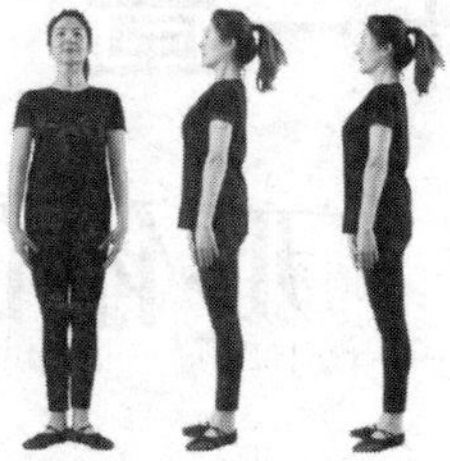

图 11–1–3

（三）手形与手位

1. 手　形

形体练习时多采用芭蕾手形，手指自然伸展，拇指和中指稍向内合。（图 11–1–4）

图 11–1–4

2. 手　位

形体训练基本手位（图 11–1–5）动作要点如下。

（1）一位：两臂体前稍弯曲，下垂呈椭圆形，手心朝上。
（2）二位：两臂抬至腹前，手心朝里。
（3）三位：两臂上举，手心朝下。
（4）四位：一臂上举，另一臂前举，手心朝里。
（5）五位：一臂上举，另一臂侧举，手心朝前。
（6）六位：一臂前举，手心朝里，另一臂侧举，手心朝前。
（7）七位：两臂侧举，手心朝前。

图 11–1–5

（四）地面练习

地面练习内容极其丰富，能训练学生的肌肉收缩和放松的协调能力，提高关节的灵活性和柔韧性。此处挑选 5 个最基础的练习，在此基础上可变换身体的不同部位进行练习。

（1）坐位勾绷脚：上体保持基本坐姿，两臂置于体侧，中指指尖点地，两腿伸直并拢，绷脚面。依次进行勾脚尖、勾脚背、绷脚背、绷脚尖练习。（图 11–1–6）

（2）坐位体前屈：上体保持基本坐姿，两腿伸直并拢，绷脚背。上体前屈至最低点，略停，两手同步划向脚尖，然后返回至基本坐姿。（图 11–1–7）

图 11–1–6

图 11–1–7

（3）仰卧举腿：背部贴地仰卧，两腿伸直并拢，绷脚背。两腿（或单腿）直腿绷脚背举至与地面成 90° 角，再还原。（图 11–1–8）

（4）侧卧举腿：身体侧卧，一只手屈臂向前扶地。开位直膝绷脚单举腿，再还原。（图 11–1–9）

（5）俯卧展体：俯卧，两腿伸直并拢，绷脚背，两臂支撑起上体。上体尽量抬起，稍停后还原。（图 11–1–10）

图 11–1–8

图 11–1–9

图 11–1–10

（五）把杆练习

把杆练习是形体训练的重要手段，把杆练习有助于学生建立准确的肌肉感。

扶把杆的方法有双手扶把和单手扶把。双手扶把是指面向把杆，两手相距 30 厘米左右，或与肩同宽搭在杆上；单手扶把是指身体侧对把杆，靠近把杆的手搭在杆上，另一只手放在身体的稍前方。无论哪种扶把方式都要求手臂松弛、肩部放松。（图 11–1–11）

双手扶把　　单手扶把

图 11–1–11

1. 擦　地

擦地（图 11–1–12）是训练腿部形态的基础动作，可分别向前、向侧、向后做擦地动作。

（1）向前擦地：动力腿向前擦出至最远处。擦地时，脚跟用力前顶，脚跟、脚心、脚掌逐渐离地，脚背充分绷直外展，脚尖点地，然后脚尖引领沿原线擦回。

（2）向侧擦地：动力腿向侧擦出至最远处。擦地时，全脚边擦边绷脚，至脚尖点地，然后沿原线擦回，腿部保持外展。

（3）向后擦地：动力腿向后擦出至最远处。擦地时，脚尖引领向正后方擦出，脚跟、脚心、脚掌逐渐离地，脚背充分绷直外展，脚尖点地，然后脚跟引领沿原线擦回，腿部保持外展。

向前擦地　　向侧擦地　　向后擦地

图 11–1–12

2. 蹲

蹲（图 11–1–13）能发展腿部肌肉力量，加强踝关节和膝关节的力量和柔韧性。蹲分为全蹲和半蹲。

（1）半蹲：一位脚基本站姿，屈膝匀速下蹲到全脚掌着地的最低限度，踝关节与脚背有挤压感，待跟腱有较强的牵拉感时再匀速起立。

（2）全蹲：在半蹲的基础上，继续下蹲，脚跟随之抬起，蹲到最低位时，脚跟下压落实，慢慢还原成直立。

半　蹲　　全　蹲

图 11–1–13

3. 小踢腿

腿部经擦地的快速踢起和有力地停顿，能有效地训练腿部的爆发力和肌肉力量。动力腿经擦地干净利落地踢起至与地面成 25° 角停住，再经脚尖点地快速擦地收回。可分别向前、向侧、向后做小踢腿动作（图 11–1–14）。

前　　侧　　后

图 11-1-14

4. 画　圈

画圈能训练髋关节的灵活性和腿的伸展及控制能力。向前画圈时，动力腿向前擦出，至向前点地，再用脚尖经侧向后画弧，至向后点地，擦地收回。由后向前画弧时则相反。画圈时，上体正直，以髋关节为轴，动力腿的膝盖、脚背始终保持向外，用脚尖在地上画半圆。（图 11-1-15）

由前向后

由后向前

图 11-1-15

5. 屈　伸

通过腿的屈伸练习能提高腿部肌肉的力量和两腿协调配合的能力。主力腿缓慢下蹲的同时，悬空的动力腿同步屈膝收回，脚尖可贴在主力腿小腿的前侧或后侧。两腿再匀速缓慢伸直，动力腿可分别向前、向侧、向后伸展。（图 11-1-16）

前　　侧

图 11-1-16

后

图 11-1-16（续）

6. 小弹腿

通过腿的向前、向侧、向后的快速屈伸，训练小腿和脚部的动作速度及控制能力。练习时，主力腿支撑，动力腿屈膝抬起，大腿不动，以脚背带动小腿迅速弹出，伸直并停在与地面成 25° 角位置。收回屈膝时，动力腿的脚必须贴在主力腿的踝部，或脚踝贴在主力腿的小腿肚以下。（图 11-1-17）

前

侧

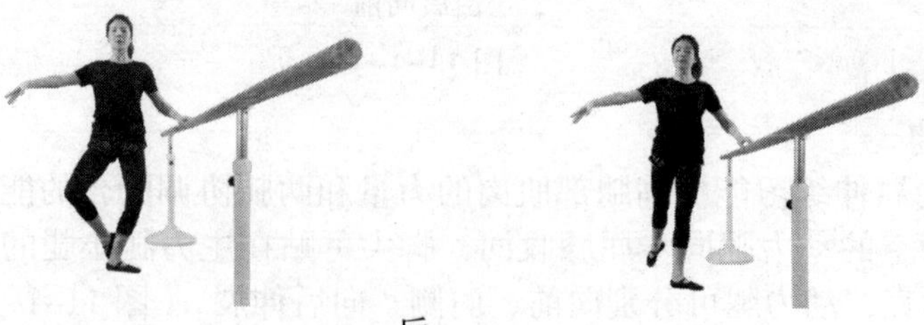

后

图 11-1-17

（六）基本步法

形体基本步法

基本步法主要是培养学生动作的协调性、韵律感和富有朝气的形体表现力。

1. 柔软步

走步时，脚向前伸出，绷脚背，再经脚尖过渡到全脚掌着地，脚尖朝外，重心移至前脚。走步时，上体正直平稳，眼平视。（图 11-1-18）

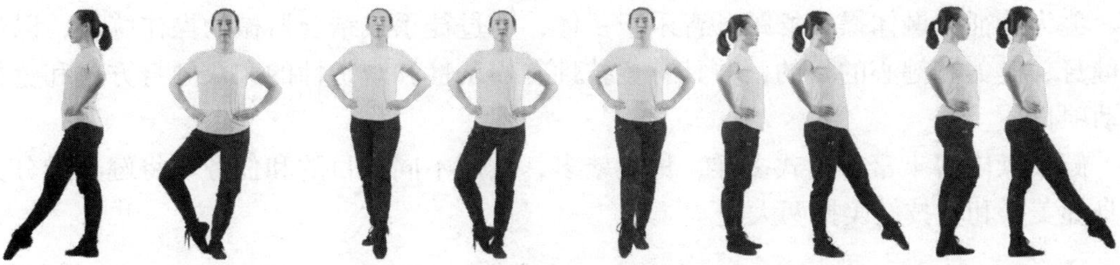

图 11-1-18

2. 足尖步

走步时，脚向前伸出，绷脚背，再经脚尖过渡到前脚掌着地，脚踝尽量抬高，脚尖朝外，重心移至前脚。走步时，上体正直平稳，眼平视。（图 11-1-19）

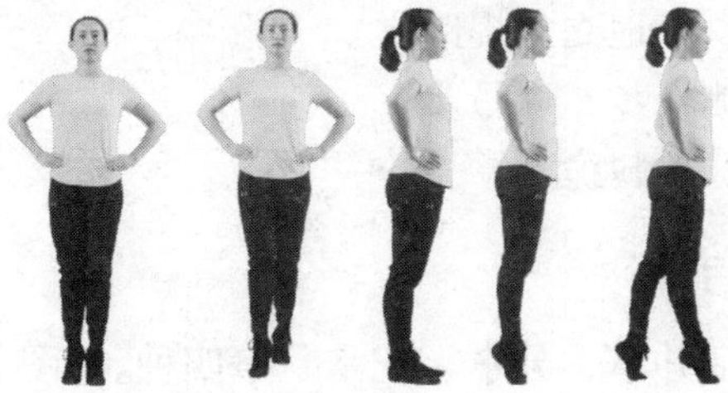

图 11-1-19

3. 滚动步

脚尖点地，由脚尖滚动到全脚掌时蹬直膝关节；同时另一条腿弯曲，脚尖点地，交换时保持上体稳定、支撑腿膝盖伸直。（图 11-1-20）

4. 弹簧步

右腿经屈膝在左脚后点地，提右腿伸直，左腿成提踵立，落地时从脚尖过渡到全脚掌；接着屈膝，再一次伸直成提踵立，整个动作要连贯有弹性。（图 11-1-21）

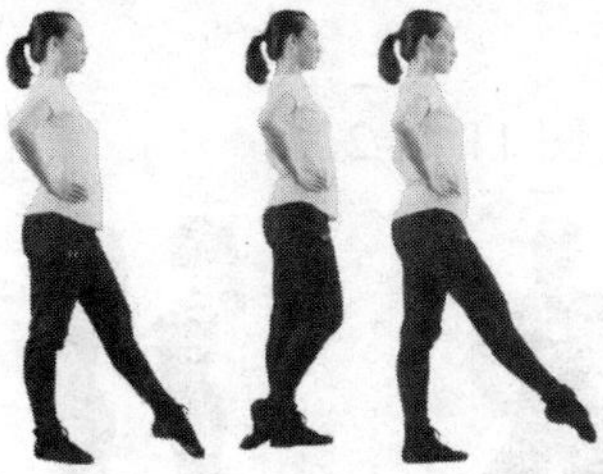

图 11-1-20

图 11-1-21

第二节　健美操

一、健美操起源概览

健美操是近几十年发展起来的一项体育运动项目，是以有氧运动为基础，以健、力、美为特征，融体操、舞蹈、音乐于一体，通过徒手或结合器械的操作练习，以达到健身、健美和健心的目的，并具有竞技性、娱乐性和观赏性的大众健身方式和竞技运动项目。

健美操内容丰富、形式多样、种类繁多，按照不同的目的和任务可将健美操分为健身健美操和竞技健美操两大类。

健美操
基本手形

二、健美操技术要点

（一）健美操的基本站位

健美操的基本站位包括立、弓步、跪立三种。

（1）立：直立、开立、点地立、提踵立。

（2）弓步：前弓步、侧弓步、后弓步。

（3）跪立：双腿跪立、单腿跪立。

（二）健美操的基本手形

健美操的基本手形包括并掌、分掌、花掌、拳四种。（图 11-2-1）

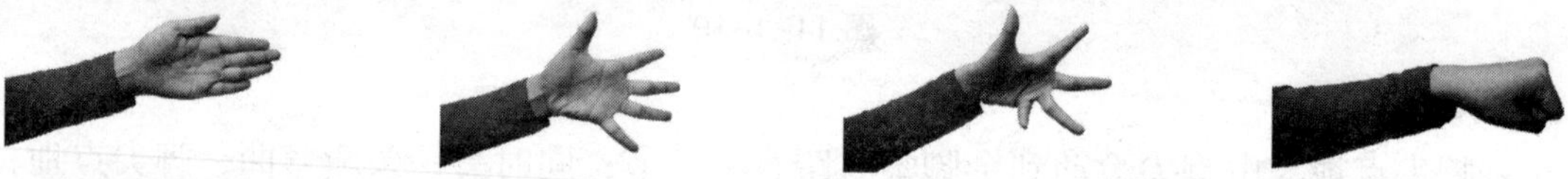

并 掌　　分 掌　　花 掌　　拳

图 11-2-1

（三）健美操的基本步法

1. 无冲击步法

无冲击步法包括弹动、半蹲、弓步、提踵等步法。（图 11-2-2）

弹 动　　半 蹲　　弓 步　　提 踵

图 11-2-2

2. 低冲击步法

健美操
基本步法

（1）踏步类。踏步类低冲击步法包括踏步、一字步、走步、V字步、漫步、A字步等步法。（图 11-2-3）

踏　步

一字步

走　步

V 字步

漫　步

A 字步

图 11-2-3

（2）点地类。点地类低冲击步法包括脚尖前点地、脚跟前点地、脚尖侧点地、脚尖后点地等步法。（图 11-2-4）

脚尖前点地

脚跟前点地

脚尖侧点地

脚尖后点地

图 11-2-4

（3）迈步类。迈步类低冲击步法包括迈步点地、迈步后点地、迈步屈腿、迈步吸腿、侧交叉等步法。（图 11-2-5）

迈步点地　　迈步后点地　　迈步屈腿

迈步吸腿　　侧交叉步

图 11-2-5

（4）单脚抬起类。单脚抬起类低冲击步法包括吸腿、踢腿、弹踢腿、后屈腿等步法。（图 11-2-6）

吸　腿　　踢　腿　　弹踢腿　　后屈腿

图 11-2-6

3. 高冲击步法

（1）迈步跳起类。迈步跳起类高冲击步法包括并步跳、迈步吸腿跳、迈步后屈腿跳等步法。（图 11-2-7）

并步跳　　迈步吸腿跳　　迈步后屈腿跳

图 11-2-7

（2）双脚起跳类。双脚起跳类高冲击步法包括并腿纵跳、分腿半蹲跳、开合跳、弓步跳等步法。（图 11-2-8）

并腿纵跳　　分腿半蹲跳　　开合跳

弓步跳

图 11-2-8

（3）单脚起跳类。单脚起跳类高冲击步法包括吸腿跳、后屈腿跳、弹踢腿跳、侧摆腿跳等步法。（图 11-2-9）

吸腿跳　　后屈腿跳　　弹踢腿跳　　侧摆腿跳

图 11-2-9

三、大众健美操基础套路

《全国健美操大众锻炼标准》第三套二级规定动作教学提示与动作图解如下。

（1）难度：中级。

（2）动作节拍：成套动作共 32 拍（4×8 拍）。前奏 2×8 拍。

（3）重点：注意保持身体核心部位（腰、腹）的稳定，健美操基本步法与上肢动作要协调一致。

（4）难点：跳操时的表现力与脚步动作的弹动性。

（5）动作示图与要领（图示都为第一个面，即 12 点方向）。

第一组合

<table>
<tr><td colspan="2">1×8
2×8</td><td colspan="2">
1　2　3　4　5　6　7　8</td></tr>
<tr><td colspan="2">节　拍</td><td>下肢步法</td><td>上肢动作</td></tr>
<tr><td rowspan="2">一</td><td>1～4</td><td>右脚十字步</td><td>1右臂侧平举，2左臂侧平举，3两臂上举，4手臂下举</td></tr>
<tr><td>5～8</td><td>向后走4步</td><td>5～6屈臂自然摆动，7～8同5～6</td></tr>
<tr><td>二</td><td>1～8</td><td colspan="2">动作同第一个8拍，但向前走4步</td></tr>
<tr><td colspan="2">3×8</td><td colspan="2">
1～2　3　4～5　6　7～8</td></tr>
<tr><td colspan="2">节　拍</td><td>下肢步法</td><td>上肢动作</td></tr>
<tr><td rowspan="2">三</td><td>1～6</td><td>右脚开始6拍漫步</td><td>1～2右手前举，3两手叉腰，4～5左手前举，6两手胸前交叉</td></tr>
<tr><td>7～8</td><td>右脚向后1/2后漫步</td><td>两臂侧后下举</td></tr>
<tr><td colspan="2">4×8</td><td colspan="2">
1　～　2　3　～　4　5～6　7～8</td></tr>
<tr><td colspan="2">节　拍</td><td>下肢步法</td><td>上肢动作</td></tr>
<tr><td rowspan="2">四</td><td>1～2</td><td>右脚向右并步跳</td><td>屈左臂自然摆动</td></tr>
<tr><td>3～8</td><td>左脚向右前方做6拍前、侧、后漫步</td><td>3～4两臂前平举弹动2次，5～6两臂侧平举，7～8两臂后斜下举</td></tr>
<tr><td colspan="4">第五至第八个8拍动作同第一至第四个8拍，但方向相反</td></tr>
</table>

第二组合

<table>
<tr><td colspan="2">1×8</td><td colspan="2">
1 ~ 2　3 ~ 4　5　6　7　8</td></tr>
<tr><td colspan="2">节　拍</td><td>下肢步法</td><td>上肢动作</td></tr>
<tr><td rowspan="3">一</td><td>1 ~ 2</td><td>右脚向右侧滑步</td><td>右臂侧上举、左臂侧平举</td></tr>
<tr><td>3 ~ 4</td><td>左脚向后方做 1/2 后漫步</td><td>两臂屈臂后摆</td></tr>
<tr><td>5 ~ 8</td><td>左脚开始向左前方做侧并步 2 次</td><td>5 ~ 6 击掌 3 次，7 ~ 8 两手叉腰</td></tr>
<tr><td colspan="2">2×8</td><td colspan="2">
1　2　3　4　5 ~ 6　7 ~ 8</td></tr>
<tr><td colspan="2">节　拍</td><td>下肢步法</td><td>上肢动作</td></tr>
<tr><td rowspan="3">二</td><td>1 ~ 4</td><td>左脚开始向左后方做侧并步 2 次</td><td>1 ~ 2 击掌 3 次，3 ~ 4 两手叉腰</td></tr>
<tr><td>5 ~ 6</td><td>左脚向左侧滑步</td><td>左臂侧上举、右臂侧平举</td></tr>
<tr><td>7 ~ 8</td><td>右脚向后方做 1/2 后漫步</td><td>两臂屈臂后摆</td></tr>
<tr><td colspan="2">3×8</td><td colspan="2">
1　2　3　4　5　6　7　8</td></tr>
<tr><td colspan="2">节　拍</td><td>下肢步法</td><td>上肢动作</td></tr>
<tr><td rowspan="2">三</td><td>1 ~ 4</td><td>右转 90°，左腿上步吸腿 2 次</td><td>两臂向前冲拳，向后下冲拳各 2 次</td></tr>
<tr><td>5 ~ 8</td><td>V 字步左转 90°</td><td>两臂由右向左水平摆动</td></tr>
</table>

<table>
<tr><td colspan="2">4×8</td><td colspan="2">
1 2 3 4 5 6 7 8</td></tr>
<tr><td colspan="2">节 拍</td><td>下肢步法</td><td>上肢动作</td></tr>
<tr><td rowspan="2">四</td><td>1 ~ 4</td><td>左腿吸腿 2 次，侧点地 1 次</td><td>1 两臂胸前平屈，2 左臂上举，3 同 1，4 还原</td></tr>
<tr><td>5 ~ 8</td><td>5 ~ 8 同 1 ~ 4，但方向相反</td><td>5 ~ 8 动作同 1 ~ 4，但方向相反</td></tr>
<tr><td colspan="4">第五至第八个 8 拍动作同第一至第四个 8 拍，但方向相反</td></tr>
</table>

第三组合

<table>
<tr><td colspan="2">1×8</td><td colspan="2">
1 2 3 4 5 6 7 8</td></tr>
<tr><td colspan="2">节 拍</td><td>下肢步法</td><td>上肢动作</td></tr>
<tr><td rowspan="2">一</td><td>1 ~ 4</td><td>右脚侧并步跳，4 拍时右转 90°</td><td>2 两臂上举， 3 ~ 4 两臂下拉</td></tr>
<tr><td>5 ~ 8</td><td>侧交叉步</td><td>两臂屈臂自然摆动，8 两臂侧下举，上体向左扭转 90° ，朝正前方</td></tr>
<tr><td colspan="2">2×8</td><td colspan="2">
1 2 3 4 5 6 7 8</td></tr>
<tr><td colspan="2">节 拍</td><td>下肢步法</td><td>上肢动作</td></tr>
<tr><td rowspan="2">二</td><td>1 ~ 4</td><td>向右侧并步跳，4 拍时左转 90°</td><td>2 两臂上举、3 ~ 4 两臂下拉</td></tr>
<tr><td>5 ~ 8</td><td>左脚开始侧并步 2 次</td><td>5 右臂前下举， 6 两臂屈肘置于体后，7 左臂前下举， 8 两臂置于体侧</td></tr>
</table>

3×8			
节 拍		下肢步法	上肢动作
三	1 ~ 4	左脚向前一字步	1两臂肩侧屈，2两臂下举，3 ~ 4两臂胸前屈
	5 ~ 8	依次分并腿	5 ~ 6两臂上举掌心朝前，7 ~ 8两手放膝上
4×8			
节 拍		下肢步法	上肢动作
四	1 ~ 4	左脚向后一字步	1 ~ 2两臂侧下举，3 ~ 4胸前交叉
	5 ~ 8	依次分并腿2次	两臂经胸前交叉1次侧上举，1次侧下举
第五至第八个8拍动作同第一至第四个8拍，但方向相反			

第四组合

1×8			
节 拍		下肢步法	上肢动作
一	1 ~ 8	右脚开始小马跳4次，向侧向前成梯形	1 ~ 2右臂体侧向内绕环，3 ~ 4换左臂，5 ~ 8同1 ~ 4

<table>
<tr><td colspan="2">2×8</td><td colspan="2">
1 2 3 4 5～6 7 8</td></tr>
<tr><td colspan="2">节　拍</td><td>下肢步法</td><td>上肢动作</td></tr>
<tr><td rowspan="2">二</td><td>1～4</td><td>向右后弧形跑 4 步，右转 270°</td><td>屈臂自然摆动</td></tr>
<tr><td>5～8</td><td>开合跳 1 次</td><td>5～6 两手放大腿上，7 击掌，8 两臂放于体侧</td></tr>
<tr><td colspan="2">3×8</td><td colspan="2">
1 2 3 4 5 6 7 8</td></tr>
<tr><td colspan="2">节　拍</td><td>下肢步法</td><td>上肢动作</td></tr>
<tr><td rowspan="2">三</td><td>1～4</td><td>右脚向左前上步，左屈腿</td><td>1 两臂胸前交叉，2 右臂侧平举、左臂上举，3 同 1，4 两手叉腰</td></tr>
<tr><td>5～8</td><td>右转 90°，左脚向前上步，右屈腿</td><td>5～8 动作同 1～4，但方向相反</td></tr>
<tr><td colspan="2">4×8</td><td colspan="2">
1 2 3 4 5 6 7 8</td></tr>
<tr><td colspan="2">节　拍</td><td>下肢步法</td><td>上肢动作</td></tr>
<tr><td rowspan="2">四</td><td>1～4</td><td>右、左侧点地各 1 次</td><td>1 右手左前下举，2 两手叉腰，3～4 动作同 1～2，但方向相反</td></tr>
<tr><td>5～8</td><td>右脚上步转髋，还原</td><td>5 两臂胸前平屈，6 两臂前推，7 同 5，8 两臂放于体侧</td></tr>
<tr><td colspan="4">第五至第八个 8 拍动作同第一至第四个 8 拍，但方向相反</td></tr>
</table>

四、健美操比赛规则简介

（一）健身健美操比赛

健身健美操分规定动作比赛与自选动作比赛。规定动作比赛主要强调动作的准确性、熟练性、整齐一致性及团队精神。自选动作比赛在完成方面与规定动作比赛的要求相仿，不同之处在于前者更强调编排和创意。成套编排突出艺术性与安全性。其中，艺术性包括主题健康，充满活力，富有激情；编排新颖，有创意；动作类型丰富，动作的转换自然流畅；充分利用场地和空间。安全性主要指成套动作中没有对身体造成伤害的因素（不安全的动作）。不鼓励在成套动作中出现竞技健美操的难度动作，如果出现将不予加分，并对出现的错误进行扣分，由此可见，健身健美操比赛强调的是健身性。

（二）竞技健美操比赛

1. 弃　权

运动员在开赛叫到后 20 秒不出场，将由裁判长扣除 0.5 分。

运动员在开赛叫到后 60 秒不出场，将被视为弃权。宣布弃权后运动员将失去本项比赛的资格。

2. 竞赛地板和竞赛区

竞赛地板是 12 米 ×12 米的正方形，并清楚地标出 10 米 ×10 米的成年组各项目竞赛区（在某些低年龄组比赛中，竞赛区为 7 米 ×7 米）。

3. 参赛人数

各项目运动员人数和性别见表 11-2-1。

表 11-2-1　各项目运动员人数和性别

项 目	人数和性别
女子单人	1 名女运动员
男子单人	1 名男运动员
混合双人	1 名男运动员和 1 名女运动员
三 人	3 名运动员（男子 / 女子 / 混合）
集体五人	5 名运动员（男子 / 女子 / 混合）
有氧舞蹈	8 名运动员（男子 / 女子 / 混合）
有氧踏板	8 名运动员（男子 / 女子 / 混合）

4. 成套内容

所有成套动作的完成时间都为 1 分 20 秒，有加减 5 秒的宽容度（不包括提示音）。

音乐伴奏下的成套健美操动作包括操化动作、难度动作、过渡与连接动作、托举动作（混双/三人/五人）、动力性配合/团队协作（混双/三人/五人）。

成套动作中各要素的使用必须要均衡。所有动作必须要清晰地展示出准确的身体形态。

5. 评　分

（1）得分为艺术分（10）+完成分（10）+难度分（除以 2 或 1.8）+裁判长分（最多 1 分）。

（2）减分包括难度裁判减分、视线裁判减分、裁判长减分。

6. 十分钟法则

为了保障运动员的健康和安全，国际体操联合会规定运动员参加多个项目决赛时，两项比赛间须有十分钟的恢复时间。

抽签的出场顺序将会依据十分钟法则调整。若某参赛运动员或参赛队在前一轮比赛中第七个出场，且在下一轮比赛抽签中抽到前三名，那么新的出场顺序将调整为第四名；若在前一轮比赛是最后一位出场，且在下一轮比赛中抽到前四名，那么出场顺序将调整为第五名。

若需调整出场顺序，将由高级裁判组主席执行，一旦符合条件的运动员调整了出场顺序，将由赛场评分系统生成新的出场名单。十分钟法则适用于所有的预赛和决赛。

第三节 瑜 伽

一、瑜伽起源概览

瑜伽百科

瑜伽起源于古印度，距今已有5000多年的历史。古印度修行者在大自然中修行时，发现各种动物天生具有治疗、放松、睡眠或保持清醒的方法，患病时能不经任何治疗而自然痊愈。于是，古印度修行者观察动物的姿势，模仿并亲自体验，创立出一种有益身心的锻炼体系，也就是瑜伽。

大约在公元前300年，帕坦伽利在《瑜伽经》中阐明了使身体健康、精力充沛的练习课程。这门课程被帕坦伽利系统化和规范化，构成当代瑜伽练习的基础。帕坦伽利提出的哲学原理被公认为是通往瑜伽精神境界的里程碑。

二、瑜伽技术要点

（一）基本姿势

1. 基本站姿（山式站立）

【动作方法】基本站姿是所有瑜伽站姿的起始动作。两脚并拢，拇趾与小趾压地，其余脚趾自然伸展，大腿肌肉收紧内旋，膝关节收紧上提，腹肌收紧，两肩下沉，胸腔打开，上体挺直，下颌平行于地面，目视前方。感受头顶天、脚踩地的感觉。

2. 瑜伽常用坐姿

简易坐

（1）简易坐。

【动作方法】右脚脚心向上，脚背着地，放于左大腿（根部）下方；左脚脚心向上，脚背着地，放于右大腿（根部）下方。两脚脚踝交叉，两膝下沉，放松。上体挺直向上，肩膀、手臂放松下沉，下颌微收，拉长整个脊柱。两手搭放于膝盖上，大腿和膝盖放松下沉。

（2）至善坐。

【动作方法】左脚脚跟抵住会阴，右脚脚跟置于左脚脚跟前，脚背着地，两脚脚跟前后在一条直线上，小腿贴在地面上。

（3）半莲花坐。

【动作方法】左脚脚心向上，脚背着地，放于右大腿内侧下方；弯曲右小腿将右脚放于左大腿上面。这时头、颈、躯干保持在一条直线上。保持这个坐姿感到极不舒服时，可以交换两腿的位置继续练习。

半莲花坐

（4）莲花坐。

【动作方法】以半莲花坐为起始动作，挺直腰背。把左腿绕过右小腿外侧，搭放在右大腿根部上方，脚心向上。两手放在两膝上，拇指与食指轻点在一起，另外三指自然打开。两膝向两侧地面靠近。

莲花坐

（5）金刚坐。

【动作方法】两膝跪地，两小腿胫骨和脚背平放于地面。两膝靠拢，两脚拇趾相互交叉，脚跟向外侧展开。上体挺直，臀部坐在分开的两脚之间。

（二）瑜伽手印

瑜伽手印是练习瑜伽时手的姿势，是手部的瑜伽。在冥想和调息的练习中具有重要意义。常用的瑜伽手印有以下四种。不同的瑜伽手印对身心的影响不同，但都有助于净化心灵。

1. 智慧手印

【动作方法】手掌向上，拇指与食指相扣，其他三指自然伸展。智慧手印代表人与自然合一，可以让人很快地进入平静的状态。

2. 能量手印

【动作方法】无名指、中指和拇指自然捏在一起，其他手指自然伸展。能量手印可以排除体内的毒素，预防泌尿系统的疾病，调节肝胆机能及脑神经，能使人更有耐心，充满自信。

3. 生命手印

【动作方法】拇指、小指、无名指捏在一起，其他两指自然伸展。生命手印可减少疲劳及紧张，改善视力。此外，它可增强人的活力，帮助人们树立自信心。

4. 双手合十手印

【动作方法】双手合十手印即阴阳平衡手印，两手合十，放在胸前，手掌之间要留下一些空间，这意味着身体与心灵的合一、大自然与人类的合一。双手合十手印可以增加人的专注力。

双手合十手印

（三）瑜伽呼吸

瑜伽呼吸是指有意识地延长吸气、屏气、呼气的时间，包括腹式呼吸、胸式呼吸和完全呼吸。

1. 腹式呼吸

吸气，把空气直接吸入腹部，小腹向前隆起，吸气越深，腹部升起越高。随着腹部的扩张，横膈膜会逐渐下降。呼气，腹部向内、向脊柱方向收回，借助收缩腹部的动作把所有空气呼出，横膈膜自然升起。

2. 胸式呼吸

深深吸气，收缩腹部，在保证腹腔腔壁内收的前提下，感觉胸廓下部升高并向两侧推出。吸气越深，腹部越朝脊柱方向内收程度越大。呼气时，肋骨向下内收。

3. 完全呼吸

深深吸气，将气吸进腹部区域，小腹隆起，继续吸气至肋骨扩张，胸部吸满空气而扩张到最大程度，两肩稍微升起。呼气，肩放平，锁骨下移，放松胸部，然后放松腹部，小腹内收上提，用收缩腹部肌肉的方法结束呼气。

（四）瑜伽体位法

瑜伽体位法指在舒适的动作上维持一段时间，在缓慢的动作中，身体保持放松并做深沉的呼吸，使血液能够携带大量氧气并被人体吸收利用。

1. 下犬式

【动作方法】身体呈倒V形，两臂前伸，两眼向腿部延伸方向看齐，能看到两腿中间的上空，脚后跟紧挨地面不要抬起。（图 11–3–1）

【作用】消除疲劳，恢复精力，缓解脚跟的僵硬和疼痛，帮助软化脚跟的跟骨刺；增强脚踝力量，使腿部线条更匀称；有助于缓解肩胛骨区域的僵硬和肩周炎，使腹部肌肉得到增强。锻炼时，横膈膜被提升到胸腔，心率减缓。

2. 上犬式

上犬式

【动作方法】身体伸直，臀部与肩、腰形呈舒缓的S形，头颈向前伸，肩部向前用力。在练习上犬式与下犬式时，往往会因为力度不够而做不到位。练习时，应该把筋骨舒展到最大限度。（图 11–3–2）

【作用】使脊柱恢复活力，增强脊柱弹性，缓解背部疼痛，对于腰部疼痛、坐骨神经痛及椎间盘突出的人群有很好的效果。由于胸部得到完全扩张，因此还可增加肺部弹性，使骨盆区域的血液循环得到改善。

3. 骆驼式

【动作方法】身体应呈O形，头部后仰到最大限度，两肩胛向后伸展，两手扶住脚跟，大腿与臀部垂直并绷紧。（图 11–3–3）

【作用】伸展和强壮脊柱，促进血液循环，使脊柱神经得到额外的血液滋养而受益，对于矫正驼背、两肩下垂等不良体态有较好的效果。

4. 战士第二式

战士第二式

【动作方法】战士第二式讲究平衡感，上身一定要竖直，右腿弓步，左腿向后伸直，左脚回勾，弓步不能太低，臀部要绷紧，两臂伸平，头颈摆正。（图 11–3–4）

【作用】使腿部肌肉更为匀称、强健，同时也能缓解小腿和大腿肌肉痉挛，增强腿部和背部肌肉的弹性，强化腹部器官功能。

图 11-3-1

图 11-3-2

图 11-3-3

图 11-3-4

5. 树　式

树　式

【动作方法】树式讲究的是无限延伸的感觉。头颈挺直，两掌胸前合十，慢慢向上推举，想象身体将要冲上云霄，同时肘部向上提。（图 11-3-5）

【作用】加强腿部、背部和胸部的肌肉力量；改善人体体态，提高注意力；放松髋部，且对胸腔区域有益。

6. 三角式

【动作方法】上身与下身的弧线要顺畅，胯部不能为省力而挺起，两臂伸展呈一字形。（图 11-3-6）

【作用】增强腿部肌肉，消除腿部和臀部肌肉的僵硬，矫正腿部畸形；缓解背部疼痛及颈部扭伤，强健脚踝；消除腰部多余的脂肪。

7. 后仰式

【动作方法】后仰时，臀部、胯部、腰部向前挺，可以用手臂支撑出力，使臀部、胯部、腰部向前，注意逐步做后仰练习，切忌用力过度而使身体过度后仰。（图 11-3-7）

【作用】有助于消除疲劳，可伸展胸部、两腿、腹部和颈部等部位的肌肉，强健两腕、两踝和骨盆等部位的肌肉，增强肩关节的灵活性，使神经系统功能得到增强，促进血液循环。

8. 蝴蝶式

【动作方法】两脚脚心相对，脚跟尽可能地往会阴部内收。两膝要向两边伸展到最大，挺胸抬头。（图 11-3-8）

【作用】对骨盆区域有益，使骨盆、腹部和背部得到足够的血液供应，有助于缓解坐骨神经痛，调节泌尿系统功能，预防疝气，调理经期。孕期经常练习会使分娩更容易、更顺利。

9. 犁　式

【动作方法】仰卧，手臂置于身体的两侧。吸气，抬起两腿，两腿上举越过身体，呼气，将两腿向后放在头的上方。脚趾尽量触地。（图 11-3-9）

【作用】对整个脊柱神经极为有益；充分伸展背部，可减轻背痛、腰部风湿痛；消除肩部和肘部肌肉的僵硬；增强腘绳肌的力量；有助于消除腰部、髋部、腿部脂肪，缓解手部痉挛；促进血液循环，使血液流入头部，滋养面部和头皮；调节甲状腺功能，使身体新陈代谢得到改善；收缩腹部器官，促进消化，消除便秘和胃胀气；改善月经失调等症状；还可以预防头痛、痔疮和糖尿病等疾病。

图 11-3-5

图 11-3-6

图 11-3-7

图 11-3-8

图 11-3-9

10. 轮　式

【动作方法】仰卧，两手放在身体两侧。屈腿，脚跟紧贴大腿后侧。两手移到头的两侧，掌心贴地。吸气，髋部与腹部向上升起。（图 11-3-10）

【作用】可增强背部肌群的力量，放松肩关节和颈部肌肉，使脊柱得到完全的伸展，使身体更加柔软，可使头部供血充足，可有效释放压力。

11. 脊柱伸展式

【动作方法】两手抓住脚踝，身体尽量接近腿，最终两手手掌平放在脚边的地面上。（图 11-3-11）

【作用】增强人体的柔韧性，伸展脊柱，使脊柱神经功能得到加强；身体前屈有助于强壮肾脏、肝脏和脾脏；有助于减少月经期间下腹与骨盆部位的疼痛；使头部逐渐适应增加的血流；可以帮助练习者克服精神和情绪的巨大波动，情绪化严重的人可以练习脊柱伸展式，使神经系统得到滋养，心率减缓。

12. 脊柱扭转式

【动作方法】上体正直，坐姿，两腿前伸，屈左腿，两手抓住左脚踝，将左脚移过右膝，将右臂穿到左腿下方，两手在背后相握。（图 11-3-12）

【作用】按摩脊柱周围的肌肉，刺激脊柱神经；使背部肌肉更富有弹性，预防背痛和腰部风湿痛的发生；强壮肝脏、脾脏，对肾部起到按摩作用；促进肠胃蠕动，有助于增强消化和排泄功能；促进肾上腺激素的分泌，增强胰脏活动，对治疗糖尿病和轻微脊椎错位有辅助作用。

图 11-3-10

图 11-3-11

图 11-3-12

思考题

1. 形体训练中站的姿势有几种，分别是什么？
2. 健美操的分类有哪些？
3. 瑜伽的基本姿势有哪些？

附 录

《国家学生体质健康标准》测试评分表

附表 1 体重指数（BMI）单项评分表 （单位：千克 / 米 ^{2}）

等 级	单项得分	大学男生	大学女生
正 常	100	17.9 ~ 23.9	17.2 ~ 23.9
低体重	80	≤ 17.8	≤ 17.1
超 重		24.0 ~ 27.9	24.0 ~ 27.9
肥 胖	60	≥ 28.0	≥ 28.0

附表 2 大学男生各测试项目评分表 （大一、大二适用）

等 级	单项得分	肺活量 / 毫升	50 米跑 / 秒	坐位体前屈 / 厘米	立定跳远 / 厘米	引体向上 / 次	耐力跑 1000 米 /（分·秒）
优 秀	100	5040	6.7	24.9	273	19	3'17"
	95	4920	6.8	23.1	268	18	3'22"
	90	4800	6.9	21.3	263	17	3'27"
良 好	85	4550	7.0	19.5	256	16	3'34"
	80	4300	7.1	17.7	248	15	3'42"
及 格	78	4180	7.3	16.3	244	—	3'47"
	76	4060	7.5	14.9	240	14	3'52"
	74	3940	7.7	13.5	236	—	3'57"
	72	3820	7.9	12.1	232	13	4'02"
	70	3700	8.1	10.7	228	—	4'07"
	68	3580	8.3	9.3	224	12	4'12"
	66	3460	8.5	7.9	220	—	4'17"

续 表

等 级	单项得分	肺活量/毫升	50米跑/秒	坐位体前屈/厘米	立定跳远/厘米	引体向上/次	耐力跑1000米/（分·秒）
及 格	64	3340	8.7	6.5	216	11	4'22"
	62	3220	8.9	5.1	212	—	4'27"
	60	3100	9.1	3.7	208	10	4'32"
不及格	50	2940	9.3	2.7	203	9	4'52"
	40	2780	9.5	1.7	198	8	5'12"
	30	2620	9.7	0.7	193	7	5'32"
	20	2460	9.9	–0.3	188	6	5'52"
	10	2300	10.1	–1.3	183	5	6'12"

附表3　大学男生各测试项目评分表　（大三、大四适用）

等 级	单项得分	肺活量/毫升	50米跑/秒	坐位体前屈/厘米	立定跳远/厘米	引体向上/次	耐力跑1000米/（分·秒）
优 秀	100	5140	6.6	25.1	275	20	3'15"
	95	5020	6.7	23.3	270	19	3'20"
	90	4900	6.8	21.5	265	18	3'25"
良 好	85	4650	6.9	19.9	258	17	3'32"
	80	4400	7.0	18.2	250	16	3'40"
及 格	78	4280	7.2	16.8	246	—	3'45"
	76	4160	7.4	15.4	242	15	3'50"
	74	4040	7.6	14.0	238	—	3'55"
	72	3920	7.8	12.6	234	14	4'00"
	70	3800	8.0	11.2	230	—	4'05"
	68	3680	8.2	9.8	226	13	4'10"
	66	3560	8.4	8.4	222	—	4'15"
	64	3440	8.6	7.0	218	12	4'20"
	62	3320	8.8	5.6	214	—	4'25"
	60	3200	9.0	4.2	210	11	4'30"
不及格	50	3030	9.2	3.2	205	10	4'50"
	40	2860	9.4	2.2	200	9	5'10"
	30	2690	9.6	1.2	195	8	5'30"
	20	2520	9.8	0.2	190	7	5'50"
	10	2350	10.0	–0.8	185	6	6'10"

附表 4　大学女生各测试项目评分表　　（大一、大二适用）

等　级	单项得分	肺活量 / 毫升	50 米跑 / 秒	坐位体前屈 / 厘米	立定跳远 / 厘米	1 分钟仰卧起坐 / 次	耐力跑 800 米 / （分・秒）
优　秀	100	3400	7.5	25.8	207	56	3'18"
	95	3350	7.6	24.0	201	54	3'24"
	90	3300	7.7	22.2	195	52	3'30"
良　好	85	3150	8.0	20.6	188	49	3'37"
	80	3000	8.3	19.0	181	46	3'44"
及　格	78	2900	8.5	17.7	178	44	3'49"
	76	2800	8.7	16.4	175	42	3'54"
	74	2700	8.9	15.1	172	40	3'59"
	72	2600	9.1	13.8	169	38	4'04"
	70	2500	9.3	12.5	166	36	4'09"
	68	2400	9.5	11.2	163	34	4'14"
	66	2300	9.7	9.9	160	32	4'19"
	64	2200	9.9	8.6	157	30	4'24"
	62	2100	10.1	7.3	154	28	4'29"
	60	2000	10.3	6.0	151	26	4'34"
不及格	50	1960	10.5	5.2	146	24	4'44"
	40	1920	10.7	4.4	141	22	4'54"
	30	1880	10.9	3.6	136	20	5'04"
	20	1840	11.1	2.8	131	18	5'14"
	10	1800	11.3	2.0	126	16	5'24"

附表 5　大学女生各测试项目评分表　　（大三、大四适用）

等　级	单项得分	肺活量 / 毫升	50 米跑 / 秒	坐位体前屈 / 厘米	立定跳远 / 厘米	1 分钟仰卧起坐 / 次	耐力跑800 米 / （分・秒）
优　秀	100	3450	7.4	26.3	208	57	3'16"
	95	3400	7.5	24.4	202	55	3'22"
	90	3350	7.6	22.4	196	53	3'28"
良　好	85	3200	7.9	21.0	189	50	3'35"
	80	3050	8.2	19.5	182	47	3'42"

续 表

等 级	单项得分	肺活量/毫升	50米跑/秒	坐位体前屈/厘米	立定跳远/厘米	1分钟仰卧起坐/次	耐力跑800米/（分·秒）
及 格	78	2950	8.4	18.2	179	45	3'47"
	76	2850	8.6	16.9	176	43	3'52"
	74	2750	8.8	15.6	173	41	3'57"
	72	2650	9.0	14.3	170	39	4'02"
	70	2550	9.2	13.0	167	37	4'07"
	68	2450	9.4	11.7	164	35	4'12"
	66	2350	9.6	10.4	161	33	4'17"
	64	2250	9.8	9.1	158	31	4'22"
	62	2150	10.0	7.8	155	29	4'27"
	60	2050	10.2	6.5	152	27	4'32"
不及格	50	2010	10.4	5.7	147	25	4'42"
	40	1970	10.6	4.9	142	23	4'52"
	30	1930	10.8	4.1	137	21	5'02"
	20	1890	11.0	3.3	132	19	5'12"
	10	1850	11.2	2.5	127	17	5'22"

附表6 大学生加分指标测试项目评分表一 （单位：次）

加 分	引体向上（男）		1分钟仰卧起坐（女）	
	大一、大二	大三、大四	大一、大二	大三、大四
10	10	10	13	13
9	9	9	12	12
8	8	8	11	11
7	7	7	10	10
6	6	6	9	9
5	5	5	8	8
4	4	4	7	7
3	3	3	6	6
2	2	2	4	4
1	1	1	2	2

注：引体向上（男）、1分钟仰卧起坐（女）均为高优指标，学生成绩超过单项评分100分后，以超过的次数所对应的分数进行加分。

附表 7　大学生加分指标测试项目评分表二　　（单位：秒）

加　分	1000 米跑（男）		800 米跑（女）	
	大一、大二	大三、大四	大一、大二	大三、大四
10	-35"	-35"	-50"	-50"
9	-32"	-32"	-45"	-45"
8	-29"	-29"	-40"	-40"
7	-26"	-26"	-35"	-35"
6	-23"	-23"	-30"	-30"
5	-20"	-20"	-25"	-25"
4	-16"	-16"	-20"	-20"
3	-12"	-12"	-15"	-15"
2	-8"	-8"	-10"	-10"
1	-4"	-4"	-5"	-5"

注：1000 米跑（男）、800 米跑（女）均为低优指标，学生成绩低于单项评分 100 分后，以减少的秒数所对应的分数进行加分。